脱デフレの歴史分析

「政策レジーム」転換でたどる近代日本

安達誠司
Adachi Seiji

藤原書店

脱デフレの歴史分析／目次

脱デフレの歴史分析

「政策レジーム」転換でたどる近代日本

はじめに——経済政策における「近代の超克」

じつにこの問題〔通貨問題〕は、政策の賢愚が一国の経済の盛衰をいかに大きく支配するかを示す好個の事例である。とともに、我財界および政界、学者などの支配層の経済知識の水準が、いかに低準、しかも頑迷不遜であったかを語るのであって、後世の為政者や財界の支配層の反省を促すものが多い。

（高橋亀吉『大正昭和財界史』）

一九四二年『文学界』誌上に掲載されたシンポジウム「近代の超克」は、日本という国家が、福澤諭吉をして「商売と戦争の世の中」といわしめた西欧中心の資本主義＝「近代」をどのように超越すべきか、という問題を、哲学や文学といった人文科学の観点から議論したものであった。この「近代の超克」のシンポジウムでは、経済問題が議題に上がることはなかったが、「近代の超克」が、経済にとっても重要な課題であったことは想像に難くない。経済における「近代の超克」とは、日本が「（西洋的）資本主義国の頂点に登りつめる」のか、「アジアの盟主として東洋の勃興を指導していく」のか、という国際経済社会の中での自らの最適な位置づけを模索する過程に他ならなかった。そして、明治維新期以降、日本の政策指導者の経済政策についての構想は、この二つの基本的な国家観を巡って絶えず大きく揺れ動いた。

「近代の超克」が、結局は、西欧中心主義を否定し、より国粋主義的な思想の正統性を明らかにするものとなったように、近代日本の経済政策も「アジア主義」的な考え方を基礎とした構想が次第に勢力を拡大していった。そしてこれは、最終的には「大東亜共栄圏」構想として結実し、その後、日本は戦時経済体制へと突き進んでいくことになった。戦前の日本経済がこのような「破滅への道」を突き進むことを余儀なくされたのは、明治維新期以降の西欧資本主義的な経済政策の多くが失敗し、日本経済が全く行き詰まってしまったためだというのが定説になっている感がある。しかし、これは、決して日本の経済政策運営に西欧資本主義的な政策思想がマッチしなかったためではなく、政策担当者が西欧資本主義的な政策を実現するための適切な政策運営の枠組みをうまく選択できなかったことにその理由が見出せるのではないか。では、その「枠組み」とは何か。それは、「通貨システム」であるというのが筆者の考えである。幕末以降、日本経済がグローバル経済に取り込まれていく過程の中で、日本の経済政策担当者はあまりにも通貨システムの選択に無頓着ではなかったか。そして通貨システム選択の失敗が、日本経済に幾度となく深刻なデフレーションをもたらし、結局は、日本を戦争という破滅に導いたのではなかったのだろうか。

しかも、これは、単なる歴史上の出来事ではない。翻って現在の日本経済の置かれた状況を考えると、当時と同じく、経済政策における通貨システムの役割が余りにも過小評価され、無批判に円高を許容してきたことが、この平成大停滞という現代型のデフレーションをもたらしたのではないかというのが、本書の問題意識である。

ところで、冒頭の高橋亀吉の発言は、一九三〇年の金解禁の失敗と昭和恐慌の顛末についての言及である。金解禁の失敗は、通貨システム選択の失敗が一国の経済を崩壊に導いた典型的な例であった。現在、経済学の飛躍的な発展によって、デフレーションのメカニズムやその回避、及び治癒の方法などが次第に明らかになりつつあるが、諸外国の政策当局者の中には、そのような最先端の経済学的手法を駆使すると共に過去の歴史をつぶさに分析し、これを歴史の教訓として生かそうという動きもみられる。例えば、今年、米FRB（連邦準備制度理事会）議長に就任し、米国金融政策の最高責任者となったベン・バーナンキのプリンストン大学時代の主要な実績は、世界大恐慌、及びデフレーションについての理論的研究である。また、米国の中央銀行であるFRBは、二〇〇二年にそれらの先行研究を踏まえつつ、「日本の経験からの教訓」[2]と題して、最新のマクロ経済学の観点から、日本経済が経験した「失われた十年」を分析し、デフレーションを回避するための金融政策のあり方という教訓を見事に引き出した。そして、これは、二〇〇一年から二〇〇三年にかけて、米国がデフレスパイラルの危機に瀕した際の迅速かつ大胆な金融緩和、減税等の財政政策、及びドル安誘導政策の実現として、実際の経済政策の現場に生かされたのであった。しかし、教訓を提供した日本側の状況をみると、政策当局者は、自国を襲ったデフレーションに対して有効な政策を実行することはできず[3]、無益な政策論争を繰り返すばかりであった[4]。

これは、まさに高橋亀吉の警告を日本の政策当局者が全く省みなかったことを意味している。日本の経済政策は、いまだに「近代」ですら超克していないのである。

注

（1）例えば、廣松渉［1989］を参照のこと。

（2）Alan G. Ahearne, Joseph E. Gagnon, Jane Haltmaier & Steven B. Kamin, *Preventing Deflation : Lessons From Japan's Experience in the 1990s*［2002］参照のこと。

（3）筆者は、二〇〇三年春以降の財務省による大量の為替介入は、米国のリフレーション政策への「国際協調」の側面が強かったのではないかと考えている。そして、これが、日本のデフレーション解消に対しても効果を有したのではないかと考えている。詳細は、安達誠司［2005］第六章参照のこと。

（4）今回の日本のデフレーションに関する議論は、昭和恐慌時の政策担当者や財界関係者、経済学者らの議論と何ら変わることがない。詳細は、田中秀臣・安達誠司［2003］一〇九―一一二頁を参照のこと。

第一部　「レジーム間競争」とは何か?

第一章　基本コンセプトとしての「政策レジーム」の重要性

1　現代的課題と「歴史からの教訓」

一九九六年以降、日本は、「世界大恐慌」以来、約七十年振りとなるデフレーションを経験した唯一の先進国となった。このような長期的な停滞局面は「失われた十年[1]」といわれ、この原因が何であるのか、そして、それが、どのような政策パッケージによって克服可能であるのか、についての議論が、世界中の経済学者らの間で活発に展開されてきたことは記憶に新しい[2]。

これらの経済学者によって展開された議論を振り返ると、日本の経済学者よりも、欧米の経済学者によるもの、または経済史家よりもマクロ経済学者によるものの方が質量ともに充実していたような印象を受ける[3]。しかし、これには理由があると思われる。これまで経済学のような社会科学では、仮説として精緻に構築された経済理論の是非を「実験」という形で再現することはできないとされてきた。しかし、近年におけるコンピューターの情報処理能力の飛躍的な発達により、現在の計量経済学では、ミクロ経済学的な基礎を有する精緻なマクロ経済モデルから理論的な最適解（一般解）を求め、この最適解に対し、適当なパラメーターを設定することによって、数値計算を行うことが可能になった。その結果として、デフレーションに関する論文も、純粋に理論的な立場から政策シミュレーションを行うという実証分析が多くみられるようになってきた（いわゆる「カリブレーション」の手法）。このような計量経済学の急激な発展が特に欧米のマクロ経済学者による分析や政策提言のレベルを飛躍的に高めたことが、この大きな理由であると思われる。

しかし、その一方で、政策分析には、純粋に理論経済学的な問題に加え、その政策が採用されるまでの政治的プロセスや政策思想など、必ずしも数値化できない重要な要因が存在する。そして、それらは、過去の歴史をつぶさに検証し、そこからある種の教訓（パターン）を引き出すことでしかその存在を検証できないという側面が強い。

また、いわゆる「ルーカス批判[4]」以降の現代マクロ経済学では、経済活動に参加する民間経済主体が、政策当局による政策転換に反応して形成する、将来に対する「予想」の役割が重要視されるようになってきている。経済主体がどのように予想の形成を行うかに関して、経済学では、いくつかの理論的アプローチが提唱されている。[5] だが、民間経済主体の予想形成パターンが、果たして経済理論どおりに設定されているか否かという点についてはまだ議論の余地がある。

確かに、経済活動主体の予想形成までもが精緻に定式化された理論モデルを元に政策シミュレーションを行うという手法は、政策効果の研究に際して極めて強力なツールを提供するだろう。だが、経済主体の期待形成プロセスには、当然、過去における「経験知」や人々の思想、哲学といったものが反映されているはずである。その意味で、歴史的な実証分析のアプローチもその重要性を全く失ってはいないのである。

そこで、本書では、「平成大停滞」や「失われた十年」という言葉に代表される現在の長期的な経済的な低迷の原因とその停滞脱出の処方箋を、「政策レジームの転換」というプロセスに注目して考察する。特に、明治期以降の日本に存在したいくつかの転換期における経済政策の大転換の歴史をケーススタディとしながら、現代の日本経済が陥っているデフレーションに対して、「歴史の教訓」というインプリケーションを引き出すことを目的としている。そして、この政策レジームの転換プロセスには、過去における経験知や、思想、行動哲学が大きな意味を持っていることは言うまでもない。

ところで、今回の経済的な低迷の最大の特徴は、物価水準の低下を伴うデフレーションという現象が、約七十年振りによみがえったことである。政策当局者は、戦後に入ってからは、むしろ、如何にインフレーションを抑えるかに注力してきたことから、デフレーションは人々の記憶から全く消え去っていた感がある。しかし、戦前には、デフレーションという経済現象は、グローバルなレベルで何度も繰り返されてきた、いわば「ありふれた」経済現象であった。そのため、デフレーションについての歴史的な考察はどうしても戦前期まで遡る必要がある。戦前期におけるデフレの歴史は、様々なものがあるが、その中でも、特に本論文のメインテーマである「政策レジームの転換」とデフレーションの関係を考える場合には、明治維新以降の戦前期日本のケースが最適であると考える。それは、明治維新以降の日本経済が、(一) 明治中期の松方財政によるデフレーションや、(二) 井上財政における「金解禁デフレ」といった政策転換の失敗によるデフレーションを経験したことに加え、デフレーションの克服に成功した高橋財政が国民の支持を得ることができずに、結果的には「大東亜共栄圏」に代表されるような統制経済的な政策レジームにとって替られ、あの悲惨な戦時体制に突入していったという、国民による政策の支持・不支持についての興味深い歴史的事実をも提供しているためである。そこには、経済失政の帰結としてのデフレーションの教訓と、デフレーション克服のための経済政策(「リフレーション政策」)成功の条件、そして、それが国民の支持を得るためにはどのような条件が必要なのか、といった様々な重要な教訓が多く含まれているのである。

2　「政策レジーム」という概念

本書において、歴史の教訓を引き出すために重要な役割を果たすのは、「政策レジーム」という概念である。以下、やや抽象的ではあるが、「経済政策のレジーム」とは何を意味するのかについて考察してみよう。

経済学における「レジーム」という概念を明確にしたのは、合理的期待形成学派の創始者の一人であるトーマス・サージェント［1988］であった。[6] 彼によれば、「経済政策のレジーム」とは、「政策当局が、経済政策を遂行するに当たって選択する（経済状況の関数で表現される）ルールの体系」を意味するものである。つまり、「政策レジームの転換」とは、そのルールを変更することを意味する。

民間経済主体による経済活動を、「ある制約条件の下で、その経済主体の満足度（効用）を最大にするような意思決定プロセス」であるというような数学的モデルで表現するならば、「政策レジーム」とは、民間経済主体が意思決定を行うに際しての一つの制約条件となる。一方、政策当局も、経済主体の一つであるので、何らかの満足度を最大にするための意思決定を行うが、理論的には、政策当局は、経済活動によって何らかの利益を得るという形の「効用関数」よりも、むしろ、経済的な損失を回避するように経済政策を行うという形の「損失関数」を設定し、その損失を最小化するような意思決定を行うことが想定されている。[7] そして、一般的には、その損失関数は、政府が設定する最適な実質経済成長率、及び最適なインフレ率の、それぞれの実現値との乖離率の二乗和で表わされる。[8] そして、この場合、経済政策とは、この損失関数を最小にするために用いられる外生変数（金融政策や財政政策、通貨政策といった政策手段）の組み合わせを意味することになる。

そこで、この損失関数を元に、あらためて「政策レジームの転換」の意味を考えてみると、これは、（一）政策当局が設定する最適な実質経済成長率、インフレ率（もしくはその組み合わせ）の変更と、（二）損失関数を最小にするための外生変数の組み合わせの変更、を指すことになる。このうち、前者については、政策当局が、自国の経済の発展段階や、他国の経済状況との関連等を考慮して、自国にとって最適となる経済状況をどのように設定するかという問題に帰着できる。また、後者については、例えば、実際の成長率が政策当局者によって設定された最適な経済成長率と比較して高すぎる場合、財政政策、金融政策を共に引き締め、意図的、政策的に成長率を引き下げるというような外生変数としての政策スタンスの変更が考えられる。このことから、「政策レジームの転換」とは、政策当局が、（一）過去に設定した最適値が不適切であると認識し、それを修正すること、（二）それに伴って、政策当局が保有する政策手段の組み合わせを変えること、であると定義できるだろう。

もちろん、政策当局が設定した最適値を実現するのは、民間経済主体による経済活動であることはいうまでもない。経済政策のレジームが、民間経済主体の経済活動（意思決定）に際しての制約条件の一つであることを考えると、「経済政策のレジーム転換」が与える影響は自ずと明らかとなるだろう。経済政策レジームの転換は、必然的に経済主体（企業や家計、場合によっては海外部門）の属する経済圏の先行きに対する「予想」形成のパターンを変化させることで、経済主体による経済行動に対する意思決定に作用し、ひいては経済行動そのものを変化させると考えられる。逆に、もし、経済政策のレジーム転換が実現しない状況を仮定するならば、民間経済主体は、もはや（転換が必要な）現行の政策レジームが、政策当局が想定しているような効果をもたらさないことを十分に認識しており、それを前提に経済活動についての意思決定を行うため、現実の経済は、政策当局が誘導したい理想的な経済状況とは全く異なるものになってしまうだろう。この場合、政策当局の損失関数は全く最小化されない。以上のような状況で生み出される民間経済主体と政策当局者との認識のギャップこそが、経済失政に他ならない。

さらにいえば、合理的期待形成学派では、この認識ギャップが政策当局による経済政策遂行に対する信頼（信認）の度合いに大きく依存して決められると考えられている。すなわち、民間経済主体が政策当局者を全く信頼していなければ、政策当局が政策レジームを転換したつもりであっても、民間経済主体は従来の行動パターンを変えようとしないことから、政策当局者が想定する効果が全く発現せず、結果として経済政策が失敗に帰する可能性が高くなる。そして、その「信頼」は、政策当局者がどの程度、その経済政策に注力しているか（力を入れているか）にかかっていると考えられる（これを「コミットメント」という）。政策当局が採用する経済政策によって、所定の経済効果を獲得しようという意思が強ければ強いほど、民間経済主体は経済政策の成功を確信し、これを前提とした経済行動をとるようになる。そして、結果的に経済政策は所定の効果を生むという好循環が生まれると考えられる。

3　外交政策と経済政策の組み合わせとしての「政策レジーム」とその「転換」

以上は、経済学的な立場による「政策レジーム」の概念であった。しかし、国家が経済的な繁栄を謳歌するためには、安全保障問題に代表される、外交政策も含めた総合的な政策パッケージを如何に構築するかという点も重要である。そこで、本書が想定する「政策レジーム」では、前述のような経済政策のレジームに加え、外交政策をその考察対象として含めることにする。

一国の政府が、具体的な経済政策運営を実施するに際し、諸外国との関係を如何に構築するかは、安全保障問題だけではなく、経済問題に対しても極めて重要な意味を持つ。特に、本書の分析対象である明治期以降の日本のケースでいえば、英国や米国といった「覇権国家」との友好関係を如何に構築するかが、日本経済の帰趨に大きな影響を持ったと考えられる[9]。例えば、第一次世界大戦まで（特に日露戦争時）の日本について考えてみると、当時の覇権国であった英国が、ロシアのアジア大陸への進出に対し強い警戒感を抱いていたことや、当時、新興国であった米国が、将来のアジア太平洋地域への進出のために、ロシアのアジア大陸進出を阻止する必要があるとの国際認識を持っていたことが、日英同盟の締結や、米国のイニシアティブによるロシアとの停戦協定を可能にした（ポーツマス条約での米セオドア・ルーズベルト大統領の仲介）。そして、これが日本に日露戦争の実質的な勝利をもたらし、結果として日本は欧米先進資本主義国の仲間入りを可能にし、不平等条約の改正を実現させるという明治維新以来の政策目標を達成できたのである。このような経緯を考えると、経済政策レジームにおける外交政策の重要性は十分理解できるだろう。これは、当時まだ「弱小国」であった日本が覇権国イギリスと新興成長国アメリカと組んだという意味で正しい「外交政策レジーム」を選択した成功例であったといえる。

一方、一九四〇年代の日本政府は、日本、朝鮮、満州、中国（それに加え、東アジア全域を含む）を中心とした独自の経済圏（「大東亜共栄圏」）の構築に注力し、当時の覇権国である米国を中心とするこれまでの国際協調体制とは一線を画する独自の経済政策運営を行おうとしたが、これが米国を中心とする欧米資本主義諸国とのアジア地域での経済権益を巡る対立をもたらし、結果的には太平洋戦争による国家の実質的な崩壊へとつながった。

このように、戦前期の日本の政策レジーム構築の枠組みを、経済政策からだけではなく、外交政策（特に当時の覇権国家との関係をどのように構築したかという観点）から考えた場合、経済政策と外交政策は、相互に「補完性」を持ちながら運営されてきたと考えた方がよいだろう。結局、政策レジームの転換過程とは、「国の経済発展段階上のステージが変わり、新たな国家構想の下で、新たな国家目標に向かって当該国が進む必要性が生じた『大転換期』(多くの場合、同時に経済の停滞局面が到来する）に、政策当局者が、外交政策と経済政策の組み合わせを変えることによって、民間経済主体の先行きに対する経済情勢の予想を変化させ、政策当局者が意図する政策目標の実現の方向に経済活動を誘導すること」を意味するものといえよう。

4 「政策レジームの転換」の基本コンセプト

転換期における政策レジーム転換のプロセスでは、旧来の政策レジームから新しい政策レジームへの転換が必ずしもスムーズに起こるとは限らない。むしろ、旧来のレジームへのアンチテーゼとして幾つかの政策レジームが提案され、それらの代替的な政策レジームが、(旧レジームを加え）利害関係を異にする幾つかの経済活動の参加主体（国内外の民間、政府関係者）間のパワーゲームによって、取捨選択されていく過程こそが「政策レジームの転換」に他ならないと考える。そして、その政策レジーム選択のプロセスに、経済原理以外のファクターが大きく関与することも十分ありうる。本書では、この新たな政策レジームが選択されていくプロセスを「レジーム間競争」と定義する。本書の特徴は、この「政策レジーム間競争」の具体的な「場」として、「通貨システムの選択」を想定している点である。ここでいう「通貨システム」とは、(一）金本位制、銀本位制、管理通貨制といった国際通貨システムの選択と、(二）国際通貨システムの維持を制約

表1―1 「政策レジーム」の定式化

①政府の行動は、損失関数の最小化 Min Lt
②Lt ＝{(目標名目成長率と現実の名目成長率のギャップ)^2 ＋β×(目標為替レートと現実の為替レートのギャップ)^2}
③政府が外生的に操作可能なのは、 (1)目標名目成長率(＝目標実質成長率、もしくは実質潜在GDPと最適インフレ率) (2)通貨システム選択のパラメーターβ (3)目標為替レート

条件とした場合の金融財政政策の組み合わせの二つを意味する。

以上の点を踏まえ、ここでは、本書での「政策レジーム転換」のコンセプトを明らかにしよう。まず、政府[10]の経済行動を、前述のような政府が定めた損失関数を最小化する行動であると定義する。すなわち、政府は自らが設定した、(一)最適な経済規模(例えば、潜在実質GDPの水準、及び最適物価水準、もしくは両者の和である名目GDP成長率)、(二)最適な為替レート水準、と現実の経済規模、及び為替レート水準のそれぞれのギャップの二乗和が最小になるように政策を行うと仮定する(**表1―1**)。マクロ経済学における一般的な政府の損失関数は、(一)の最適な経済規模と現実の経済規模のギャップのみであるが、本書では、前述の通り、外交政策と経済政策の関わりをその考察対象としている。外交政策と経済政策の関わりを政策レジームの定式化に沿って考えた場合、これは、通貨政策のスタンスに表れると考えられる。[11]通貨システムの選択が政策レジームの選択の一部となるケースを含むために、為替レートの最適水準と現実の為替レート水準のギャップの二乗を前述の経済規模のギャップとは独立した変数として、損失関数に組み入れる必要があると判断した。

よって、「政策レジーム」とは、具体的には、(一) 最適経済規模 (実質潜在GDP、及び、最適物価水準、もしくは両者の和としての最適名目GDP)、(二) パラメーターβ (現実の為替レートを最適為替レート水準へ誘導することを政策目標とするか否かの選択)、及び、(三) (パラメーターβがゼロではない場合) 具体的な最適な為替レート水準、の三つで表現できることになる。すなわち、「政策レジームの転換」とは、これら三つの変数、及びパラメーターを外生的、政策的に変えることを意味している。(12)

そこで、まず、(一) 最適経済規模についての考え方であるが、これは以下のように考えると理解しやすいだろう。明治維新後の明治藩閥政府の目標は、「欧米列強諸国へのキャッチアップ」であったが、もし、これを具体的な数値で表わすとすれば、例えば欧米列強諸国の平均的な経済規模 (GDP水準自体や一人当たりGDPの水準) として、数値化することが可能であろう。(13) また、井上財政によるデフレーション政策は、従来の経済規模の拡大だけを目標とした政策レジームから、膨張した経済を適正水準にまで引き下げる政策レジームへの転換であったと考えられる。また、第二次世界大戦直前の統制経済期においては、「対米戦争が可能となる生産能力」がその目標とされ、これがいわゆる「革新官僚」によって具体的に数値化されていたことを考えると、それがそのまま最適経済規模に当てはまることは自明であろう。その意味では、定式化された政策レジームは、政府の「国家観」を具体的に数値化したものに他ならない。

次に(二)の為替レートに関するパラメーターβであるが、これは、「通貨システムの選択」が経済政策に与える影響を示すものである。もし、βがゼロであれば、これは、政策レジームに為替レートの最適水準への誘導が含まれないことを意味しており、為替レートの決定はマーケットメカニズムに完全に任せるという政策スタンス、すなわち、通貨システムとしては「完全なる変動相場制」を選択したことを意味する。一方、もし、βがゼロでなければ、政府が、何らかのプロセスによって最適為替レートを設定し、現実の為替レートをこの最適値に誘導することを政策目標としていることを意味している。この場合の通貨システムの選択は、固定相場制、もしくは、金(銀)本位制であることを意味する。[14]

(三)の最適為替レートの選択問題については、「金解禁論争」を考えるとその意味がわかりやすいだろう。「金解禁論争」では、日本が再建金本位制へ復帰するに当たっての目標為替レートとして、第一次世界大戦前の金本位制での適用レートである「旧平価」を採用すべきか、それとも、現時点の物価水準に合わせて新たに設定する「新平価」を採用すべきか、という点で激しい論争が展開された。「旧平価」が適用されるとすれば、これは、現時点よりも低い物価水準を想定したものになるため、物価水準を引き下げるデフレーション政策が必要となる。つまり、最適為替レートの設定が、同時に目標とする国内経済変数に影響を及ぼすことになる。[15]このように、(二)のパラメーターβ、及び(三)の最適為替レート水準は、「通貨システムの選択」という「政策レジーム」にとって重要な変数となっている点に注意する必要があるだろう。

表1—2　「政策レジームの転換」の内容

政策レジーム転換の時期	最適経済成長	通貨システム選択(β)	最適為替レート水準
由利・大隈財政 →松方財政	目標水準は変化せず (欧米の水準へのキャッチアップ) キャッチアップ速度の調整	実質変動相場制 →銀本位制 (最終目標は金本位制)	金銀比率 ＝1：16.01で固定
井上財政 →高橋財政 ("擬似"小日本主義レジーム)	名目経済水準の回復 (デフレーション以前の水準まで)	金本位制 →管理通貨制	旧平価→変動相場(ただし昭和恐慌脱出後はポンドペッグ)
高橋財政 →大東亜共栄圏レジーム	対米戦で勝利する生産水準	円為替圏の形成 (大東亜共栄圏)	特になし (当初はポンドペッグ)

本書では、当該期の日本には、四つの大きな政策レジーム転換があったと考えている(各レジーム転換の概要については**表1—2**を参照のこと)。第一の政策レジーム転換期は、明治十四年の政変に伴う大隈財政から松方財政への転換過程、第二の政策レジーム転換期は、「金解禁論争」を経て、選択された井上財政が昭和恐慌によって崩壊し、代わって登場した犬養毅政友会内閣による高橋財政によって、金輸出再禁止が実施されるまでの過程、第三の政策レジーム転換期は、デフレーションの克服に成功した高橋財政が、二・二六事件によって経済正常化への転換に失敗し、「大東亜共栄圏」構築による統制経済という新たな政策レジームが確立されるまでの過程である。以上の議論を踏まえ、第二部以下では、歴史的教訓として、明治維新期から国家総動員体制が完成するまでの約七十年間にわたる戦前日本の政策レジームの転換過程を考察していく。

注

（1）例えば、原田泰［1999］を参照のこと。

（2）例えば、P. Krugman［1998］等がその代表例であろう。

（3）最近までのマクロ経済学者らによるデフレーションの分析、政策提言の概要については安達誠司［2005］第六章を参照のこと。また、経済史家によるデフレーションの分析については、岩田規久男編［2003］の第一部参照のこと。

（4）「ルーカス批判」とは、分析対象として相応しい民間経済主体が、経済政策の変更をあらかじめ予想する場合には、自らの行動パターンを変えるはずなので、政策変更以前の行動パターンに基づいた政策効果の分析は全く無意味であるという従来の経済学的分析手法に対する批判である。

（5）経済学における民間経済主体の予想形成のパターンとしては①適応的期待、②合理的期待、等がある。

（6）詳しくは、トーマス・J・サージェント［1988］一三―三〇頁参照のこと。

（7）これは、政府自体が利潤を追求する経済主体ではないためである。

（8）これは、政策評価としては、目標値を下回っても上回っても、失敗とみなされるためである。

（9）戦前の日本が、「大東亜共栄圏」の構築を最終的な「政策レジーム」として選択し、太平洋戦争への道を歩むことになったのは、中国での経済的権益を巡る米国との対立が米国とその友好国による経済封鎖を招き、経済的な自給を強いられたためであった。

（10）マクロ経済分析では、中央銀行は「統合政府」の一部として政府に含まれることが多い。

（11）例えば、親米路線による経済変動の安定化を目標とするのであれば、為替レートはドルペッグにすることが考えられるし、よりアジア重視の経済構造調整を実現したい場合には、ACU（アジア共通通貨単位）などの創設によって独自通貨圏を形成することも考えられるだろう。

（12）これによって、各変数に具体的な数値を代入したり、もしくは、定性的な内容に関しても質的データに転換することで、政策レジームの転換を定量的に計測することが可能になると考えるが、本書ではそれまでは到達していない。これについては筆者の将来の課題としたい。

（13）当時はGDP等の具体的な数値が存在しなかったとの反論もあろうが、これは具体的に数値化しなくとも、例えば、遣欧使節等による欧米各国の視察によって各国の経済状況を目の当たりにするという具体的な行動で把握可能であろう。

(14) もしくは、変動相場制下でも、為替介入等によって為替レート変動を一定レンジに収めようとする政策もその程度によっては含まれるだろう。

(15) また、変動相場制であっても暗黙に想定為替レートが設定される場合等もこれに相当するだろう。

第二部　近代日本のレジーム間競争

第二部では、第一部で提示したレジーム間競争の概念を、近代日本の経済政策策定のプロセスに適用することによって、近代日本の政策思想の変遷の歴史を再構築していく。

明治維新から一九四〇年の、いわゆる戦時体制が確立されるまでの約七十年を近代日本と定義した場合、政策レジームの転換が要請された局面は、都合、三回あったと考えられる。最初の局面は、一八八一年の「明治十四年の政変」による大隈財政から松方財政への移行であり、第二の局面は、一九二〇年代における「金解禁論争」から一九三〇年の金解禁断行、昭和恐慌を経て、一九三一年の高橋財政に至るまでの政策転換過程であり、第三の局面は、一九三六年の二・二六事件をきっかけに、積極的な大陸進出を目指す「大東亜共栄圏」構想が実現に向けて動き始めた局面であった。第二部では、この三つの局面での政策レジーム間の競争プロセスについての考察を行う。なお、第二の局面での「金解禁論争」に代表されるように、実際のレジーム間競争の「場」として極めて重要な役割を果たすのが、通貨システムの選択についての政策論争であった。これについては、第三部であらためて詳述し、第二部では、主に国内経済の成長戦略、及び、その背景となる政策思想を巡るレジーム間競争についての考察を行う。

第二章　政策レジーム模索の過程——明治維新から松方財政まで

1　近代初のレジーム転換としての松方財政の再評価

本章では、明治維新から松方財政までの政策レジーム転換過程を考察する。ここでは、大隈重信による財政政策（一八七三—一八八一年）から松方正義の財政政策（一八八一—一九〇〇年）への転換プロセスが、近代日本における最初の政策レジーム転換であった点に言及し、その再評価を行うことを目的とする。

なぜ、ここで敢えて「再評価」としたのか。実は、松方財政に対する誤った評価こそが、近代日本における経済政策運営の失敗、ひいては、現在の平成大停滞を引き起こした政策思想的失敗の源流であると考えられるからである。松方財政の通説的な評価は、「意図的なデフレーション政策によって大隈財政期の負の遺産を清算し、近代日本が欧米資本主義列強にキャッチアップするための成長の基礎を築いた」というものだろう。[1] しかし、松方財政を、デフレーションの時期（前期一八八一―一八八六年）と高成長実現の時期（後期一八八七―一九〇〇年）とに分類するならば、前期におけるデフレーションの加速は、その本来の政策意図である財政再建と正貨流出阻止の実現過程を考えた場合、（国民経済に多くの犠牲を強いたという点で）過剰であったこと、後期における高成長の実現は、デフレーションの効果というよりも、銀本位制の選択と新平価（従来の平価水準よりも円安水準）で実施された金本位制移行のタイミングが「偶然」もたらした成功であったと考える（しかも、この制度変更について、松方は必ずしも積極的ではなかった）。しかし、この偶然の成功体験があたかも適切な政策レジーム選択の結果という「必然」であるかのように意訳されたことが、今日まで「清算主義」思想が経済政策において重要な位置を占めてきた理由であるならば、近代初の政策レジーム転換としての松方財政の再評価は、日本の将来のためにも重要であると思われる。

この松方財政の再評価を行うためには、それ以前の経済政策の変遷を把握しておく必要がある。そこで、まず、本論に入る前に、本書における明治維新の位置づけを明確にしておきたい。それは、近代日本における政策レジーム転換を考える際に最初に問題となる点は、明治維新が果たして政策レジームの転換に値するか否かという点だと思われるためである。筆者のこの問いに対する答えは否である。一八五三年のペリーの浦賀来航、そして、その後の開国によって、日本はグローバル経済（帝国主義経済）の中に強制的に取り込まれることになった。欧米列強諸国との歴然とした国力（軍事力、経済力）格差の認識とそれに伴う植民地化の危機感がエネルギーとなって、倒幕の機運が高まり、明治新政府は成立したと考えられる。その意味では、幕末の倒幕のプロセスから新政府誕生に至る「明治維新」こそ、日本史上、最大の政策レジームの転換であったという一般認識が生まれるのはごく当然のことであろう。[2] 確かに、廃藩置県や地租改正（この「非」レジーム転換的な性質については後述）のプロセスを見る限り、明治維新は政策レジームの大転換に相当する一大政策転換期であったとする定説が生まれるのはもっともなことである。しかし、その後の明治維新政府の政策構想の混乱や実際の政策策定プロセス、そして、最終的に選択された政策レジームを考えた場合、明治維新が、本書が考察対象とする経済政策レジームの大転換であったとは考えにくい。それは以下の理由による。

（一）明治新政府の政策プライオリティは、国力の充実であったが、そのより具体的な目的は、江戸幕府が欧州列強諸国と締結した不平等条約の改正にあった。しかし、徳川幕府も不平等条約締結後は条約改正という目標を有し、近代化政策[3]を推し進めていたという点では、明治維新政府と同様であったと考えられること（このことは、外交政策のレジームが江戸末期と不変であり、かつ、第一部の「政策レジーム」の定式化では、経済成長目標の設定が維新初期の明治政府と同一であったことを意味している)。

(二)いわゆる「明治六年の政変」によって、土佐・肥前藩閥を中心とした征韓論者が政府から追放され、西南戦争で不平士族の反乱が完全に鎮静化されるまでの政権抗争の過程をみる限りは、明治維新は藩閥政府内での政権の主導権争いを通じて、薩長出身藩閥者が次第に国家権力を掌握していく過程と位置づけた方が適当であると考えられること。言い換えれば、明治維新は、「地方分権国家」的な側面が強かった幕藩体制から、如何にして明治新政府への権限集中をはかるかがメインテーマであり、明治政府の政策課題は、本書が意図するような経済政策レジームの転換「以前」の問題であったと考えられること、による。[4]

本書が議論の対象とする「政策レジーム」が意識され始めたのは、一八七三年の「明治六年の政変」後、大隈重信が大蔵卿に就任し、「収入支出ノ源流ヲ清マシ理財会計ノ根本ヲ立ツルノ議」の建議によって、具体的な財政政策構想を発表して以降であったと考えられる。[5] その後、大隈財政は挫折し、代わって登場した松方財政以降、ようやく日本経済は「条約改正」と欧米資本主義列強へのキャッチアップへ向けての成長軌道に乗ったと考えられる。以上の歴史的事実を考えると、大隈財政(もしくはそれ以前の由利財政)から松方財政への移行過程において、近代国家としての最初の政策レジームの転換が実現したと考えた方が適切であろう。

ところで、大隈財政、そして、それ以前の由利財政(以後、一括して由利・大隈財政と呼ぶ)では、イギリス流の自由主義的な経済思想が普及すれば、(一)近い将来、民間主導による自由な経済活動が積極的に展開され、産業勃興が急ピッチで進む、(二)これらの産業による輸出拡大によって、正貨蓄積が進む、(三)以上のような急速な経済発展を実現することで早期の条約改正が達成できる、といった楽観的な考え方が主流であったと考えられる。しかし、その現実は、歴然とした産業の国際競争力格差や不平等条約による低関税によって、輸出は思ったように伸びず、関税収入もほとんど期待できない状況であった一方、逆に、輸入は大幅に拡大したことから、恒常的な貿易収支赤字に見舞われ、その結果、大量の正貨が流出するという事態に見舞われた(6)。このような正貨流出に加え、国内の経済発展を意図した莫大な産業振興資金のファイナンスのための莫大な財政赤字と大量の政府紙幣発行等によって、明治初期の日本経済は、慢性的なインフレーションにあえいだ。これは、日本経済が国際収支赤字と財政赤字という「双子の赤字」によって、まさに国家破産の危機に瀕していたことを意味していた。明治維新によって、政権は江戸幕府から藩閥政府に代わったが、明治初期の経済状況は、幕末の「開港」以後の経済破綻による幕府崩壊のプロセスとなんら変わるところがなかったのである。もし、大隈財政から松方財政への転換がなければ、明治維新も一時的な反幕勢力のクーデターの失敗例として、歴史の徒花になっていたかもしれない。その意味では、松方財政への転換による、国家主導(その多くは軍需であったと考えられるが)の経済成長路線への修正、及び、「銀本位制」という兌換制の導入、という一連の政策転換プロセスは、「政策のレジーム転換」と呼ぶにふさわしいものであったといえる。

ただし、大隈財政から松方財政への移行過程を詳細に検討してみると、松方財政の評価は、通説的な評価とは異なったものになる。なぜならば、通説では松方財政の最大の功績とされる「紙幣整理」というインフレーション抑制政策は、後期大隈財政期にすでに実施されており、その時点である程度の効果がみられていたことから、松方財政の業績とは言い難いためである。さらには、松方財政自体がもたらした深刻なデフレーションは、その後、昭和初期の井上財政における清算主義的な構造改革における政策思想的なバックボーンとなり、後世へ誤ったデフレーション認識が伝達されたことを考えると、むしろ回避すべきものだったのではないかと考えられるのである。このことから、この松方財政への移行は、確かに「レジーム転換」であり、その後の日本の資本主義化の礎を築いたものの、手放しで成功例であったとは考えにくい[7]。

確かに、松方財政期以降、日本経済は、輸出の拡大と軍需を梃子とした産業革命によって、欧米列強諸国と肩を並べる経済成長を実現し、悲願であった条約改正に成功したという点は歴史的事実であり、松方財政の輝かしい功績であることは否定しようがないが、残念ながら、これは「偶然の産物」であるという側面が強かったと考えられる。松方財政による産業革命の成功は、（一）欧米主要先進国が金本位制を導入する中、日本は、その経済の後進性ゆえに銀本位制を選択せざるを得なかったこと、しかし、これが、金高銀安によって、実質的な円安効果を生み出し、その結果、輸出ドライブがかかったこと（この点については、第三部で詳述する）、（二）「朝鮮事件[8]」をきっかけにして対清戦争を想定した軍備増強路線が安全保障的な要請から軍備費増強の必要性を生じさせ、財政緊縮路線を放棄せざるを得なくなったこと、そして、この軍需拡大が、重工業を中心とした産業発展の原動力になったこと、によるものである。

これら二つの要因は、当初から松方財政において想定していた政策転換ではなかった。例えば、結果的に総需要を刺激することになった軍事費拡大に関していえば、朝鮮事件の際には、当時、日本に近代化で遅れをとっていると考えられていた「後進国」朝鮮での日本人虐殺はまさに「国辱」であるとの認識が強かったことから、軍部（特に海軍）の要請を断ることができず、結果として、財政再建路線の事実上の放棄をせざるを得なくなったという事情があった。これらの政策が発動される以前の日本経済は深刻なデフレーションに陥っていたが、金融政策がまだ不在であった当時の状況の中で、「円安と軍事関連支出の拡大」という組み合わせは、当時の日本経済にとっては、「意図せざるリフレーション政策」の側面が強かったと考えられるのである。

結果として、松方財政は、欧米先進国並みの経済成長を実現させたことから、経済政策における「成功例」として後世に伝えられることになった。[9] しかし、松方財政の評価は、慢性的なインフレを止められなかった大隈財政との比較という観点から、「意図的なデフレ政策によるインフレマインドの払拭」に集中した感がある。[10] その後の経済発展については、「意図せざるリフレーション政策」効果によって、輸出拡大と重工業の発展が始まったことが、事後的な労働需要の拡大につながり、これが、デフレーションによって失職していた余剰労働力のかなりの部分を吸収したというのがマクロ経済的にみて正しい見方であると考えられるが、松方財政を評価する見方をとると、デフレーションが産業革命実現の必要条件の一つである「労働の本源的な蓄積」を促進させることによって生じた、構造改革効果が重要な点であったという解釈になってしまう。しかし、当時の農村の状況を考えると、デフレーションとは独立的に、農家の次男以下は余剰労働力として、農村から都市部へ流入せざるを得なかったと考えられ、松方財政によるデフレーションが労働力余剰を促進させ、産業革命のための労働力を蓄積させたというのはいささか過大評価ではないかと思われる。

このようにして、松方財政は、「意図的なデフレーション政策による構造改革」の成功例として祭り上げられてしまった感が否めない。

2 自由主義的経済思想の挫折

1 藩閥政府内の政争と自由主義思想の後退

明治維新から松方財政までの「政策レジームの転換」におけるもうひとつの論点は、政策レジームのベースとなる経済思想の変化である。幕末期のいわゆる「西洋の衝撃（Western Impact）」が明治維新に与えた影響は、何といっても当時の先進資本主義国であるイギリスやフランスの近代的な自由主義思想が流入した点であろう。「日本も欧米流の『近代的な自由主義』思想に基づく制度を導入すれば、欧米資本主義列強諸国のような繁栄を比較的早期に迎えることができるかもしれない」というのが、明治維新に関わった指導者達の偽らざる見方であったと思われる。そのため、明治維新初期の政府は、近代的自由主義の導入を積極的に行った。ところで、ここでいう「近代的自由主義」の思想とは、いわゆる「天賦人権説」に基づき、憲法を制定し、国民に参政権を与え、議会主導での政策運営を行うという立憲政治体制、及び、自由貿易による商業立国の構想であったと考えてよいだろう。そして、その思想体系を代表する当時の思想家としては、『西洋事情』を著した福澤諭吉や、『真政大意』を著した加藤弘之、(11)もしくは、「日本のアダム・スミス」と称された田口卯吉らが挙げられる。揺籃期の明治新政府は、このような「純粋」なイギリス流自由主義に則った政治経済改革を志向し、その準備を着々と進めていった。

特に、「開明派官僚」といわれる当時の官僚の多くは、「新しい時代、新しい国家の建設」という理想に燃えて、イギリス流の自由主義の立場から様々な政策構想を策定したが、そのようなイギリス流近代自由主義が明治政府によって採用された最大の理由は、それが「近代化達成」をアピールし、早期の条約改正を実現させるのに有効であると考えられたためであった。すなわち、「近代化」という「洋服」を着さえすれば、比較的容易に条約改正が実現するのではないかという楽観的な見通しが政府要人の中にあったと考えられる。(12)岩倉具視を筆頭とする遣欧使節団も、当初は、日本の西洋化をアピールして、翌年に控えた日米通商修好条約の改正時に不平等条約の改正を実現してしまおうと派遣されたものであった。(13)しかし、このような「安易な近代化」路線は、あえなく挫折することになる。この理由としては、以下の点が指摘できる。

(一) 遣欧使節団派遣の最大の目的である早期の条約改正は、最初の訪問国である米国で一笑に付され実現しなかったどころか、逆に、使節団のメンバーにとっては、欧米諸国との「国力」の格差が歴然としていることに驚かされる結果となった。この「国力格差」の認識は、アヘン戦争での「アジアの盟主」清国の敗戦とその半植民地化の現実にオーバーラップすることで、彼らに日本が植民地に転落するリスクを改めて強く認識させることになった。(一二)これをきっかけに、遣欧使節団に参加せず、留守役の「国内組」(土佐・肥前藩出身者が多くを占めていた)と遣欧使節に加わった「洋行組」との間の国家観を巡る対立が表面化した。「洋行組」は早期の条約改正を断念したこともあってか、イギリス流の近代自由主義路線は放棄し、代わってプロシア流の「政府主導の資本主義」を構想し始めていた。その一方、江藤新平に代表される「国内組」は、あくまでもイギリスの立憲君主制を模範とした「規範的」な近代国家構想を推進しようとしていた。[14]この国家観の対立が明治政府内の薩長派閥と非薩長派閥の政治抗争に形を変え、明治六年の政変をきっかけに、遂には「国内組」の多くは下野することになった。[15]

佐賀の乱、西南戦争といった武力による政府打倒に失敗した旧「国内組」の残党は、その後、自由民権運動の推進という政治運動に活路を見出そうとする。明治政府は、この動きが、不平士族や農民と結びつくことによって、一大反政府勢力に発展し、戊辰戦争並みの戦乱とクーデターが勃発するのを阻止するために、自由民権派が拠り所としていたイギリス流の自由主義の採用を控え、代わりにプロシア流の政治経済システムを採用しようとした。「宰執ノ進退ガ一ニ民議ノ左右スル所ニ任ズルイギリスト軌ヲ並ブベキデハナク民議ノ左右スルトコロニ任ゼラルルプロイセント軌ヲ同ジクスベキ」という方針が採用されたのである。[16] ところが、薩長中心の藩閥政府に残って、経済政策の立案を担当した肥前藩出身の大隈重信は、基本的には、イギリス流の近代自由主義的思想の持主であったと考えられる。彼の政策構想である「成長通貨供給による産業振興」は、「輸出振興による経済成長実現のためには、起業家が事業を興すための資金の提供を官が主導しなければならない」という考え方であったが、日本が自由主義的な貿易立国になるために必要な輸出産業の育成を意図したものであった。その意味では、明治六年の政変以後の大隈財政の経済政策レジームは、自由主義の「残党」であった大隈の、いわば「孤独な戦い」であったかもしれない。しかし、それと同時に、この考え方は薩長藩閥政府の政策レジームとしてはミスマッチである点は否めない。そのため、自由主義的な大隈財政の経済政策は結局、失敗することになる。そして、大隈財政に取って代わった松方財政では、イギリス流の自由主義的政策思想は完全に鳴りを潜め、代わってプロシア流の「天皇を頂点とした中央集権国家」主義が主流となった。すなわち、自由民権運動等の反政府運動弾圧のための警察費、及び清を仮想敵国としての軍事費の拡大が、政府主導によって積極的に展開され、日本は本格的に「軍事・警察国家」の道を歩むこととなった。ここに、明治維新政府が当初理想としたイギリス流の自由主義をベースとした経済思想は敗北することになった。[17]

このような政策思想の大転換は、由利・大隈財政から松方財政への政策レジーム転換にどのような影響を及ぼしたのであろうか。これを解く鍵は、「ガーシェンクロン・モデル」にあると考えられる。「ガーシェンクロン・モデル」とは、後進国が先進国の先端技術を模倣という形で導入しようとしても、両国の経済発展段階に余りにも大きな格差が存在する場合、その先端技術を効率的に利用する人的資本やノウハウの蓄積が間に合わない等の理由で、多くの場合、後進国による先端技術導入計画は失敗し、多大なコストによる財政危機等によって、経済的低迷を余儀なくされるという見方である。[18] 由利財政から大隈財政にかけての経済パフォーマンスの悪化の遠因が、無理なイギリス流自由主義の導入にあったとするならば、まさに「ガーシェンクロンモデル」が示すような、「資本主義の発展段階がごく初期の段階では、そのまま先進資本主義の経済システムや技術を導入しても必ずしも成功するとは限らない」という状況が当てはまり、明治維新当初からイギリス流の自由主義的な思想を導入することは誤りであったとの結論が導かれるのである。大隈が、インフレーションの高進にもかかわらず、成長通貨の供給をやめなかった理由は、イギリスの先端技術の模倣を中心とした経済発展政策は、「模倣」ゆえに容易であり、かつ、その成長スピードも速く、通貨供給によるインフレーションは経済の供給サイドの拡大が実現すれば解消すると確信していたためだと想像できる。

しかし、国の経済の実力水準をはるかに上回る速度での経済発展を志向し、これに見合った通貨供給を実行していた大隈財政が、激しいインフレーションに見舞われるのは当然の結果であった。そして、さらには、後述するように、由利・大隈財政の失敗は、通貨システムの選択問題をあまりに軽視し過ぎた結果、（一）通貨の信用の失墜、と（二）無用な正貨流出を招いたこと、によるところが大きい。しかし、いずれにせよ、（石橋湛山らに代表されるような）その後の自由主義者の経済構想が、ある程度政策的な妥当性を有しながらも支持されなかったのは、この明治初期における自由主義経済思想の敗北が影響しているのかもしれない。[19]

2 地租改正構想にみる開明派官僚の挫折

このようなイギリス流の自由主義的経済思想の挫折の過程が、最も如実に表れているのが、地租改正を中心とする明治初期の政策構想の変遷である。「政策レジームの転換」とは直接関係はないが、大隈財政から松方財政への政策レジーム転換過程には、経済思想の変化が大きく影響していることから、ここではやや詳細に、地価改正を中心とした政策構想の変遷を考察してみることにする。

明治時代前半における経済政策の歴史は大きく分けて次の三つに時期に分類できるのではないかと思われる。第一期が明治六年の政変から西南戦争終結まで、第二期が明治十四年の政変によって大隈重信が失脚するまで、第三期が松方財政である。結局、第三期の松方財政が明治期の政策レジームとして定着し、日本は日清・日露両戦争を梃子にして経済発展の基礎を築くことになる。

第一期は、主に、由利財政下での近代的財政制度構想の時期である。[20] 由利財政下では、まだ幕末の混乱が完全には払拭されていなかったこともあり、急進的な改革は実施されなかった。また、由利財政の基本的なフレームワークは、江戸末期に由利公正が属していた越後藩の藩政改革[21]を基礎にしたものであり、特に目新しいものではなかった。さらには、贋札問題等による通貨制度の混乱や過度な太政官札発行が深刻なインフレをもたらすなど、経済的に極めて不安定な時期でもあった。しかし、一方で、この時期には、「維新」の理想に燃えるいわゆる開明派官僚らによって、自由主義的な立場から近代的な政策構想が次々に出された時期でもあった。[22] 以下では、開明派官僚によって提示された政策構想について考察する。

当時、彼らによって構想された政策構想の多くが、イギリス流「自由主義」の洗礼を受けた極めて「近代的」なものであった。その中でも特に、明治新政府の税制をどのように近代化するかという税制思想の確立が、当時の開明派官僚にとっての政策構想の主題であった。そこで、まず、指摘すべきは、税制構想の基本的な思想が「人民告諭書」で提示されている点である。「人民告諭書」の存在はこれまであまり重要視されてこなかったが、明治揺籃期の政策構想が、イギリス流の自由主義的な経済思想をその背景に持っていたことを証明する資料としては、極めて重要であると考えられる。

「人民告諭書」は、税金は国民の利益のために使われるものであるとの認識の下、「国民には租税徴収承諾権があり、国民の代表たる政府は人民の選挙によって選ばれるべきである」という参政権をも含んだ近代的な税制構想であったし、開明派官僚によって提案された税制構想の多くが、税制の理想として、産業育成によって営業税（現在の文脈でいえば、法人税）や関税収入を含む多様な税源からの税収の安定的確保をうたっていた点も画期的であった。

さらに、その他の主な税制構想をみると、以下のようなものが存在した。まず、大蔵官僚であった神田孝平は「田租改革の建議」で、課税ベースをこれまでの農産物の生産高から、地価とし、農地だけではなく、市街地や商業地にも課税すべきであると提案した。また、陸奥宗光らは、「内国租税改正見込書」において、「公平な課税」という観点から、「フラットタックス」、もしくは、「間接税」中心でいくべきだと提唱した。これは、岩倉具視による「建国案」にも色濃く反映されている。岩倉も「建国案」では、各階層平等に課税することが近代国家の証であるとしている[23]。

このように、明治維新初期には、開明派官僚らから、様々な税制改革構想が提示されたが、関税の自主権がなく、農業以外の経済活動からの徴税が実務上困難であったことや、江戸期の「年貢徴収」の制度的基盤がそのまま援用でき、税の捕捉が容易であることから、結局、明治初期の税収の大半（八五％から九〇％程度）は「地租」によるものとなった。しかし、この一見、江戸幕府期とそれほど大きな違いを見つけることができないようにみえる地租を基本とした税制改革も、当初は、近代的な要素を残していた。

そこで、創成期の地租改正の概要について言及すると以下のようになる（「地租改正方法草案」による）。

（一）「土地ノ原価ニ随ヒ」その百分の三をもって地租とし、「定額」する（豊作凶作によって増減しない）。

（二）土地の原価は、一反歩の水田からの収穫高を価額で表示し、そこから諸経費を控除した純収益（「所得ノ実益」）を利子率で「資本還元」して求める。

（三）地租は百分の三としているが、物品税等の導入によって、地租以外の歳入が二百万円以上になれば、その増加の程度に応じて地租を漸減していき、最終的には百分の一まで引き下げる。

これは、（一）で、税収の安定的な確保の仕組みを確立していること、（二）で、利子率（現在のファイナンス理論の文脈でいえば、「ディスカウントファクター」）による現在割引価値を地価算出のファクターとして利用していること、（三）で、現行の「百分の三」という税率はあくまでも緊急的なものであり、潜在的な生産力を引き上げるためには、減税の必要性がある点に言及している点（一八七三年五月十九日「地券税額ヲ定ムルノ論」では、「況ヤ生財根源ノ地ニ重税ヲ賦スルハ経済ノ本旨ニ背戻スル……」との記述がみられる）は、明治政府が近代的な租税制度の構築を明確に意図していたことを示している。

さらに、この地租改正は、財政思想的にも近代的な要素を含んでいた。これは地租改正法令と共に提出されるはずであった前述の「人民告諭書」には、地租制度は、土地が国民によって私的に所有されているということが前提条件になるべきである旨の記述がなされていることから窺える。これは、当時の明治政府が、「租税とは、元来、国民の代表たる政府（「人民一統ノ好ム処ニ従ヒ、人民一統ノ総代デアラネバナラヌ」）が、国民の財産や生活を保護する経費を国民の承諾を得て徴収するものである」という「租税承諾権」を十分に意識しており、もっといえば、当時の明治政府が、国民の権利を行使する場としての国会開設と参政権の賦与をも視野にいれた画期的な進歩的思想を持っていたことを示唆している。その意味で（三）の減税構想の先には、前述の開明派官僚によって提唱されていた「理想形」としての税負担の公平均一化まで視野に入っていた可能性も否定できないのである。

しかし、この「地租」を巡る税制改正も、時を経るに従って、次第に近代的要素を後退させることになってしまった。これは、第一点には、農民の暴動が全国に波及し、次第に大規模化したためである。明治政府は、これを「開明」的な政策に対する「守旧」的な人民の反乱とみなし、農民統制を強化すべきという現実的な要請から、「人民告諭書」の公布を封印してしまった点に見出せる。第二点は、減税構想は、比較的早期に条約改正が実現し、関税収入によって、減税分が十分補填されるということが前提となっていた。しかし、条約改正は、一八七一年九月の特命全権使節団派遣に続き、一八七六年一月にも英国公使パークスの強い反対によって頓挫するなど、ことごとく失敗し、早期の条約改正実現の可能性は皆無であると判断されたため、国民の参政権を含む「表層的」な近代税制の導入を急ぐ意味はなくなってしまった。さらには、いわゆる「征韓論」を巡る政府部内での派閥抗争の激化やその背景にある不平士族の存在によって、政府にとってのプライオリティは、（一）明治天皇を頂点とする有司専制体制を採用することによって政権基盤を強化すること、（二）政府主導による「国力充実」を優先させること、であるという意見がコンセンサスとなった。さらにいえば、明治六年の政変によって、江藤新平をはじめとするイギリス流の自由主義を標榜する開明派官僚の多くが失脚し、プロシア流の中央集権立憲君主制を標榜する薩長中心の藩閥政府が次第に台頭してきたことによって、前述のような「進歩的」な税制構想は次第に後退していったのである。

そして、実際の地租改正の運営においては、前述の税制思想と税制の整合性よりも、関税獲得を前提とせずに、税収を確保するという点が重視され、（一）地租算定の基準となる収穫高は農民の申告とされていたが、実際は「地方官心得」による地価査定法による官側の地価（「検査例」）が実質的には適用され（農民の申告額が「検査例」を一割以上下回る場合は再調査）、（二）諸経費については収穫高の一五％という水準が一律に適用され、（三）純収益を資本還元する利子も自作地は七分、小作地は五分を極度とし、それ以上の額は一切認められなかった。以上から、地価は、実質的には収穫米高から地価を単純に計算する公式に過ぎなくなってしまった。また、小作料に関しては、収穫高の六八％にまで引き上げられ（当初は六〇％）、小作農にとっては著しい高額小作料となり、「地主・小作」関係という前近代的な関係を定着させることとなってしまったのである。

以上、地租改正構想の変遷を軸に、明治維新政府の財政政策構想におけるイギリス流自由主義思想の後退をやや詳細に考察してきたが、これは、筆者が、その後の大隈財政挫折から松方財政採用への経済政策移行の過程に先行する現象であると考えたためである。結局、イギリス流自由主義をその政策思想のベースとしていた大隈財政は、その政策思想とは異なるプロシア流政策思想への移行過程にあった明治政府の経済政策を担うことになった時点で、その挫折が運命づけられていたと考えられるのである。

3　大隈重信の経済政策思想とその挫折の過程

一八七三年五月の「明治六年の政変」をきっかけに、大隈重信が新たに明治政府の財政の実権者となった。

そこで、ここでは、大隈重信の財政思想について考えてみよう。大隈は、財政改革にあたって、一八七五年（明治八年）に「政始建議」としていくつかの「建議」を提出した。その中で重要な建議は以下の四つであった。（一）「収入支出ノ源流ヲ清マシ理財会計ノ根本ヲ立ツルノ議」、（二）「天下ノ経済ヲ謀リ国家ノ会計ヲ立ツルノ議」、（三）「国家理財ノ根本ヲ確立スルノ議」、（四）「通財局ヲ設ケルノ建議」の四つである。この四つの建議によって、大隈重信の殖産興業思想に基づく政策構想が明確になった。

さて、以上の（一）から（四）までの建議によって示された大隈重信の財政思想についてまとめてみると、大隈は、税収を直接税と間接税とに区分し、このうち、将来的には間接税の増加が望ましいとしている。これを輸入超過・正貨流出といった当時の日本経済が抱えていた経済的な困窮と考え合わせると、国内経済の発展のためには、輸出入品に対して適当なレートの間接税と営業税を賦課することによって、輸入減を通じて正貨流出を防ぐと共に国内産業の興隆のための資本として使用すべきであると考えていたと思われる。そしてそのためには、財政支出も「実費」

（今でいう「資本的支出」）と「虚費」（今でいう「義務的支出」）とに分け、「虚費」をなるべく削減することによって興業のために資金を増やそうと考えていた（それでもなお足りない場合は国債の発行増によって賄う）。すなわち、大隈は「税制」を、後発資本主義国型の産業保護・育成政策という、経済成長をサポートするためのサプライサイド政策の一つとして位置付けていたと考えられる。

このような大隈財政の基本的なフレームワークは、一八七四年、「殖産興業ニ関スル建議書」の承認によって、本格的なスタートを切ることになったが、一八七九年頃からインフレーションが顕在化し、大隈財政の限界が見え始めた。大隈はこのようなインフレ率の高進に対し、その原因は、（一）貿易赤字の拡大による正貨流出が政府紙幣の信用を低下させたこと、（二）通貨の信用低下によるクレジットクランチ（正貨流出によって国内の資金が不足し産業振興のための資金が枯渇してしまったこと）によって、多くの産業が資本不足に陥り、これが原因で生産が停滞したこと、であると考えていた。そのため、その解決策は、（一）輸出拡大のために殖産興業政策を継続させ、（二）国産品による輸入品代替を政府主導で促進していく、というものであった。これは、「強メテ我物産ヲ繁殖シ商工ヲ振起シ以テ外物雑至ノ勢ヲ圧シ現貨濫出ノ害ヲ防キ併セテ我国家人民ヲシテ富実ヲ致シ産業ヲ保チ歳入税額ヲ随テ増多ナルヲ得終ニ理財ノ本ヲ立テ経済ノ旨ヲ貫ヌカント欲スル」という発言に表れている。(24) つまり、大隈は政府紙幣増発がインフレ圧力を著しく高めるという考えは全くなく、それどころか、産業発展を阻害しているクレジットクランチを緩和するために必要な政策であるという考えをとっていた。そこで、大隈が注目したのは、国立銀行による銀行券発行残高が急減している点であった。国立銀行は、一八七二年の国立銀行条例によって制定された近代的な銀行設立構想であり、明治政府は、国立銀行を通じて、成長資金をファイナンスしようとしていた。しかし、この構想はうまく機能せず、国立銀行券の発行残高も減少傾向にあった。この理由は、政府紙幣が不換紙幣であった一方、国立銀行券は兌換銀行券以外の形態では発行できなかったことから、金が流出している状況の下では国立銀行券発行によって通貨供給量を拡大させることは困難なためであった。大隈は一八七六年十月、国立銀行条例を改正、国立銀行券の兌換義務を撤廃し、不換紙幣を発行できるようにした。これによって、クレジットクランチが解消すれば、日本経済はいよいよ産業発展から輸出が拡大し、結果的に正貨流出も止まると考えたのである。しかし、これはさらなるインフレーションを招いただけであった。

一向に鎮静化しないインフレーションと経済危機の中、大隈は、一八八〇年五月にいわゆる「二つの建議」(「経済政策ノ変更ニ就イテ」と「通貨ノ制度ヲ改メンコトヲ請フノ議」)を提出し、この経済危機を乗り切ろうとした。このうち、前者は「三議一件」の実施（官営工場払い下げ、小学校に対する補助金廃止、省庁の改変等）で、歳出削減による財政赤字縮小を意図したものであった。特に、「官営工場払い下げ」に関しては、「国家は、『起業』に際しては保護すべきであるが、発展に際しては民間の活力に期待すべきだ」との発想がその底流にあり、現在の「民営化」論議の走りであった点は興味深い。この点は、大隈が、当時の明治政府内では既に挫折していたイギリス流の自由主義(民間主導の経済成長)路線を依然として志向していたことを示すものであった。

また、後者に関しては、付記された「正金通用方案」における「五千万円外債案」が重要であると思われる。これは、一八八〇年度末の政府紙幣流通高一億五三三三万円のうち、(一)外債五千万円と準備正貨一七五〇万円の合計六七五〇万円で、政府の不換紙幣を交換、償却する、(二)二七三三万円の紙幣を金札引換証書に変更し、これを国立銀行に売却、代わりに国立銀行が発行した紙幣を償却する、等の措置によって、インフレーションの原因とされている政府不換紙幣を一気に償却してしまおうとするドラスティックな案であった。この政策は、「正貨通用ノ時世ニ変スルハ旧時ニ隠伏セシ正貨自ラ現出通用ノ勢ヲ生ス[25]」ことから、これまでインフレーションの期待から退蔵されてきた金銀も流通し始める可能性が高くなり、インフレーションを沈静化しつつ、成長通貨の供給も続けることが可能であるという、大隈にとっては、成長通貨供給による、経済発展政策の最後の切り札になるはずの政策であった。これは、「今日ノ計タル唯正金通用ノ事アルノミ[26]」という大隈の発言に現れている[27]。

この大隈の「五千万円外債案」は採用寸前までいく。それは、北海道開拓長官黒田清隆をはじめとする薩長藩閥勢力の強い支持があったためだった。イギリス流自由主義思想をベースとした大隈構想が、薩長藩閥勢力の支持を受けたという点は、一見矛盾した状況のように思われる。しかし、当時の薩長藩閥政府の最大の懸念は、不平士族が自由民権運動に参加することによって、本格的な反政府運動に発展することであった。政府は一八七六年に金禄公債を交付して家禄の最終的な処分を実施していた。しかし、この金禄公債の処分を各士族の自由処分に任せたままでは、これは当座の生活費に充当されてしまい、その後すぐに困窮してしまう可能性が極めて高かった。窮民化した旧士族が反政府運動に参加することを恐れた明治政府は、旧士族による起業を援助することが、「政権基盤の安定化」につながるという政治的観点から、大隈の積極的な殖産興業政策を支持していたのである(28)(「全国ノ人民鼓舞抜躍競テ産業ニ就クトキハ無頼不平ノ徒無用ノ弁ヲ費シテ不急ノ務ニ従フ者漸ク其勢力ヲ減殺シ実用ノ人材始テ世ニ出ツルニ至ラン(29)」)。

その中で、一八八〇年「財政管窺概略」を提出した松方正義は大隈らの積極政策に異議を申し立てた。この「財政管窺概略」は、その後の松方財政の政策構想が網羅されていたが、その趣旨は、「現今ノ紙幣ヲ変シテ正貨兌換ノ紙幣トナスヲ目途トシテ漸次減却シ尽スノ法」(濫発された紙幣を消却すること)を採用することが、経済危機解決の最上の方法であることを謳い、その方法として外債調達に頼ることは極めて危険であるとした。松方がインフレーションの理由として指摘したのは、(一)紙幣の濫発に加え、(二)米価の高騰、(三)財政制度の不備による予備貨幣の濫発、であった。

積極政策論者大隈にとっては、成長通貨の供給は政策の根幹をなすものであった。しかし、西南戦争後のインフレーションの局面において、これを国内の通貨供給拡大で実施することは政治的に困難になっていた(30)。そこで、国内での通貨供給に代替する政策として、外債による調達を構想したのであった。そのため、この外債調達案の挫折はそのまま大隈財政の挫折につながるものであった。

しかし、この外債調達案は、一八八〇年六月に明治天皇が発令した勅諭によって否決される(「勤倹ヲ本トシテ経済ノ方法ヲ定メ、今日会計ノ困難ノ処スベシ」)。そして、「勤倹」による財政整理＝紙幣消却の方向が正式に指示されることになった。このような明治天皇の外債調達反対には、一八七九年八月に前米国大統領グラントが来日し、外債調達による財政赤字の弊害を説いたことが背景にある(「凡ソ国ノ最厭フヘキハ外国ニ債ヲ負フヨリ大ナルナシ(中略)其景況実ニ憐ム可シ一国ノ財源ハ皆悉ク外国ノ抵当ト為リ(中略)将ニ滅亡セントスル」[31])。また、大隈の外債構想は、岩倉具視らに「売国行為」であるとみなされ、大隈財政に対する反対派の敵愾心を過剰に刺激していたことも、政府首脳が、政治的に実際に外債調達に踏み切れなかった理由でもあった。ここに実質的に大隈の財政政策構想は破綻したといえるのである。

この「五千万円外債案」の頓挫後、「勤倹勅諭」を具体化した各省経費削減が新たな政策目標となったが、軍事費をはじめとして歳出削減は一向に進まず、財政再建は頓挫しかかっていた。そのような状況の中で、新たに大木喬任ら反大隈派によって提示されたのが、「地租米納論」であった。これは、地租の金納化がこの経済難の元凶であり、米納に戻すことによって、すべてが解決すると考えるものであった。その論理構成は、以下のようであった。(一)米価が高騰する中、地租は名目ベースで一定額の金納なので、農民は富裕化し、輸入品の大量購入層となっており、これが輸入超過につながっている、(二)さらには、地租の金納化によって政府の米価調整能力が失われており、農民による投機的行動を抑制できないことがさらなる米価高騰につながり、輸入超過・正貨流出に拍車をかけている、(三)よって、地租を米納化し、米価調整能力を再び政府の手に回復させれば、米価の安定、ひいては物価の安定化につながり、輸入超過も収まる。

この地租米納案には、実は、軍事費支出等の削減を回避するために、農民に対する負担を増やすという意図が隠されていた。それに対し、大隈は反撃に転じ、地租米納案に真っ向から反対し、「財政更革ノ議」を提出した。これは当面は、歳入の増加に政策プライオリティを置き、その増分を紙幣の償却に充てるか、準備金として積み立てるかは、歳入の増加が実現してから決めるというものであった。そして、そのための具体的な骨子としては、(一)酒類税、煙草税の増税、(二)「府県ノ理財法ヲ改正」(地方税の改正)によって、土木補助費等の国庫負担を止め、地方税からの負担に切り替える、(三)「正貨ノ収支ヲ均フスル」、すなわち、歳出の上限を政府の正貨歳入三五五万円の範囲内に制限し、新たな歳出を要する場合には、他の歳出削減で賄うようにするという現代の文脈でいう「Pay-as-you-go(ペイ・アズ・ユー・ゴー)」的なアプローチの採用であった。このうち、(一)、(二)においては実現をみたものの、(三)については、各省庁の強い抵抗にあい、結局、頓挫した。

その後、大隈は、一八八一年七月「公債ヲ新募シ一大銀行ヲ設立センヲ請フノ議」を提出し、再び「殖産興業・積極財政」への政策転換を提案した。これは、外債発行により正貨を獲得し、その資金で国内産業を育成することで、輸入超過を縮小させることを意図する政策提言であったが、これは、同年二月に布告された「地租納期繰り上げ」に対するアンチテーゼの意味が大きかった。これは、英国公使パークスの支持を得ていたこともあり、実行寸前の段階までいった。

これに対抗して、八月に松方正義は「財政ノ議」を提出した。[32] これは、経済危機の本質が、(一)紙幣増発、(二)輸入超過による正貨流出によるものであり、ひいてはこれまでの政府の財政運営の失敗によるものであることを指摘し、大隈の辞任を要請するものであった。こうして大隈は明治十四年の政変で失脚することになり、大隈の目指した経済成長を促進させるためのサプライサイド政策は幕を閉じることになった。

4　大隈財政と松方財政の連続性と非連続性

一八八一年十月の「明治十四年の政変」により、大隈重信に代わって大蔵卿に就任した松方正義は、緊縮財政方針の貫徹と紙幣整理の根本方針を明治天皇に奏上し、その裁可を得、いわゆる松方財政の実行に着手した。

一般的には、明治十四年の政変によって、政府の財政政策は、積極財政の大隈財政から緊縮財政の松方財政へ転換し、その結果として日本経済は深刻なデフレーションに陥ったとの理解がなされている。しかし、松方財政の政策パッケージを詳細に見た場合、(一)インフレ対策としての紙幣償却は大隈財政でも既に構想されており、松方財政によって新たに策定されたものではなかったこと、(二)トータルでみた場合の財政支出の削減はそれほど大きくなく、むしろ、警察・軍事支出の拡大(台湾進出や清との関係悪化による戦争準備、もしくは、不平士族の反乱を取り締まる目的から)等から実質ベースでは財政支出は増加し、増税はその財政支出拡大分の補填のための政策であったと考えられること等から、政策メニューを比較する限りは、松方財政を大限財政のアンチテーゼとしてみるよりもむしろ、両者の連続性を重視すべきだと思われる。[33]

それでは、大限財政と松方財政の政策レジームの違いは何であったのか。一つは、既に指摘した通り、「アジアの後進国から先進資本主義国へのテイク・オフ」という最終目標へのキャッチアップスピードの調整(最適成長率の低下)、よりマクロ経済学的な表現を用いれば、正しい潜在成長率へのソフトランディング(大限財政では、潜在成長率以上のスピードでのキャッチアップを志向していたからこそ、マネーサプライ拡張政策を採り続け、その結果、強いインフレーションの圧力が生じた)であったと考えられる。

「五千万円外債募集」やその後の「地方債発行構想」にあるように、経済成長実現のためには、その成長の源泉である「成長通貨の供給」を十分にしなければならないというのが大限財政の基本的な政策スタンスであった。これには、後進国日本は、民間の資金の蓄積が不十分であると共に、金融システムも未完備であるため、産業革命を達成するためには、そのファイナンスを専ら政府主導で行わなければならないとの考えが底流にあった。そして、インフレーションはむしろ、金融逼迫の結果、経済の供給能力が不十分であるために発生している現象であり、成長通貨のファイナンスが円滑になり、供給能力が拡大すれば、自然に沈静化するものだと考えていた。

しかし、大隈の想定外であったのは、積極的な通貨供給が、供給能力の拡大をもたらしインフレーションを沈静化させるどころか、かえって、民間経済主体に慢性的なインフレーションの予想を醸成してしまったことであった。さらに、大隈財政を挫折に追い込んだ要因としては、当時の明治政府の地租制度の不備があった。当時の地租は五年に一回実施される地価調査による土地価格に応じて米納することが決められていた。これは、インフレーションが一定のペースで進行する場合、それに比べて地価の修正頻度が少ない上に、米価上昇の効果も相俟って、農民は少ない米納で済むことを意味していた。つまり、大隈財政の最大の受益者は、富裕農民であり、彼らがインフレーションによる利得によって蓄積した財産によって、海外から大量の奢侈品が輸入されたことが明治初期の経常収支赤字、ひいては、正貨流出による国家破産の危機の原因であった(34)。また、これらの富裕農民は、米や生糸等の商品相場への投機を活発化させたことも指摘されている。かれらは蓄積した財産だけではなく、新たな借入を通じて得たお金を米先物市場での投機的取引へつぎ込んでいたのである。そして、これがますます米価高騰に拍車をかけ、富裕農への所得移転を促進させ、これがまた、投機的取引を活発化させるという典型的な「投機バブル」の状況を作りだしていた。そして、将来にわたる米価上昇期待によってもたらさせる期待キャピタルゲインによって、彼らはますます奢侈品の消費を増やしたため、貿易赤字は拡大し、正貨流出に歯止めがかからない状況が続いたのである。すなわち、大隈財政の下、本来は産業振興のためのファイナンス資金として供給されたはずの通貨が、中期的なインフレマインドを醸成させることによって、富裕農民への所得移転にすりかわってしまい、非生産的な輸入拡大をもたらし、最終的には、正貨の海外流出を促進させてしまったのである。

大隈財政は経済成長のための積極的な通貨供給に政策的プライオリティを置いていたが、結局これが、富裕層による大量消費と経常収支赤字をもたらしたことを考えると、この政策レジームは、むしろ成熟国型の経済政策レジームであったのではないだろうか。これは、同じ大量消費・経常収支赤字という経済構造を持つ現在の米国経済の状況と比較してみると明らかになるだろう。つまり、大隈財政は当時、まだ経済発展段階の初期に位置していた日本に、成熟国型の経済政策レジームを導入したことによる、典型的な政策レジーム選択の失敗に他ならないと考えられないだろうか。

次に、松方財政の政策メニューを検討してみよう。松方財政期の日本経済は、「松方デフレ」といわれ、緊縮政策への転換によるデフレーションがその特徴であった。この緊縮政策の代表的なメニューは、(一)紙幣整理、(二)予算制度の不備の修正、(三)(財政支出削減で浮いた分での)正貨準備の蓄積、であった。特に、松方正義は、紙幣整理断行に際しては、「此事ヲ実行スルトキハ紙幣ノ価格回復ニ従ヒ現ニ呈セル虚影ノ景気ハ消滅シ物価ハ下落シ世間ハ必ラス一度不景気ノ状況ニ沈ムコト、ナル可ク……」(35)と発言しており、大隈財政期のインフレーションは、紙幣濫発がその原因であると考え、紙幣整理の結果としての「バブル」崩壊と不景気の到来をある程度は覚悟していたと考えられる。そこで問題は、なぜ大隈財政では、このような政府紙幣濫発に歯止めがかからなかったのかである。松方は財政を精査した結果、予算の歳出入構造に決定的な欠陥が存在することを発見した。当時の財政制度は、一八七六年九月の「大蔵省出納条例」によって制定されていたが、一会計年度間の財政収支が、当該年度の歳入によって歳出を賄う「甲部」と翌年度に納付される歳入（予定額）によって賄われる「乙部」から構成される二十四ヶ月予算であった。これは、当時の税収の約八割弱を占めていた地租に納期のずれ（米の収穫時期等も影響していた）が生じるために定められた変則予算であった。このため、この予算制度のもとでは、常に先に歳出が実行されることになるが、（一）そもそも、来年度の歳入はあくまでも予定額であり、この見積もり通りの歳入が確保される確証はどこにもなく、（二）歳入の遅れをカバーするために政府はどうしても常に借入を行う必要があった。やがて、これが常態化すると、次第に歳入の見込みとは関係なく歳出が拡大し、これをとりあえず借入金で補填するという状況となった。そして、この借入は、後の歳入によってファイナンスされるのではなく、次第に政府予備貨幣の繰替発行によってファイナンスされるようになっていった。これが、政府貨幣拡大の主たる要因であった。松方は既に、一八八〇年六月に発表した「財政管窺概略」において、「政府ハ恣マ、ニ紙幣ヲ製造シ、新旧ノ引換ヲ以テ名トナスモ其実只ニ新札ヲ増加シテ其底止スル所ヲ知ラス」と政府予備貨幣発行を批判していた。松方は一八八二年に歳入出出納順序を改訂し、制度的な不備による慢性的な政府貨幣発行需要を是正した。大隈財政期には一三〇〇万から一九〇〇万円程度発行さ

図2―1　明治期における物価水準と貨幣流通残高の推移

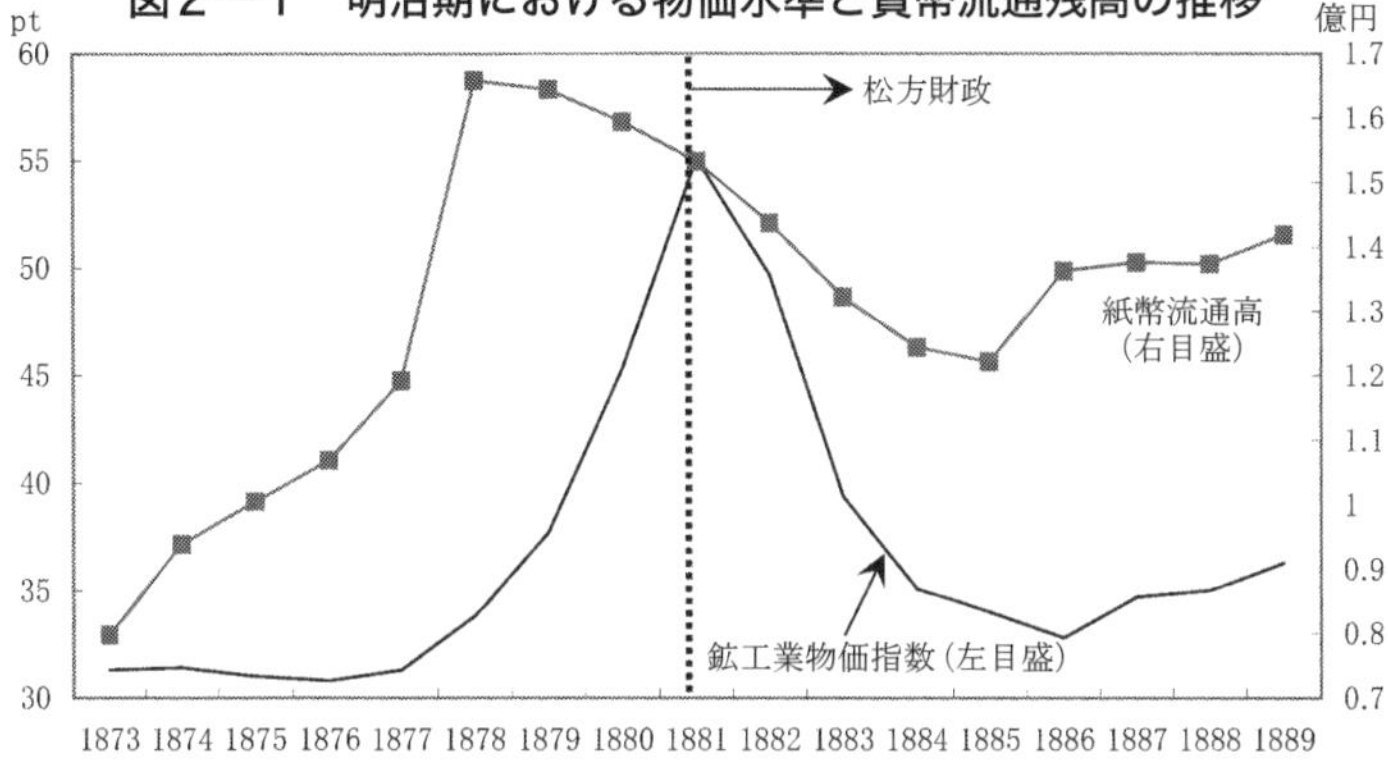

出所:『明治大正国勢総覧』より筆者作成

れていた（財政支出規模の二割程度）政府予備貨幣は、松方財政の一年目には四〇〇万円に、翌二年目以降は、ゼロとなり、これに伴って、貨幣の発行残高は急速に縮小した（**図2―1**）。

第二の政策は、地租納入期限の繰上げであった（一八八一年二月十七日「太政官布告第十四号」）。前述のように、税収の約八割を占めていた地租であったが、米の収穫時期が秋であったことから当該年度の徴収高は地租全体の約二五％程度であり、残る七五％分が、前述の政府予備貨幣の発行によって充当されていた。松方は納期を繰り上げることで、この歳出歳入の時間的なラグを是正した。しかし、地価納入期限の繰上げの効果はそれだけではなかった。それは、大隈財政期にはほぼコンスタントにインフレーションが高進していたことと関係がある。地主が政府に支払う地租は金納であらかじめ定められていた。地主は、小作人から現物で徴収した小作料を、市場で売却して貨幣に換え、それを納入していたが、イン

図2—2　深川米相場の推移

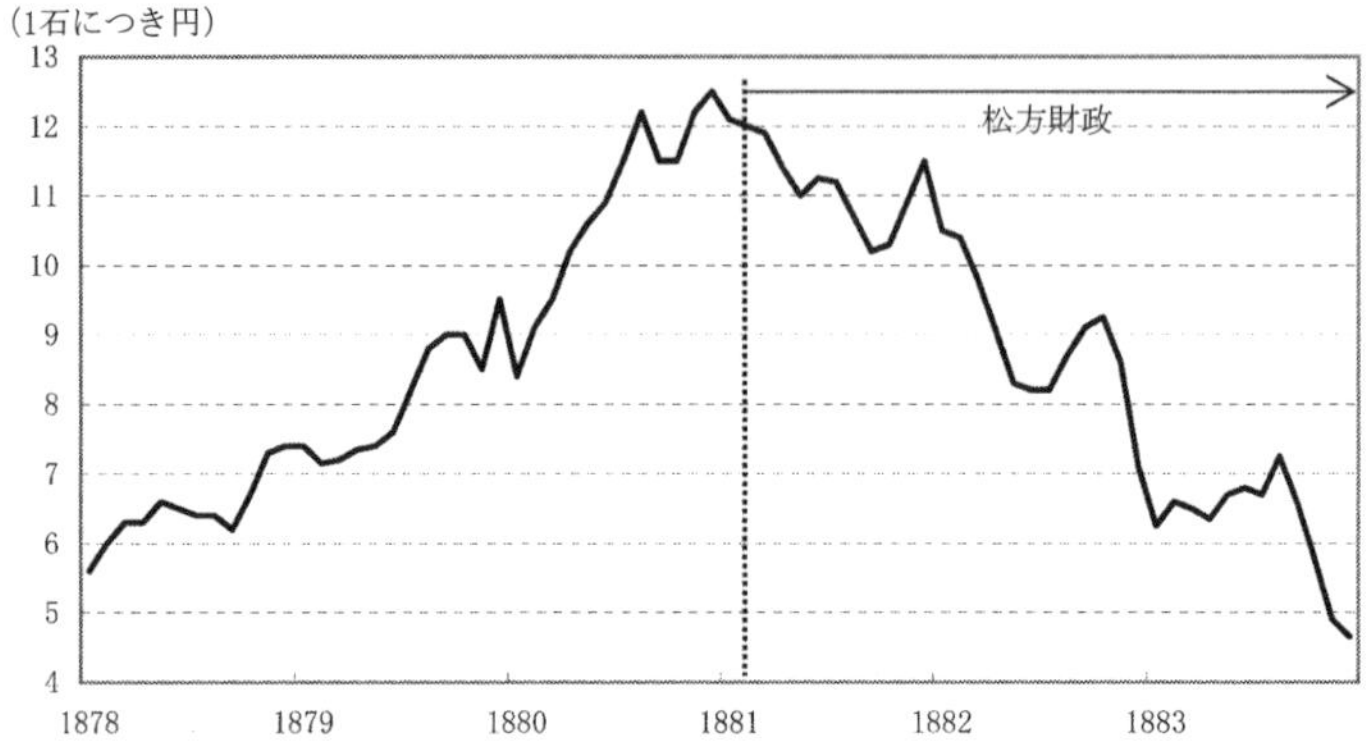

出所:『明治大正国勢総覧』より筆者作成

フレ率高進期においては、市場での売却時期を遅らせれば遅らせるほど米価は高騰することから、その分、出納後に地主の手元に残る余剰資金が増大していくという状況であった。この場合、地主がとる行動は、（一）小作人から徴収した現物の売買はなるべく先送りにして、商品市況の高騰によるキャピタルゲインを狙う、（二）そのため、出納は借入によって賄う（キャピタルゲインが見込める限りは金利負担を考慮しても現物売却のタイミングを遅らせる方が、リターンが大きくなる）、というものであった。この結果、借入需要が急増し、借入金利が急騰すると共に、地主層は、いわゆる「資産効果」を享受し、海外から奢侈品を購入したために輸入が拡大することになっていたのであった。そして、これによって、貿易赤字が拡大し、大量の正貨が流出するという事態に陥った。ところが、松方財政によって、地租の納期が繰り上げられたことによって、一時的に巨額の地租支払いの必要性が生じたために、地主層は短期間に大量の現物

図2—3　財政支出の推移

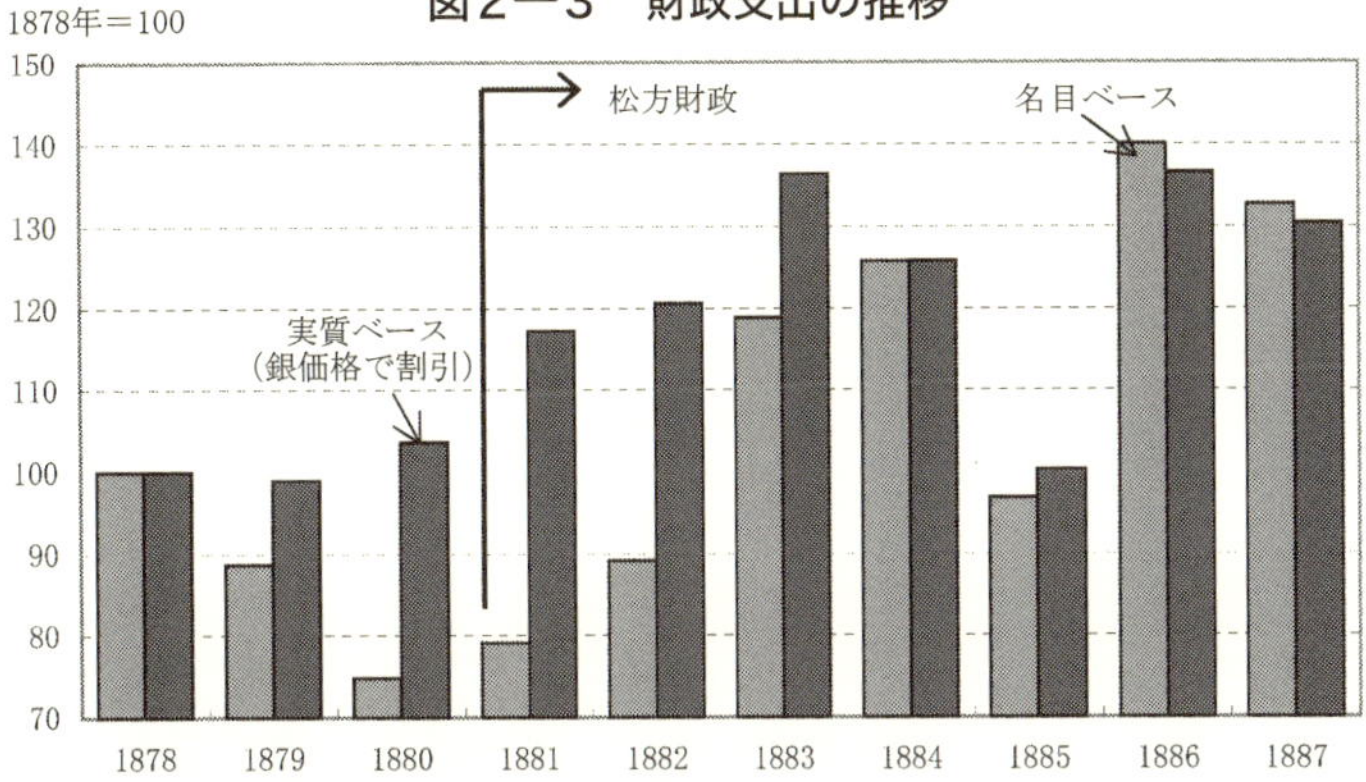

出所:『明治大正国勢総覧』より筆者作成

米を売却する必要が生じた。このため、米相場は暴落し[36]（**図2—2**）、借入依存度の高かった地主層は、多額のキャピタルロスを被ると共に、借入金の返済も滞るようになった。これは、借り手である地主層による債務のデフォルトと担保価値の減少によって、金融機関の経営危機を拡大させるという連鎖反応も生じさせることとなった。これは、典型的な「資産デフレ」の様相を呈するものであった。また、奢侈品の輸入需要も急激に縮小したことから、貿易収支は急速に改善することになった。

ところで、松方財政では、歳出削減等の徹底した歳出削減がデフレーション効果をもたらしたという印象が強いが、その実態は大きく異なる。実際の歳出をみると、名目ベースでもそれほど大きな削減はなされていない。マクロ経済分析では、実質の財政支出が用いられることが多いため、これを例えば、銀貨や紙幣価格で割り引いた場合、実質財政支出は逆に拡大している局面もある（**図2—3**）。実は、松方財政において、インフレーション圧力解消に最も効果があったのは、地租納期の繰上げであると考えられる。この地租納期の繰上げによって、米価の高騰が沈静化したこと、また、米相場で多額のキャピタルゲインを獲得した富裕農民層による輸入が激減したことが、インフレーション圧力低下に寄与したと考えられる。

ただ、前述のように、松方デフレの深化の過程をみると、（一）米相場の投機的需要の強制的な縮小、（二）将来時点における米の価格上昇とそれによるキャピタルゲインを見込んだ負債調達が、米の価格下落によって逆に実質的な負債負担の拡大となり、消費や投資といった需要を抑制するという現象が観察されることから、これは、米を一種の金融資産と見立てた場合の「ファイナンシャル・アクセラレーター」[37]によるデフレーションであったと考えることが可能である。「ファイナンシャル・アクセラレーター」とは、金融引き締めがまず、株価や地価といった資産価格の大幅な下落を通じて、借り手の担保価値を著しく低下させ、それが、金融機関の経営の不安定化をもたらすというチャネルを通じて、金融仲介機能を低下させ、不況が深化していくという理論である。

「ファイナンシャル・アクセラレーター」によるデフレーションを考えた場合、政府による無理な「バブルつぶし」による深刻なデフレが、経済の長期的な低迷をもたらし、バブルを享受できなかった階層にもそのマイナスのインパクトを波及させる事態が想定される。[38]そこで、次の問題は、この松方デフレにも、「行き過ぎたデフレーション調整」という側面があったかどうかという点になるだろう。その場合、重要な点は、貨幣流通残高の推移である。貨幣流通残高を見る限り、

図2―4　松方財政期前後の貨幣流通残高の対GNP比率と貿易収支の推移

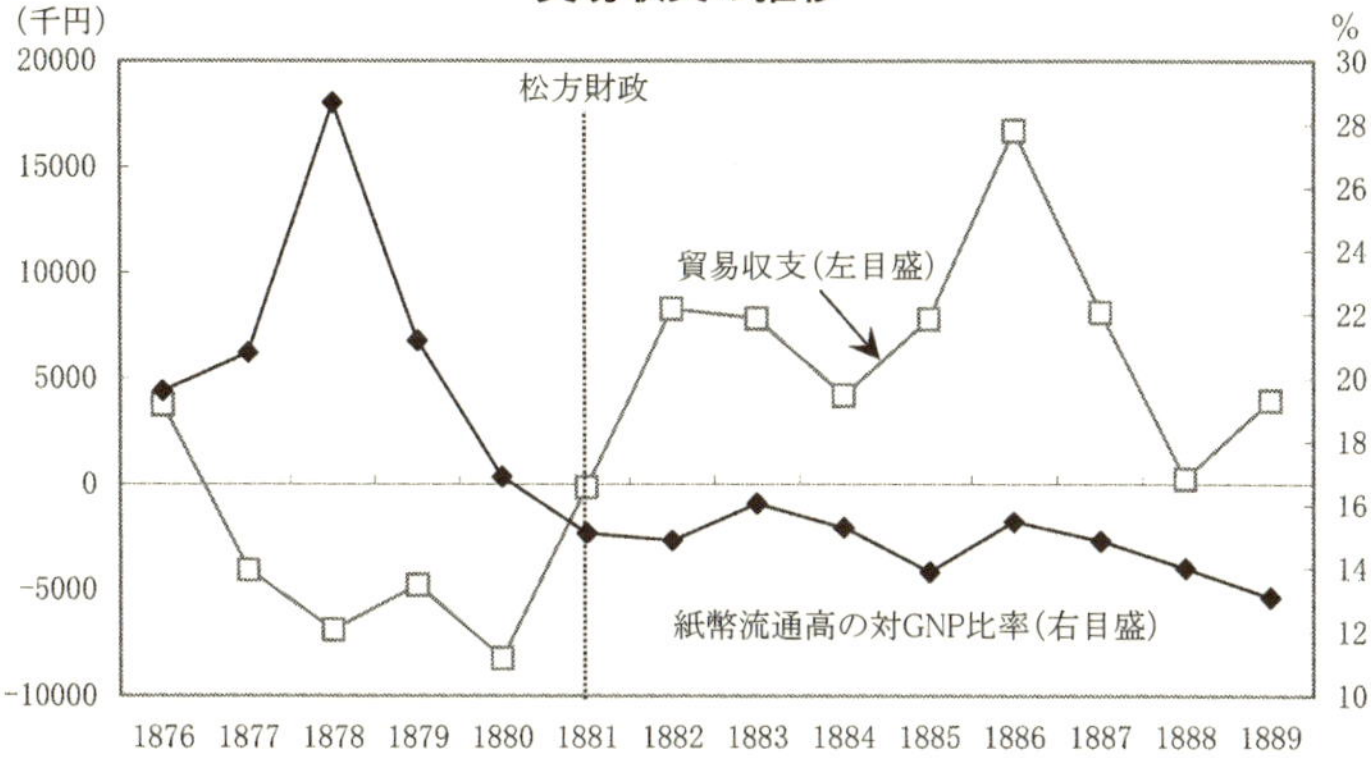

出所:『明治大正国勢総覧』等より筆者作成

西南戦争が終わった一八七八年をピークに貨幣流通残高は減少に向かっていた。これは、大隈財政末期にはすでに紙幣消却が始まっており、「行き過ぎた通貨発行」という状況は脱却していたことを意味している。以下、これを統計で確認してみる。

貨幣流通残高はその経済取引規模との比較で適正規模か否かを判断する必要がある。そこで、貨幣流通残高を当時のGNP比でみたのが**図2―4**である。これをみると、西南戦争直後の一八七八年に三〇%弱の水準にまで急上昇した貨幣流通残高の対GNP比率はその後急激に低下し、大隈財政が頓挫する一八八一年には、一四%程度にまで低下している。その後、同比率は一三―一四%程度の水準で推移していることを考えると、経済取引規模で標準化した貨幣流通残高は、実は大隈財政期に調整が終了していたということになる。さらに、同時に貿易収支の動向をみると、一八八一年時点でほぼゼロになっており、正貨流出の原因であった貿易赤字はほぼ解消されていたと考えられる。

そもそも、「大隈財政」下でのインフレーションを当時の政策当局者が懸念した最大の理由は、正貨流出によって、対外債務のデフォルト懸念が台頭しつつあったからだと考えられる。当時発行された国債は、イギリスをはじめとする欧米先進資本主義国によって引き受けられていた。[39] すなわち、これは、日本経済の成長通貨の供給は対外資金によってファイナンスされていたことを意味していた。しかし、これが貿易赤字による正貨流出という形で漏出し、生産能力・輸出能力の拡大という形で正貨蓄積に結びつかなければ、やがて、日本は債務返済に滞り、対外債務はデフォルトしてしまうことになる。当時の日本にとって、対外債務のデフォルトは、即、実質的な植民地化を意味していたことから、正貨流出を促進させてしまうような政策は不適切なものとされたと考えられる。大隈財政後期の「五千万円外債案」も、この文脈で考えるとわかりやすいだろう。つまり、これが筆者が、大隈財政から松方財政への転換は、経済問題だけではなく、安全保障上の問題から要請された可能性が高いと考えるゆえんである。

その意味では、大隈財政末期に、紙幣整理が進展し、貿易赤字も解消に向かっていたという統計的事実は、それ以後の松方財政期に入ってからの急激なデフレーションは必要ではなかったということを示しているのではないだろうか。

また、大隈財政期の「五千万円外債案」のマクロ経済効果についての興味深い分析がある。これは、「五千万円外債案」は、実質的な「増税政策」であったということを示した梅村又次［1983］

の研究である。ここでは、「一八八〇年当時の米価は、事実上流通していた紙幣ベースになおすと十円五十七銭（紙）であったが、これを銀（正貨）ベースになおすと七円十六銭（銀）となる。仮に外債発行等によって海外投資家から銀を獲得し、紙幣償還によって、流通通貨がそのまま銀貨に置き換わった上で、地価の定額金納分が変更されなければ、地租は約一・五倍（＝一〇・五七÷七・一六）増加することになる。これは、その分、歳入増によって財政赤字が削減されることを意味する。また、これに成功すれば、当然、農民層の購買力は相当程度削減されるため、需給ギャップの拡大からインフレーションは終息していた可能性が高い」ことが指摘されている[40]。また、大隈もこれに気づいていたふしがある。これは彼が特に理由を明示せずに「物価次第ニ落下スヘキハ明白ナリ[41]」と結論付けているためである。もし、ここでの梅村の試算が正しいとすれば、大隈財政の「五千万円外債案」は、松方財政での地租納期繰り上げと同様の効果を有したと考えられ、インフレマインドに鎮静にある程度の効果を有したと考えられる。また、一時的にデフレーション圧力が強まる可能性は否定できないが、調達した資金による需要創出によって、デフレーション圧力の低減と新産業振興が実現できた可能性もある。このように考えていくと、後期大隈財政によっても慢性的なインフレマインドの終息は可能であり、松方財政への転換がなければ、大隈財政期にもたらされた慢性的なインフレーション経済と財政危機を克服できなかったという見方、すなわち、松方デフレは「必要悪」であったという見方は必ずしも正しい見方ではないということになる。

5 松方財政は「デフレーション・レジーム」にあらず

以上から、松方財政の意義は、デフレーションによる「構造改革」ではなかったことはもはや自明であろう。むしろ、松方財政の功績は、「軍事警察国家」体制を定着させたという点に見出されるのではないだろうか。これは、松方財政が、再三の軍部の要求を受け入れる形で軍事支出を拡大させたためである。例えば、一八八一年には、海軍から川村海軍卿によって「軍艦製造及造船所建設計画」案が提出された。また、一八八二年七月の朝鮮事件勃発後の七月三十日に開催された閣議では、黒田・山縣の両軍部大臣が開戦論を唱えるなど、政府内で清に対する警戒論が急速に台頭すると共に、政府内外から近代的軍備の急速な整備の必要性を訴える声が急激に高まってきた。同年八月十五日には山縣有朋によって「陸海軍拡張ニ関スル財政上申」が建議され、「然レトモ財政ニ関係スルヲ以テ未之ヲ挙行スル能ハスト雖モ我邦ト直接付近ナル列国ト比較シテ之ヲ論セハ少クトモ軍艦四十八艘ヲ備エ……」と、ここで初めて清を仮想敵国として清に対抗するための軍備拡張が要求されるようになった。これには岩倉具視右大臣も協力し、「官民ヲ調和シ海軍ヲ拡張スルノ意見書」を提出し、もし、紙幣整理を継続させるため、軍備増強に予算を回すことができないのであれば、増税によって軍備増強に必要な財源を確保するのも止むを得ずとの方針が政府内で固まっていた。そして、松方は「租税増徴ニ関スル意見書」を提出し、同年十二月二十五日に軍備増強を正式決定すると共に、翌二十六日に酒税・煙草税の増税に着手し、年間七五〇万円、八年計画で総計六〇〇〇万円を軍備拡張財源として捻出する（当初は年間一〇〇〇万円であったが減額された）という財政案「軍備皇張之議」を提出し採択された。しかし、海軍の軍備拡張要求はとどまるところを知らなかった。そこで、松方は新たに公債を発行することを決定した。一八八六年五月には、「海軍公債条例制定ノ議」が提出、了承され、これによって、海軍公債が一八八九年から一八九二年にわたって、計四回発行され、合計で一七二四万円が新たに海軍費として調達されることになった。

以上から、大隈財政後期の政策転換によって、すでに初期の松方財政が意図した正貨流出の阻止はほぼ達成されており、よりドラスティックな紙幣整理によるデフレーションは不要であったこと、また、大隈による「五千万円外債案」が、松方によって実施された地租納期繰上げの効果を代替していた可能性があったことから、デフレーションによる構造改革という一般的な評価とは裏腹に、松方財政の「構造改革」的側面は、必ずしも必要ではなかったと考えられる。むしろ、松方財政で評価すべき点は、軍事支出拡大が、デフレーションによる需要の落ち込みを穴埋めする事後的な積極財政となった点と、軍需の波及効果によって、その後の産業革命の素地を整えた点にあったといえるだろう。

注

（1）松方財政についての評価としては、国民の圧倒的大多数が嫌がるデフレーション政策を不退転の決意で実行し、後の高成長の礎を築いたとするものである。例えば室山義正［2005］を参照のこと。

（2）「明治維新」という時代区分は論者によってまちまちである点に注意する必要があるが、ここでは、「政策レジーム」を意識した最初の経済政策が、一八七三年十月から始まる大隈財政であったという問題意識の上に立っている関係上、一八六八年一月三日の王政復古の大号令に始まり、一八七三年十月に大隈重信が大久保利通の後を受けて大蔵卿に就任するまでを指すと定義する。

（3）明治維新の主力であった薩長両藩が、イギリスからの援助を受けていた一方、徳川慶喜率いる末期江戸幕府は、フランスのロッシのイニシアティブの下でフランス式の近代化路線を推し進めていた。

（4）例えば、江藤新平が佐賀の乱を起こすまでの過程を想定のこと。

（5）ただし、本書では、大隈財政以前の、由利公正による由利財政も大隈財政と政策レジームが同じであるから、「由利・大隈財政」と一括して扱っている点に注意していただきたい。

（6）最大の問題点は、通貨システムの不備にあったと考えられるが、この点については、第三部で詳述する。

（7）条約改正や先進国へのキャッチアップが実現したという点では、成功例であるが、後期大隈財政がインフレーションの抑制に成功し、このまま継続していた場合にも、同様の成功をおさめていた可能性を全くは否定できない。その意味では、大隈財政から松方財政への転換は、確かに「レジーム転換」ではあるが、その転換プロセスそのものが成功かどうかは必ずしも自明ではない。

（8）「朝鮮事件」とは、明治九年（一八七六年）七月二十三日、朝鮮の首都京城で、日本式新軍制の採用に不満を持つ旧式軍隊の兵士が、俸給の遅延と不正な給与体系に対する不満を爆発させて反乱を起こした事件。当時、朝鮮は開明派の国王閔一族と排外派の大院君一族とが激しく政権争いを演じていた。守旧派の大院君はこの争いに乗じて日本大使館を襲撃し、日本人軍事教官十三名が殺害された。

（9）大蔵省による『明治財政史』はその典型例であろう。

（10）例えば、室山義正［2004］参照のこと。同書では、松方財政によるデフレーションは、紙幣整理に対する明確なコミットメントが大衆の高い支持を得たことがその後の経済発展の素地を生んだとされている。

(11)後に加藤弘之はドイツ流歴史学派の思想に転向することになると考えられる。
(12)井上馨による「鹿鳴館外交」などはその最たる政策であったと考えられる。
(13)この一連の経緯の詳細については、毛利敏彦［1980］を参照のこと。
(14)江藤は、明治三年秋の「政体案」において、財政に関する重要方針の決定は、民選議院である下院による採決を経て決定されるべきであるという構想を立てていた。そして、これは英米の議会制度を模範としたものであった。毛利敏彦［1987］第一章を参照のこと。
(15)その直後の台湾出兵の経緯などを考えると、明治六年の政変は、国家観の対立ではなく、海外組の主流であった薩長派と国内組の主流であった土肥派との間の権力争いであったという見方がある。詳しくは、毛利敏彦［1987］第三章を参照のこと。
(16)この路線は、一八八一年に提出された井上毅の「上伊藤参議書」によって明確にされることになる。この経緯については、杉原四郎［1972］第一章を参照のこと。
(17)一八八一年、品川弥二郎（政党政治の弾圧で有名）や桂太郎らが中心となって、独逸学協会が結成されたことは、これを象徴する出来事であったと考えられる。
(18)「ガーシェンクロンモデル」については、大河内暁男［1991］による説明がわかりやすい。
(19)貨幣制度調査会で、銀本位制の金本位制に対する優位性を主張した田口卯吉や、「金解禁論争」やそのデフレ局面でリフレーション政策の重要性を訴えた石橋湛山等がその代表例であろう。
(20)由利財政崩壊から大隈財政成立までの過渡期をその当時の大蔵卿であった井上馨と大蔵少輔事務取扱であった渋沢栄一の名をとって井上・渋沢財政と称することがある。ただ、井上・渋沢財政については特に大きな政策レジームの転換があった訳ではないため、本論文では、井上・渋沢財政についての記述は割愛する。
(21)由利による藩政改革は、歳出削減と特産品の専売制度の創設による収入増が主な政策であった。
(22)まだ、中央銀行による金融政策が実施されていなかった明治初期当時の政策レジーム構想は、明治新政府にとって最適な財政制度、特に税制はどのようなものか、もしくは、先進資本主義国の中でどの国を手本とすべきか、という財政政策に対するものであった。

（23）なお、岩倉の「建国案」は江藤新平の各種答申を参考にしたといわれている。江藤新平は、一八七五年に佐賀の乱により斬首刑に処せられたが、当時はイギリス流の自由主義を標榜する開明派官僚の一人であった。江藤新平の失脚と明治政府内におけるイギリス流自由主義的な政策構想の挫折には深い関係があるが、明治六年の政変以降の大久保利通独裁体制による「天皇中心のプロシア流中央集権的絶対主義」が徐々に国家構想として採用されていくことになる。

（24）『大隈文書』第三巻A15、三四四―三四七頁参照のこと。

（25）『大隈文書』第三巻A18、四四九頁参照のこと。

（26）『大隈文書』第三巻A18、四四五―六頁参照のこと。

（27）その他、大隈は、明治十一年にすでに「起業公債」一二五〇万円を募集していた。また、さらに、醸造税を一石一円から三円に増税すること等を構想していた。

（28）反対派でも、山田方谷は、積極政策そのものには賛成しており、外債調達ではなく、管理通貨制移行による不換紙幣増発を提唱していた。

（29）『岩倉公美記』一七一六頁参照のこと。

（30）外債発行によって調達しても、結果的に国内に通貨が流入するという点では、その効果は、国内での通貨供給と同じであることから、成長通貨の供給手段の選択は、経済的な問題というよりも、むしろ、「政治的」な問題であったと考えられる。

（31）外務省『日本外交年表並主要文書　一八四〇―一九四五』上巻、七六頁参照のこと。

（32）なお、松方も「地租米納案」には反対であった。これについては室山義正［1984］第一章第四節、三五頁の第三図参照のこと。

（33）増税は、酒税等によるもので主に富裕農民層からであった。その一方、海軍費中心の軍事支出の拡大は、造船業等の重工業の収益拡大につながったと考えられることから、財政政策は、インフレーション克服というマクロ経済的な側面よりも所得の再分配効果の方が大きかったと考えられる。

（34）これは、松方財政の下で最優先事項として改正された。

（35）松方正義『紙幣整理概要』参照のこと。

（36）明治十三年末には一石十円六銭七厘であった米価が明治十四年末には八円四銭六厘となった。この影響で、年率七五〇〇万円分の農民の購買力が失われた。これは、当時の国家予算規模に相当するものであった。

（37）この理論の代表的な提唱者はB. Bernankeである。詳細は、Bernanke［2000］参照のこと。

（38）政策当局が金融機関による株式の信用取引のための資金融通（ブローカーズローン）を直接抑制したことがきっかけとなって発生した世界大恐慌や、不動産融資規制による不動産バブルつぶしがきっかけとなった今回の日本のケースなどが、その典型例であろう。

（39）この詳細については、戒田郁夫［2003］を参照のこと。

（40）この点を含め、大隈財政の諸問題についての分析は、梅村又次・中村隆英編［1983］が詳しい。

（41）「正金通用方案」（『大隈文書』第三巻、四四六―四五五頁）参照のこと。

第三章　「金解禁」を巡る政策レジーム間競争の過程

1　本格的なレジーム間競争の時代へ

日清・日露両戦争での実質的な勝利は、欧米の資本主義列強諸国に、日本が既にアジアの小国という位置からテイク・オフし、資本主義列強グループに参加できるほどの国力を有していることを知らしめるに十分な出来事であった。これをきっかけに不平等条約が改正されたのは当然のことであった。このような「アジアの一小国」からの脱却に続き、第一次世界大戦では、連合国の一員として、軍事面、経済面での後方支援で活躍したことから、日本は、アメリカ、イギリス

図３―１　明治後半以降の正貨準備高の推移

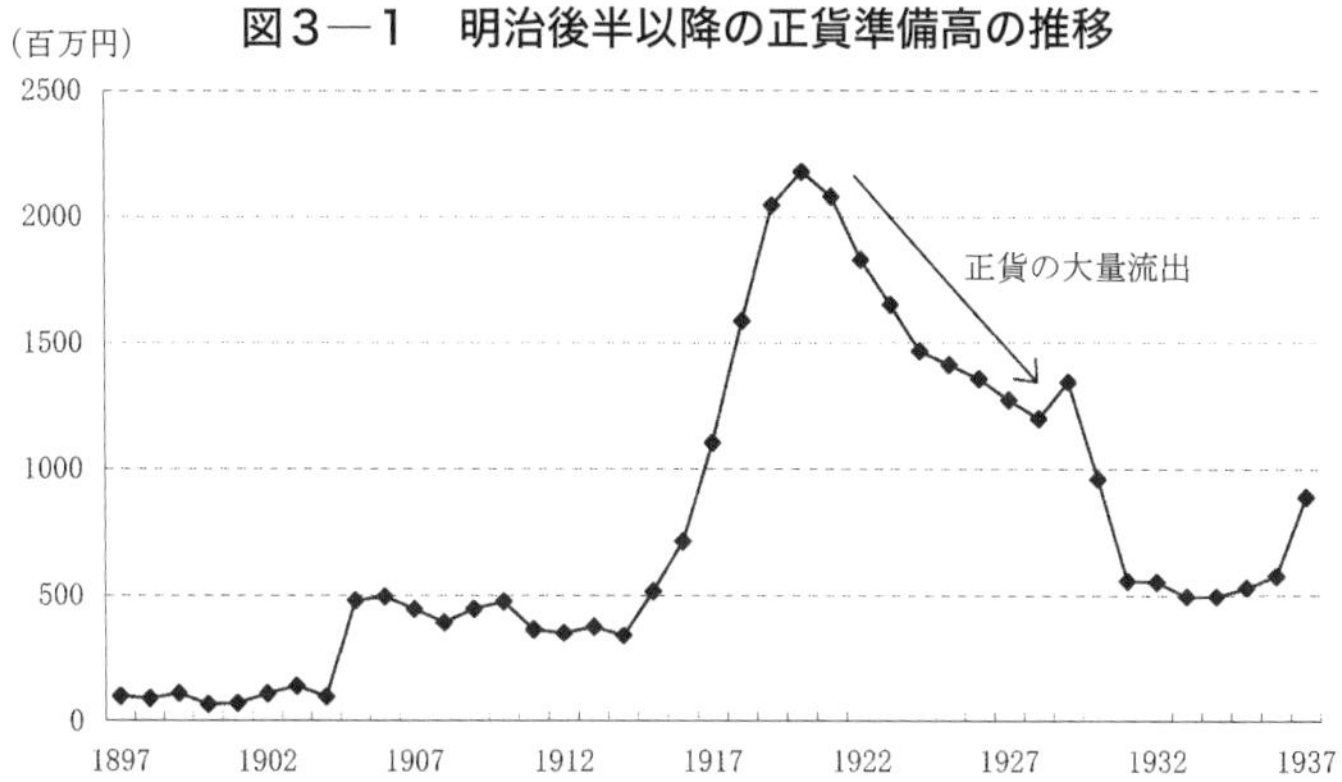

出所:『明治大正国勢総覧』等より筆者作成

に次ぐ、世界第三位の列強にまでに数えられるようになった。これによって、(高度経済成長の実現による)国家の独立と条約改正をその目標とした松方財政のレジーム(政府の強力なリーダーシップによる中央集権的・軍事警察国家的な政策運営)はもはや時代遅れのものとなり、「新興資本主義列強国」日本にふさわしい新たな政策レジームへの転換が新たな時代の要請となった。

しかし、その一方で、戦争での勝利の大きな代償として、日本は、新たな経済危機に直面することとなった。それは、(一)両戦争の戦費調達のために発行した外債の利払い費負担が莫大な額になっており、これが国家財政を圧迫していたこと、(二)経済発展による需要拡大に伴って輸入が激増したことによって貿易赤字が拡大し、再び巨額の正貨流出に見舞われるようになったこと、であった(**図３―１**)。明治維新政府発足以来の政治目標であった欧米先進資本主義国へのキャッチアップと不平等条約の改正を達成し、日本の経済水準自体を他の先進資本主義国と比較しても決してひけをとらない水準まで引き上げた[1]という意味では、松方財政後期以降の経済政策運営は成功したと評価できるが、その代償として拡大してきた「双子の赤字」は、日本経済の新たな問題となりつつあった。その意味でも、第一次世界大戦後の政策当局者にとって、早急に解決すべき課題は、新興資本主義国に上りつめた日本経済に相応しい新たな政策レジームを早急に構築するということであった。

このような環境の下、政治家、軍人、知識人らは、様々な国家の将来ビジョンを提示し、政策レジームの転換を後押ししたが、その中で、次なる政策レジームとして覇権を争ったのは、以下に示す三つの政策レジームであった。

(一) 濱口雄幸、井上準之助ら構造改革を標榜する民政党[2]によって提示された「ワシントン・レジーム」(旧平価での金本位制復帰と国内経済合理化・構造改革の組み合わせ)。

(二) 石橋湛山らリベラリスト[3]によって提示された「小日本主義レジーム」[4](「小日本主義」による「先進資本主義列強国」の地位の放棄と、変動相場制採用による市場メカニズムにまかせた自由貿易体制の確立の組み合わせ)。

(三) 軍部や右翼思想家らによって提示された「大東亜共栄圏レジーム」(東アジア諸国で独自の経済圏を創設、日本をその盟主とし、国家による経済の一元的な管理・計画を行う構想)。

この三つの政策レジームによる「政策レジーム間競争」が約三十年弱の長期にわたって繰り広げられたことが、大正後期から昭和中期にかけての経済政策史の特徴であった。本章では、これを三つの時期に区分してその内容を考察する。まず、第一期は、大正後期から昭和初期にかけて活発に展開された「金解禁論争」が競争の「場」となった時期に相当するが、そこでは、(一)の「ワシントン・レジーム」がレジーム間競争の勝者となった。続く第二期は、昭和恐慌の発生とその克服の局面が相当するが、そこでは、(二)の「小日本主義レジーム」が勝者となった。そして、第三期は二・二六事件以降の戦時経済の時期が相当するが、そこでは、(三)の「大東亜共栄圏レジーム」が実際の政策レジームとして採用された。このうち、本章では、第一期の、大正後期から昭和初期にかけての「金解禁論争」の中で、「ワシントン・レジーム」が「政策レジーム間競争」に勝利した過程、続く、第二期の小日本主義によるデフレーションからの脱出過程における政策レジーム転換についての考察を行う。

そこでまず、各論に入る前に以上の三つのレジームの概要について簡単に言及しておこう。

1 ワシントン・レジーム

「ワシントン・レジーム」とは、濱口雄幸体制下の民政党政権に代表される政策レジームである。外交政策では、外相幣原喜重郎による欧米列強との国際協調体制の遵守、軍縮と東アジア地域の権益放棄、及び列強諸国による機会平等・門戸開放路線が、経済政策では、蔵相井上準之助主導の「緊縮財政」と「財界整理」による構造改革、通貨システムとしては「再建金本位制」への復帰、が採られた。ここで注意すべきは、国際協調体制とは、東アジアの経済的な権益を、ワシントン会議に参加した主要列強諸国を構成員とする先進資本主義列強クラブ内での話し合いで平和裡に分割することを意味していたと考えられる点である。この政策レジームは、「大国主義」的立場をとっており、その「大国」という地位を保証する制度的な枠組みが、当時の欧米先進資本主義国内でのグローバル・スタンダードの通貨システムである再建金本位制への参加（いわゆる「金解禁」）であったと考えられる。[5] そして、日本が、その再建金本位制へ参加するためには、財政緊縮と財界整理という「日本経済の合理化」路線によって、経済体質を改善（この場合、財政赤字の削減と、第一次大戦による好景気の反動と関東大震災をきっかけに累積した不良債権を削減することを意味する）し、対外債務の削減を行うことで、このグローバルな通貨システムの「共同支配人」の立場にあり、加えて対日債権を大量に保有していたアメリカやイギリスに日本経済の健全性を信認してもらう必要があった。その意味では、当時の日本政府の軍縮による財政緊縮路線と、第一次大戦以降、日本の軍事力に脅威を感じ始めていた米英の対日軍事力削減路線はその利害が一致していた。[6] そのために当時の政策担当者は旧平価での金本位制復帰に執着したと考えられる。

この政策レジームを第一部の定式化に沿って考えると以下のようになるだろう。（一）まず、目標とする経済規模（もしくは経済成長率）に関しては、当時の日本経済は第一次大戦バブルと関東大震災の後遺症で「水膨れ」しており、これを「産業の合理化」すなわち「構造改革」によって最適な水準までスリム化する必要があるという考えを政策当局は採っていた。これは、財政赤字や対外債務によって、本来の日本経済の実力水準である最適経済規模を超えているが故に、その分、日本経済全体の需給が逼迫し、物価が高騰しているという認識によるものであったと考えられる（そのために、物価水準自体の引下げが意識されていた）。その意味では、名目ベースでの最適経済規模の引下げ・水準訂正が政策レジームとして採用されていたと考えられる。

そして、（二）通貨システム選択に関するパラメーターβについては、いわゆる「再建金本位制」への復帰が政策のプライオリティであったことから、βはゼロではなかった（通貨システムの選択が政策レジームに深く関っている）と考えられる。

さらに（三）に関しては、金との交換レートである平価をどのようにするかという問題があった。第一次世界大戦によって金本位制が停止されて以来、平価の基準となる物価水準も大きく変わっていたが、「ワシントン・レジーム」では、従来の金本位制採用時の平価水準（「旧平価」）での金本位制復帰を想定していた。つまり、為替レートの値自体が第一次大戦勃発前の旧金本位制におけるレートと変わらないという点を強調するならば、為替レートの誘導水準という意味での政策レジームの変更はなかったという結論になる。しかし、日本経済にとって中立的な為替レート水準として、購買力平価を算出し、これを採用された固定為替レート水準と比較すると、この政策レジームにおける為替レートの水準（「旧平価」での固定相場制への復帰）は明らかに円高であったと考えられる（**図3―2**）。同様の観点から、松方財政下で金本位制を採用した際には、購買力平価等から判断してやや円安気味に固定レートが設定されていた（第三部参照のこと）こと

図3—2　購買力平価(円/ドルレート)

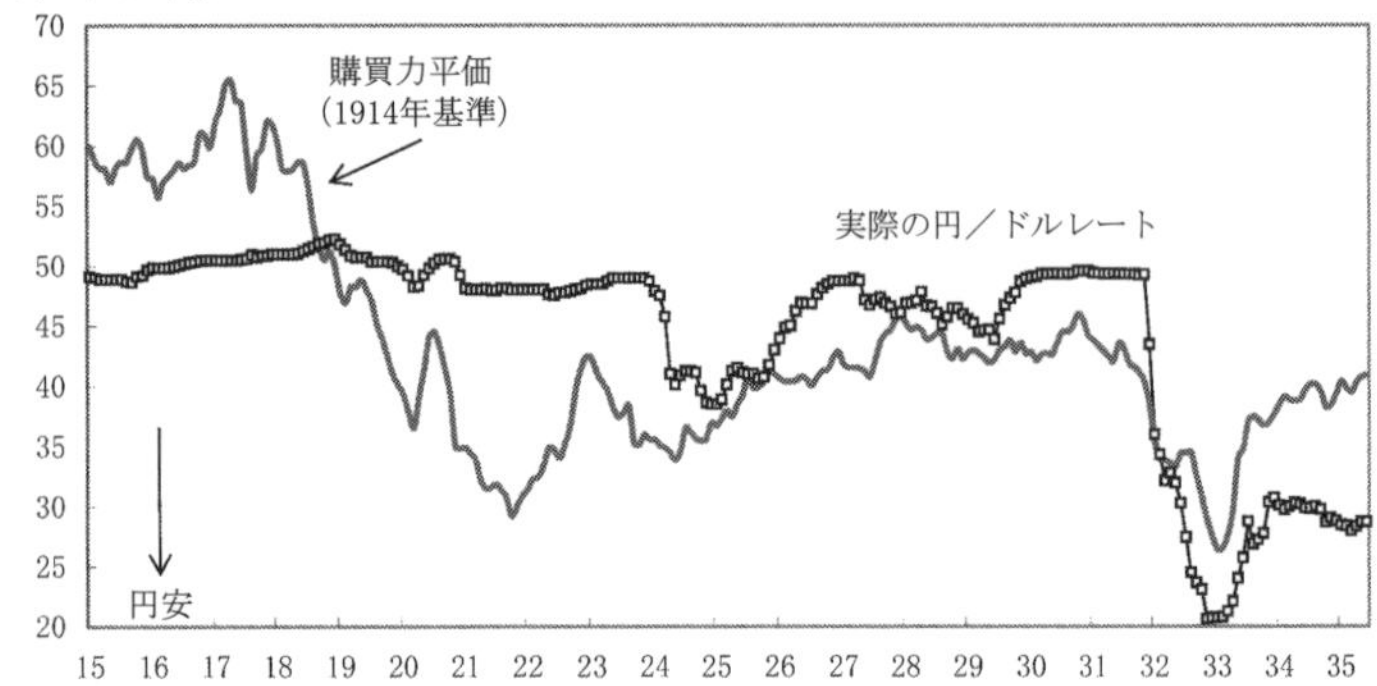

出所:『日本の景気変動』『日本経済年報』各号より筆者作成

を考え合わせると、最適為替レートの水準は明らかに円高方向に変更されたと考えてよいだろう。

以上から、松方財政という旧レジームから「ワシントン・レジーム」への転換については、適正経済水準の変更が適切であったか否か、という点に加え、為替レートの誘導水準の円高への変更が適切であったか否かについても、大きな論点になると考えられる。

2　小日本主義レジーム

「小日本主義レジーム」は、「ワシントン・レジーム」の対立軸として、主に石橋湛山らの「リベラリスト」によって主張された政策レジームである。これは、濱口民政党による「旧平価での金解禁」（実際の政策立案に関しては、井上準之助蔵相）への対抗として、「新平価（＝円安水準）での金解禁」（金解禁後には金輸出再禁止による管理通貨制への移行を主張）を提案した点に大きな特徴が見出される。また、この政策レジームにおける外交政策は国際協調路線の堅持、経済政策は「(市場機能の活用による自然な形での)経済の自律的、かつ、漸進的な調整」を重視するものであったと考えられる。これは、「円安水準で為替レートが推移すれば、交易条件の調整が自動的に進むことによって、貿易構造、ひいては産業構造が変化し、日本経済の構造改革は無理なく実現する」ということを意味していた。そのため、濱口民政党が想定していた日本経済の「水膨れ」体質に関しては、「政府による過剰な引き締め政策は不要である」という立場であった。

しかし、実は、この政策レジームの最も重要な点は、「日本は『大国主義』を放棄すべきである」という考えが政策思想に反映されていた点だと考えられる。その意味では、このレジームは、一見、「ワシントン・レジーム」と同じ「国際協調」的な立場にいるようにみえて、実は、全く異なる外交政策レジームであった点に注意する必要がある。石橋らは、満州に代表される東アジア諸国に対する外交政策は、各種資本輸出や対外投資という当該国の経済発展を促進させる民主的な対外進出によって、「共存共栄をはかる」ことが最適であり、領土の割譲等の「大国主義」は放棄すべきであるとした。また、「大国主義」の放棄によって、いわば、大国クラブ参加のための条件であった「再建金本位制」への参加は、政策にとって必ずしも重要な要因ではなく、為替レートの設定にそれなりの自由度を持たせることを提案していた点は特筆に価するものであった(また、それゆえ「デフレーション」という無用な経済破壊過程を採らずに、日本独自のペースで漸進的な改革ができるとした点も、当時の政策レジームとしてはユニークであったといえる)。

以上の「小日本主義」を第一部の政策レジーム転換の定式化に沿って考えると以下のようになるだろう。(一)経済規模(経済成長)については、「通商立国」化によって新たな成長フロンティアの開発に成功した場合には、より高い成長経路が期待できると想定していたと考えられる。その意味では、日清戦争~第一次世界大戦に至る戦時経済とは異なる経済成長が想定されていたと考えるのが適正であろう。

(二)の通貨システム選択のパラメーターβについては、議論が分かれるところである。完全に市場メカニズムに任せるのであれば、当然、変動相場制が採用され、通貨システムのパラメーターであるβはゼロ、すなわち、政策目標に影響を与えないはずである。ただ、石橋湛山らによる主張が「新平価」による再建金本位制への復帰であった点に着目すると、パラメーターβについては必ずしもゼロではなく[7]、(三)の適正為替レートが「新平価」でより円安水準に設定されていたと考えてよいだろう。

この「小日本主義レジーム」は、昭和恐慌によって「ワシントン・レジーム」が挫折した後、犬養毅を首相とする政友会(及び、その後の高橋是清による高橋財政)によって実現されたかにみえた。しかし、この政友会によって採られた政策レジームが厳密な意味での「小日本主義レジーム」に相当するかといえば、その答えは「否」であるといわざるを得ない(この点は第五章の中心課題となる)。

3　大東亜共栄圏レジーム

第三の政策レジームは、「大東亜共栄圏レジーム」である。これは、二・二六事件による軍部の台頭以後、本格的に採用された政策レジームであり、戦前の日本の政策レジーム間競争の「最終的な勝利者」となった（その代わりに日本は、大東亜戦争による敗戦を迎えることになった）。この政策レジームは、外交政策では、独自経済圏（「大東亜共栄圏」）の構築、経済政策では、「統制経済」による国家主導の経済合理化、の組み合わせであった。いわゆる「ワシントン体制」は世界大恐慌によって崩壊することになるが、それと同時に、「欧米先進国が主導権を握る大国クラブによる平和的な東アジアの分割」という国際協調体制も崩壊することになった。この世界大恐慌によって、「日本資本主義の行き詰まり」は「世界経済秩序の行き詰まり」に昇華したが、この情勢を打破するために、日本は、軍部を中心に東アジアへの積極的な進出を再開し、「日本を盟主とした大アジア連合」の構築を目指す道を選択することになった。このレジームでは、東アジア内のアウタルキーという「閉じた世界」での経済活動が中心となり、各経済圏（経済ブロック）間での覇権争いが経済活動の主流となる。経済ブロック間での覇権争いに勝利するためには、国民を総動員した計画的な軍備拡充政策を長期的ビジョンに基づいて運営していく必要がある。そのための経済政策が「統制経済」に他ならなかった。

ここでの重要なポイントは、この「大東亜共栄圏レジーム」は、幕末以来、西洋によるアジアの収奪という屈辱の歴史が進行する中で、「憂国の士」によって脈々と受け継がれてきた「日本主導で東アジア中心の『大国主義』を実現し、アジア一体となって西洋中心の価値観に対抗する」というイデオロギーが具体的な政策レジームとして結実したものであった点である。東アジアへの進出自体は、明治初期の「征韓論」でも構想されていた。しかし、当時のそれはあくまでも欧米資本主義列強に日本という独立国家を認めてもらうためのいわば「方便」であって、（思想上はともかく、政策的には）「東洋対西洋」という深遠な対立軸ではなかったと考えられる。第四部後半では、この「大東亜共栄圏レジーム」がなぜ、戦前期の政策レジーム間競争の勝者になりえたのかについて考察する。

これを第一部の政策レジームの定式化に沿って考えると、（一）の最適経済規模については、対米戦争（それ以前は満州権益を巡っての対ソ戦争を意図していた）遂行のための軍事物資生産能力の拡充が目標であった。

また、（二）の通貨システム選択のパラメーターβに関しては、「大東亜共栄圏」による独自通貨圏（円圏）構想が金本位制に代わる新たな通貨システム構想となったこと、そして、この通貨圏を維持・拡大するための国内経済の統制・計画が実施されたことを考えると、円通貨圏構想は、経済政策レジームに大きな影響を与えていたということになり、βはゼロではないと考えられる。

（三）の為替レートの誘導水準については円圏という自国通貨圏を構想しながらも、一方では、一九四〇年の仏領インドシナ侵攻以前は、経済的な要請から、同時に英米との協調を模索し、対英ポンドドレートベースでの為替レート安定を目標としていた側面もあったことから、最適為替レートという発想も完全に放棄した訳ではなかったと考えられる。このことから、「大東亜共栄圏レジーム」への転換も典型的な政策レジーム転換であったと考えられる。

2 「日本資本主義行き詰まり」論の再検討

1 「日本資本主義の末期」――五つの「ゴルディウスの結び目」

「ワシントン・レジーム」から「小日本主義レジーム」へ至る局面での主要な政策レジーム間競争の「場」は、「金解禁論争」という通貨システム選択の問題であった。そのため、この局面でのレジーム間競争過程の大部分は第三部の課題となる。しかし、この局面でのもう一つの問題点、特に前章での松方財政レジームの成功体験との関連で重要な問題点は、当時の日本に蔓延していた「行き詰まり」論とはいかなるものであったのかという点である。

前章で指摘したように、松方財政の功績は、偶然の要素が強かったとはいえ、後期における最適な通貨システムの選択であるはずだった。しかし、「世間知」レベルの松方財政の成功は、むしろ、前期におけるデフレーション政策による大隈財政の「行き詰まり」の打破であった。このように松方財政が成功例として認識された状況の中で、日本経済に再び「行き詰まり」感が蔓延した場合、どのような政策が志向されるのか。この点を指摘することが本章の課題の一つである。

一九二九年に発刊された高橋亀吉(8)のベストセラー、『日本資本主義の合理化』は、そのタイトルに端的に表れているように、まさに日本の資本主義化の歩みが大正期に行き詰まったことから、これを「合理化」する必要性が生じたことを主張する見方の代表格であった。そして、その理由は、日本の資本主義化の歩みが欧米先進諸国の模倣に過ぎなかったため、というものであった。当時の認識では、「日本の資本主義化」とは、「欧米資本主義国に肩を並べること」に他ならなかったが、その模範となるべき欧州資本主義諸国は、第一次世界大戦で欧州が主戦場になり、自国のインフラが破壊し尽されたため、既に日本以下の「弱小資本主義国」に転落してしまっていた。そのため、日本にとって、これらの諸国は、経済成長や経済規模という観点からは、もはや目標たりうる存在ではなくなったとみなされていた。このことは、「模倣すなわちキャッチアップ」をその手段、目的としてきた従来の日本資本主義にとって、もはや目標となる模範は存在せず、政策当局者が、他国を模範として全国民に明確な未来像を描く(「欧米諸国に追いつき追い越せ!」というスローガンに代表されるような)という従来の手法を用いることができなくなってしまったことを意味していた。

そして、以上のような「目標としての欧州」の喪失によって、新たな価値観を模索する動きがまきおこった。第一次世界大戦による「偉大な欧州」の喪失は、代わって、ロシア革命の成功による社会主義思想を世界中に急速に普及させることになったが、日本においても当時、勃興しつつあった様々な社会運動は、それに影響を受けたその代表例の一つであろう。また、これまでの日本の資本主義化が、欧米へのキャッチアップを急ぐ余り、あまりにも「急造」であり過ぎたため、様々な側面で資本主義の歪みが顕著になってきた。この代表例が、資本主義の象徴である株式市場における様々な問題点であり、これを見事に指摘したのが高橋亀吉の『株式会社亡国論』(一九三〇年)であった。高橋亀吉は、この著書で、日本の資本主義は、株式市場の腐敗を媒介として、「不当」な所得格差の拡大をもたらすと共に、これが利権化することによって、政治腐敗をもたらしている点を指摘した。このような資本主義の負の側面が強く意識されるようになると、国民は、資本主義の腐敗と政治腐敗を「一掃」、すなわち、「清算」する構造改革を、熱狂的に支持するようになる。そして、これが、一般大衆をして、経済的な意味での近代化を支えた「上からの資本主義」(政治=政府主導による産業革命)路線ではなく、精神的な近代化である「民主主義」の発展を支持させるようになった(いわゆる「大正デモクラシー」の思想)。そして、世界各国が、第一次世界大戦の反省を元に、従来のような「帝国主義」的な世界進出路線を放棄し、「国際協調」への道を模索し始め(国際連盟の創設が一応の到達点であろう)、そして、それに伴う軍備の縮小、軍事支出削減による財政負担の軽減という新たな経済の流れが、構造改革に対する支持の高まりを後押しした。

これに加え、日清・日露両戦争に勝利した代償として獲得した中国・朝鮮に対する経済権益(日清戦争では領土、日露戦争では賠償金)が想定より小さかったという日本特有の事情も行き詰まり感の高まりに大きく影響していたと考えられる。なぜなら、これによって、松方財政期のように、莫大なコストを使って軍備増強を行い、これを梃子にして産業発展を実現させても、そこから得られるリターンは極めて小さいことが明らかになったからである。しかも、日本はその戦費の多くをイギリスやアメリカからの資本によって賄われていたことから、戦後の日本経済は、国際収支赤字と財政赤字の問題に悩まされることになった。そして、これらの要因は、松方財政以前の明治初期の日本経済が抱えていた、対外債務のデフォルト懸念による日本の実質的な植民地化の危機という「安全保障」上の問題を再び浮上させることになった。

日清・日露という二つの対外戦争、そして、その後の条約改正によって、日本は欧米資本主義列強の一員になったはずであったが、その経緯を振り返ってみると、対外債務の累積という根本的な問題は全く解決されていなかった。このままの状況では、明治初期の大隈財政期同様、正貨準備の枯渇によるデフォルトから日本は再び植民地化の危機に晒されることになる。つまり、戦争勝利という国民の喜びはつかの間で、日本の置かれた環境は明治期から全く変わっていなかったのである。このことは、当時の人々の感じた日本の限界、すなわち、行き詰まり感に拍車をかけることになったと思われる。

また、当時の日本は、「余剰人口」を抱えていると考えられており、東アジアでの権益の拡大は、東アジアへの領土拡大による余剰人口対策の意味合いも強かった。日本がアジア地域に経済圏を確立できれば、より多くの「余剰人口」をそこへ移住させることができ、問題は解決できるはずであった。従って、「国際協調路線」の進展、及びそれによる欧米先進資本主義諸国による東アジアの領土開放・機会均等路線は、日本の「余剰人口」問題の解決を不可能にすることを意味しており、このことが、人々の行き詰まり感をさらに加速させると共に、「アジア主義」的な発想を生き永らえさせることとなった。

このような行き詰まり感は、実際に政策を担当する官僚や政治家も共有していた。例えば、後藤文男、丸山鶴吉、田沢義鋪ら内務官僚出身者を中心に結成された「新日本同盟」が一九二五年三月二十九日に発行したパンフレット『新日本の建設』では、「世界大戦爾来政治上の同様、経済上の煩悶、社会的の混乱、相互錯綜して吾人の心胆を寒からしめつつある。国内的には衰弱が増した。国際的には圧迫が加はつた。（中略）諸種の工業は尽く半死の苦悶を続け、今や遊堕と奢侈と而して法外なる物価の騰貴のみが残る。（中略）日本の将来は絶対に悲観されねばならぬ」として、（一）日本は「行き詰まって」おり、このままでは将来は悲観的にならざるを得ないこと、そして、（二）そのような「行き詰まり」から脱出するためには、「改造」、もしくは「清算」が必要であることが明記されていた。[9]

このような知識人らによる「日本の行き詰まり」論の多くは、情緒的であり、漠然としたものであったが、この「行き詰まり」をマクロ経済の側面から詳細に分析したのは、前述の高橋亀吉であった。高橋は、日本経済の現状を「日本（型）資本主義の末期」と表現した。高橋亀吉は、明治維新以降の日本の資本主義を、人間の一生に例え、「資本主義の一生も、人の一生と同様に、『細胞の老衰』に加え、『不健康』という病理的な現象が複雑に絡み合うことによって、死期が段々と近づいてくる」と考えた。つまり、資本主義は、成熟するに従って制度的疲労が蓄積されると共に（老衰）、有産階級の奢侈や資本家階級の腐敗、分配の不合理といった「病理的」な症状を併発することによって、最後には死を迎えるが、当時の日本の状況は、資本主義が今まさに死を迎えようとしている末期的状況であるために、「行き詰っている」、という現状分析を行ったのであった。

これを、より具体的かつ現代的に、そして、当時の実際の経済状況に即して考えてみよう。高橋亀吉が具体的に記述した日本経済行き詰まりの要因を整理してみると、第一次世界大戦後の日本経済は、以下に指摘する五つの要因が、あたかも「ゴルディウスの結び目」のように複雑に絡み合うことによって、解決が困難な構造的停滞局面がもたらされたことになる。

（一）欧米の先進技術の模倣によるキャッチアップ型経済成長過程が終焉し、日本国内の成長フロンティアが枯渇したこと。

（二）ワシントン条約締結後、いわゆる「帝国主義」的な海外進出の余地が著しく低下したことから、東アジアを中心とする海外資源を積極的に利用することによる成長フロンティア拡大の途を閉ざされたこと。

（三）多額の財政赤字と国際収支赤字という「双子の赤字」の存在によって、海外からの資金調達が困難になり、資金的制約が厳しくなったこと。

（四）資本主義制度の退廃による富の分配不平等の激化と、有産階級の奢侈による「勤労モラル」の低下。

（五）政党の営利企業化（政界と財界の癒着）による指導力の欠如と、それに伴う不採算企業の救済負担の増大。

これらの五つの要因は、松方財政下で、日本経済が、先進資本主義国の一員になるべく、日清、日露両戦争、及び第一次世界大戦を戦い抜いてきた過程で醸成されたものである。これらの要因は、互いに強固に結びつき、それぞれ互いを補完しあっていることから[10]、政策当局者にとっては、問題点を一つ一つ漸進的に解決していくという手法はとることができない、これらの結び目を一気に断ち切るための「構造改革」が必要になる、とみなされていたと考えられる。そこで、これを一気に断ち切るための政策レジームとして、前述の三つのレジーム、すなわち「ワシントン・レジーム」「小日本主義レジーム」「大東亜共栄圏レジーム」が提示されたのである。

ところで、ここで浮かび上がってくる問題点は、この高橋亀吉に代表される「日本資本主義行き詰まり」論は、現代のマクロ経済分析の視点からみて、本当に正しいものであったのか、ということである。その三つの政策レジームの政策効果を考えるためには、まず、この五つの「ゴルディウスの結び目」が当時の日本経済の現状分析として正しかったのか否かを判断する必要がある。

確かにこの高橋亀吉の分析は、当時の経済分析の水準から考えると、概ねコンセンサスを得られるものであっただろう。だからこそ、民政党の濱口雄幸政権に代表される当時の歴代の政党政治家も、日本資本主義の行き詰まり、すなわち旧来の日本経済の構造的欠陥を、抜本的に改革する政策の必要性を政策提言として掲げたのである[11]。そして、濱口雄幸率いる民政党は、公約通りに構造改革を断行した。もし、この「行き詰まり」論が正しければ、濱口民政党内閣による構造改革は成功し、その後の日本経済は再び高成長を享受したはずであった。しかし、濱口民政党による構造改革路線の採用は、日本経済を未曾有の深刻なデフレーションに陥れた。また、さらには、二・二六事件以降の統制経済路線も、急速に台頭してきたわけではなく、大正期以降、「行き詰まり」の解決策として、軍部や右翼思想家らによって、その思想的な基礎が脈々と構築されていたものであった（この事実は第四部で示される）。それゆえ、この戦前日本の失敗を考える際に、第一次大戦直後の「日本資本主義行き詰まり」論の誤りに起因していたのか、それとも、「行き詰まり」論は正しかったのか、という点は、極めて重要な問題であると考えられるのである。

2　一九二〇年代の日本は高成長局面

本書の見解は、「五つの『ゴルディウスの結び目』の存在が、日本経済を行き詰まらせている」という分析は誤りであった、というものである。確かに、日本経済は、一九二〇年頃から、いわゆる「反動不況」を経験した。これは、第一次大戦期には、日本製品に対する需要が、戦争によって生産能力を毀損させた欧州向けを中心に急激に高まったものの、戦後はむしろ、その反動から生産が減少したためであった。しかし、この不況の原因の大部分は、後述するように、主に金融政策の過度の引き締めによるものであり、政策対応次第では、マイナスの影響を軽減することは十分可能であったと考えられる。また、この第一次大戦後の反動不況は、それ以前の「バブル景気」の強さからの反動ゆえに、高橋亀吉のような優れたエコノミストすらもその状況を冷静に把握することが困難であったと考えざるを得ない。この反動不況を、「構造的な経済停滞」と捉えた高橋亀吉自身が提示した処方箋は、「国家による産業統制」であった。しかし、これは、後に明らかになるように、「大東亜共栄圏レジーム」の提唱者らによる国内経済低迷に対する処方箋とほとんど同一であったという点では、経済指標等に基づく冷静な経済分析の結果でてきたものというよりも、むしろ、やや「思想色」の強いものであったと思われる。

これは、当時、知識人階層の間で流行しつつあった社会主義的な思想の洗礼を受けた可能性もある。当時の社会情勢を振り返ると、第一次世界大戦によって、欧州資本主義諸国の経済基盤が大きく毀損する一方、ロシア革命によるロマノフ王朝の崩壊とソ連という社会主義国の誕生が、帝国主義モデルに代わる新たな社会政治モデルとして日本国内のインテリ層の間で脚光を浴びていた。これに加え、国内では、米騒動をきっかけとして、これまでの経済、外交政策に対する庶民の不満が各地で暴発し、散発的ではあったが、社会運動が急速に広がった。このような状況の中で、政治体制も、松方財政下で軍事警察国家体制を支えてきた藩閥政府が、護憲運動によって崩壊し政党政治が登場した。このように、これまでの日本社会を支えてきた基盤が次々と変化していく状況の下で、経済統計が整備されていない当時としては、経済分析が、情緒的な思想性を帯びてきても何ら不思議ではない。高橋亀吉が、社会構造自体が大きな転換期を迎える中で、旧来の経済体制が崩壊し、新たな社会主義的な経済体制が実現するという「イデオロギー」に基づいた鳥瞰図を描いたのも無理もないことだろう。

図3―3　主要先進資本主義国の長期実質ＧＤＰ成長率の推移

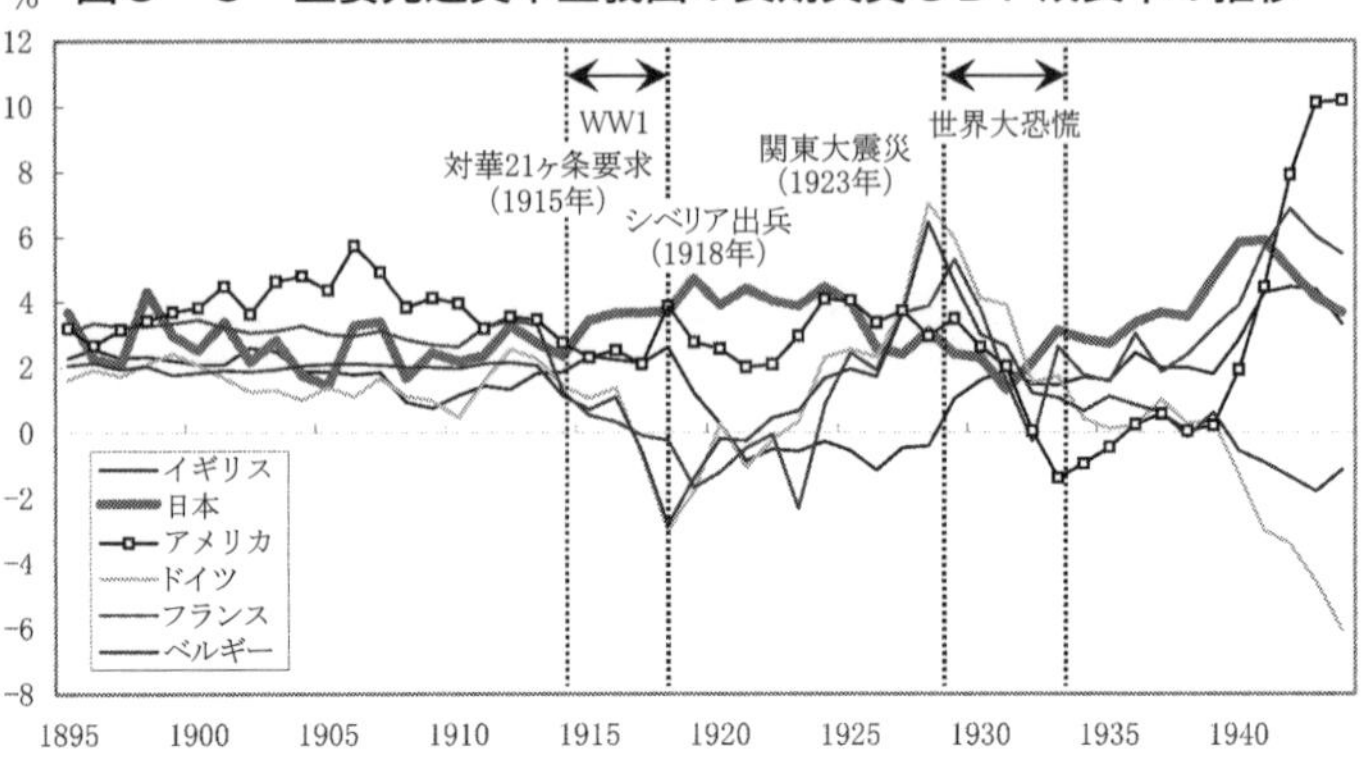

注: 10年の平均成長率ベース　出所: Maddison, A [2000] より筆者作成

しかし、その後に整備された経済統計を用い、定量的に当時のマクロ経済状況を分析した場合、当時の情緒的、思想的な経済分析とは異なった姿が浮き彫りになってくる。この中で、特に重要な事実は、「実質経済成長率のトレンド」である。例えば、一八九五年から一九四五年までの実質ＧＮＰ成長率の長期的なトレンドをみると、高橋亀吉が「行き詰まっている」と指摘した一九一〇年から一九二五年頃までの日本の実質ＧＮＰ成長率は、主要先進資本主義国の中で最も高かったことがわかる[12]（**図3―3**）。

さらに興味深いのは、一般的に経済の発展段階を判断する指標として用いられる、「一人当たり実質ＧＤＰ」の成長パターンである。当時の日本の一人当たり実質ＧＤＰは、十五年程度遅れて米国の後を追いかけていた（**図3―4**）。このことは、（一）当時の日米の間には、歴然とあいた経済発展段階の格差があり、依然としてキャッチアップの余地があったこと、（二）成長パ

図3—4　長期的成長パターンからみる日本経済の発展段階

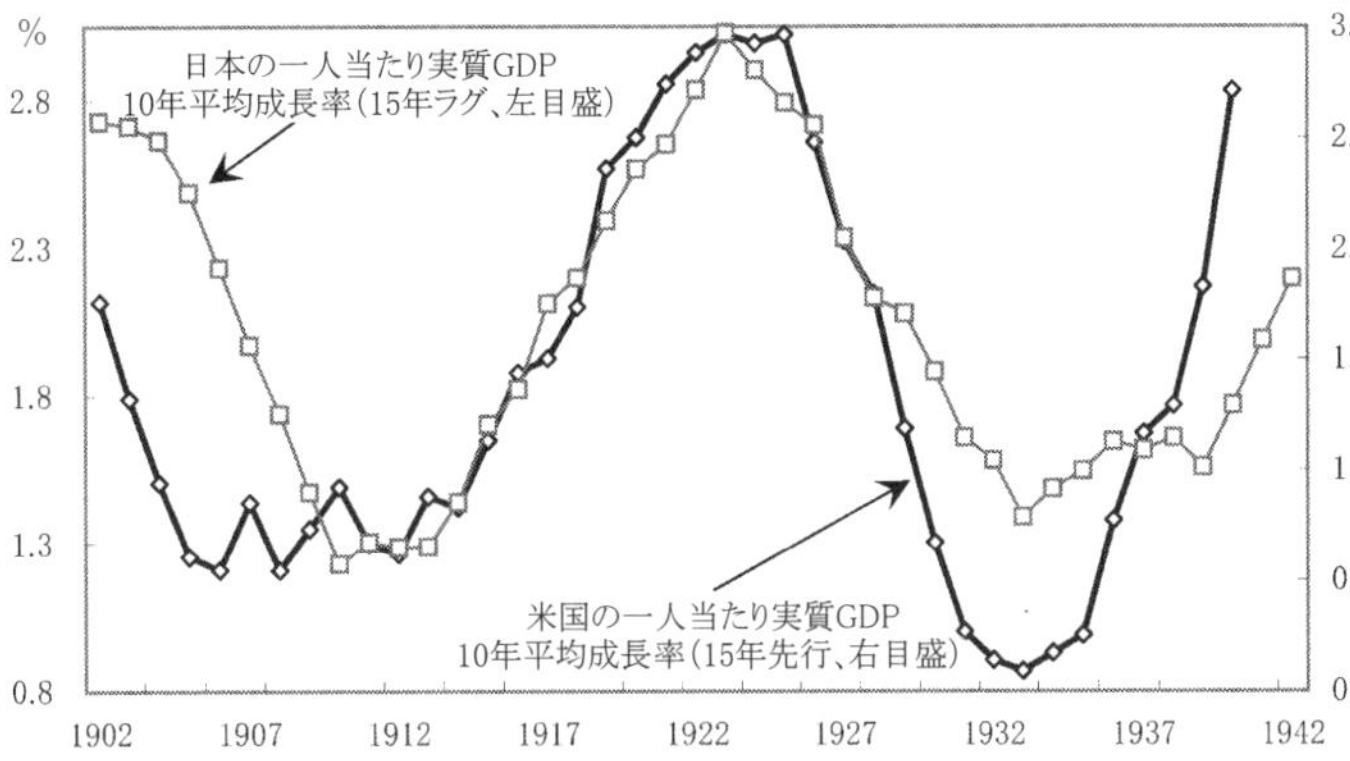

出所: Maddison, A [2000] より筆者作成

ターンの類似性、及びその当時の米国の高い経済成長率を考慮すると、日本は米国を新たな模範とする余地があったこと、を意味している。つまり、当時の日本経済は、「行き詰っている」どころか、更なる成長余地を有しながら、比較的高い成長軌道に乗っていたことがわかる。これは、当時の日本経済には、なお潜在的には「成長フロンティア」が存在しており、しかも、その開拓に成功しつつあったと考えられる。

それでは、このさらなる「成長フロンティア」とは、具体的にどのようなものであったのだろうか。実は、この点については、既に何人かの経済史家による実証分析が存在する。当時の経済成長パターンをみると、(一)「都市化」に伴う電力や道路、鉄道といったいわゆるインフラ投資の拡大、(二)新興企業の設立ブームや重工業化に伴う大型の民間設備投資の需要拡大、が当時の経済成長の原動力になっていた。これらの事実は、高橋らの指摘した「日本(型)資本主義の行き詰まり」の

図3—5　戦前期日本の就業者数の推移

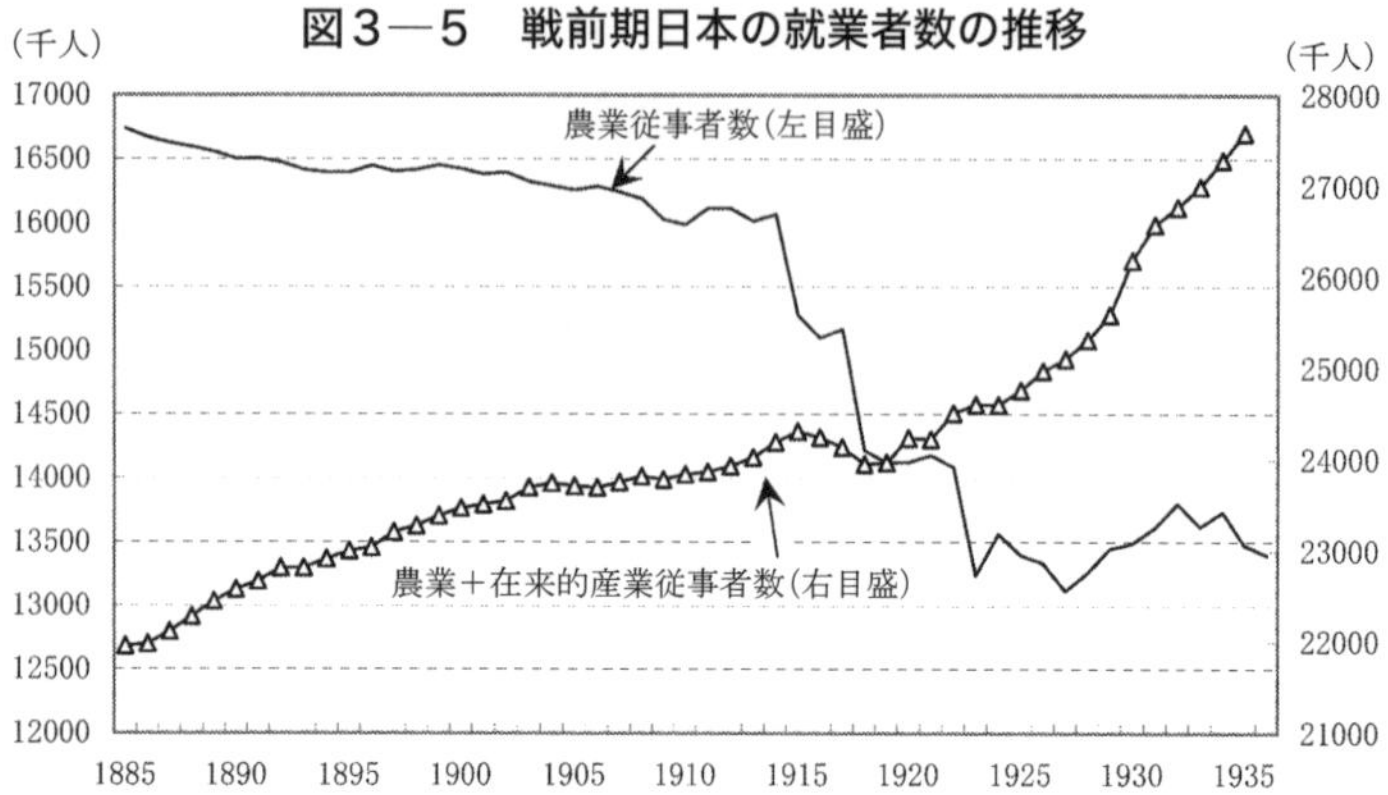

出所：中村隆英『戦前期日本経済成長の分析』(岩波書店、1971年)より筆者作成

期間の日本経済が、重工業化という産業構造の転換や都市化の進展といった新たな成長フロンティアの拡大を伴う内需主導の経済成長を実現させていたこと、また、この新たな成長フロンティアの開拓によって、依然として、欧米先進資本主義国へのキャッチアップ過程を継続させながら実現させていたことを示唆している(13)。

以上のように、第一次世界大戦後の日本経済が、「都市化」と「新興企業設立ブーム」による新たな成長ステージに上ったことは、一九一七年頃を境として、農業従事者数が急激に減少し、代わって非農業人口が増加したことに端的に表れている。当該期間の農業従事者の変遷をみると(**図3—5**)、一九一五年には約一六〇〇万人存在した農業従事者が一九二五年には一三〇〇万人に減少しており、その減少速度は、それ以前のペースよりも飛躍的に高かったことがわかる(中村隆英・尾高煌之助［1989］は当時の農業人口の減少は一九五〇年代の大幅な農業人口の減少に匹敵するものであったとしている)。また、中村隆英[1985]は、この頃から、日本のGNP成長率の動きが非農林人口の増減率と極めて良く似た動きをするようになったことを指摘している。これは、都市部の新興企業の勃興によって労働需給がタイトになると、賃金の上昇から、農村部からの人口流出が加速するという動きと整合的である(実は、「都市化」による高成長は、その一方で、農村部の慢性不況を誘発した。そして、これが後に大きな禍根となって日本経済にのしかかることになる)。このように、第一次大戦後の日本経済は、都市化、電力化、新興企業ブーム等によって、新たな成長フロンティアを開拓しつつあったと考えられる。

また、当時の国際収支統計をみると、一九一九年以降の資本流入額(特に、諸外国からの投資受け入れ額)は、それ以前と比較して急激に拡大していたことがわかる(**表3―1**)。そして、一九二三年から一九二六年にかけては、資本収支が黒字(流入超)になっていたこともわかる。これは、日本国内へ大量の外資が流入したことを意味する。当時、大都市圏を中心として地方債の起債が活発化したこと、あるいは、外国資本との合弁による新興産業の設立なども多く行われていたことを意味している。確かに当時の日本は、日露戦争の戦費等の財政負担を、英米を中心とする欧米先進資本主義国からのファイナンスによって調達しており、資金制約が存在していたと考えられるが、電力債や地方債等の国債以外の外債発行は活発に行われており、外国人投資家による消化も順調に行われていた(14)。このことは、当時の外国人投資家も、このような日本経済の潜

表3—1　大正期以降の資本収支の推移

単位：億円

	資本収支	資本取引流入(a)			資本取引流出(b)		
			投資受入	投資回収		海外投資	投資回収
1916	-336.1	12.4	4.9	7.5	348.5	310.2	38.0
1917	-310.4	50.5	5.7	44.8	360.9	343.5	17.4
1918	-484.1	58.1	10.5	47.6	542.2	523.9	18.3
1919	-7.3	297.0	6.1	290.9	304.3	264.1	40.2
1920	-194.3	526.4	7.8	518.6	720.7	616.5	104.2
1921	-68.4	675.7	9.4	666.3	744.1	518.5	225.6
1922	-128.0	291.7	52.5	239.2	419.7	318.5	101.2
1923	214.7	493.1	122.9	370.2	278.4	195.9	82.5
1924	237.8	670.0	565.9	104.1	432.2	96.4	335.8
1925	63.5	253.2	186.1	67.1	189.7	90.7	99.0
1926	37.0	264.3	176.8	87.5	227.3	73.7	153.6
1927	-86.4	200.4	153.6	46.8	286.8	105.9	180.9
1928	25.1	342.9	272.0	70.9	317.8	69.6	248.2
1929	-92.5	367.6	158.3	209.3	460.1	225.1	235.0
1930	-148.0	430.7	281.1	149.6	578.7	269.3	309.4
1931	-232.7	439.6	152.6	287.0	672.3	303.2	369.1
1932	-100.1	190.5	84.5	106.0	290.6	101.0	189.6
1933	-20.9	293.9	119.6	174.3	314.8	215.8	99.0

注：資本収支のマイナスはネットで海外への流出超であることを意味する。

図3—6 明治後半期以降の「ドーマー条件」

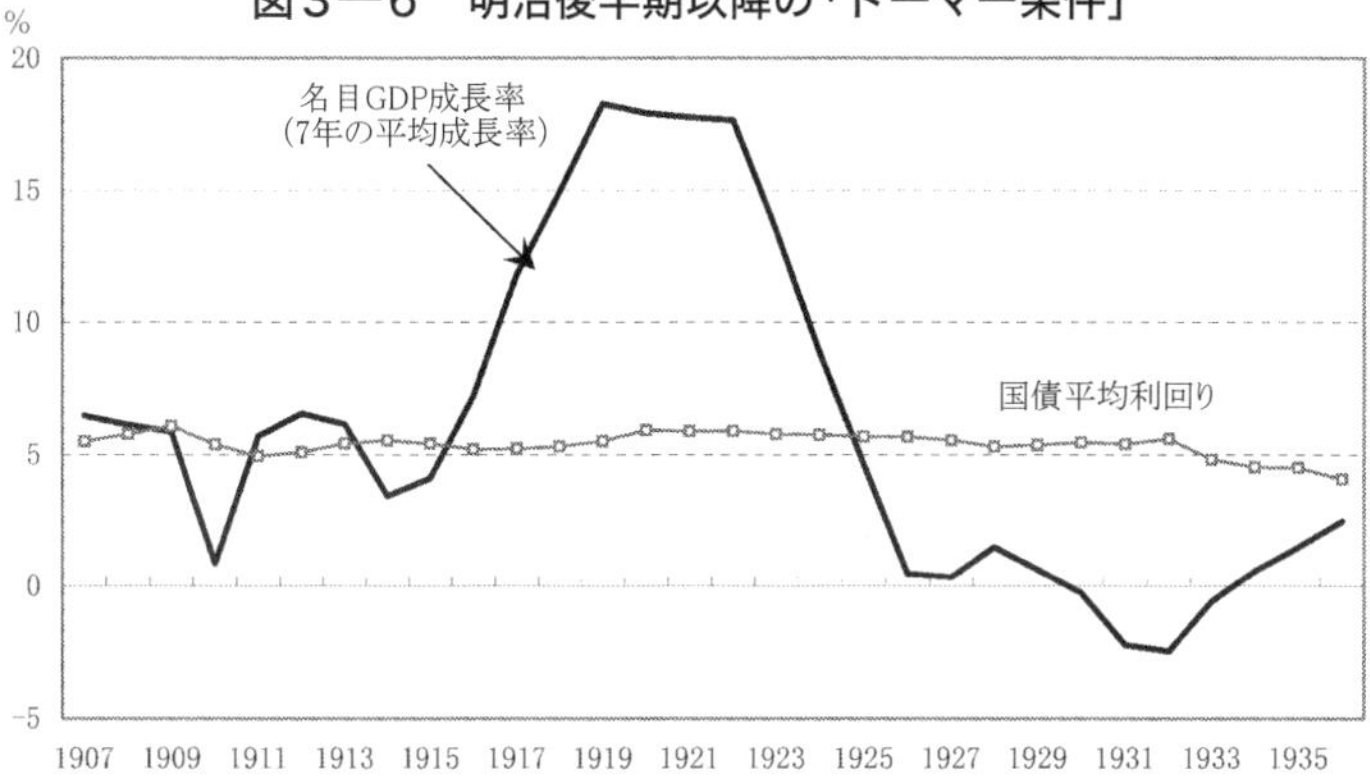

出所:『明治大正統計総覧』『日本の景気変動』より筆者作成

在成長力の高さを高く評価していたと考えられるのである。

このように考えていくと、客観的な経済分析がある程度可能であれば、この五つの「ゴルディウスの結び目」を解くのは、それほど困難ではなかったのではないかと思われる。なぜならば、以上までのマクロ経済分析の結果から、当時も、極めて有望な成長フロンティアが日本国内にあったと考えられるためである。中国を中心とする東アジアへの帝国主義的な拡張志向が、「人口過剰」状態の中で国内の成長フロンティアが枯渇しているという認識から発生していたことを考えると、(二)の要因も適切ではないことになる(その意味では、石橋湛山の「小日本主義」の主張は正しい)。また、(三)の「双子の赤字」の問題も、当時の日本経済が、いわゆる「ドーマー条件[15]」(名目成長率が長期金利水準を上回ること)をほぼ満たしていたことを考えると(図3—6)、理論的には、将来に対する対外利払い不安もなく、対外債務問題もそれほど危機的な状況ではなかったと考えられる。このことは、当時、問題とされた対外債務も、都市化や電力化によって内需の成長が実現できれば、その「果実」によって、十分返済可能であったと考えられる（日本の対外債務を引き受けたのはイギリスやアメリカであったといっても、政府による借款ではなく、民間の金融機関[16]であったことから、例えば、対日経済支配等の政治的な理由からデフォルト覚悟で引き受けた訳ではなかったと思われる。むしろ経済成長による将来的なリターンが十分に見込めるからこそ、この時期にも金融先進国の英米は日本が発行する外債を引き受けたと考えられる）。また、（四）、（五）の問題は経済成長というマクロ経済の問題ではないばかりか、マクロ経済的な好不調とは別次元で発生する問題であること[17]を正しく把握していれば、マクロ経済政策とは別に、適切な所得分配政策の実施によってある程度は解決可能であっただろう。

以上のように、第一次大戦後の日本経済は、反動不況をはさみながらも、実体経済面では、趨勢的に高成長を実現しつつあったと評価してよいだろう。むしろ、その後の「日本資本主義の行き詰まり」論に基づく政策レジーム間競争と、その勝者となった政策レジームの転換が、日本経済を行き詰まらせることになったと考えられるのである。

3　濱口民政党の政治経済学

1　濱口民政党登場前史――党の構造改革に失敗した政友会

戦前の日本が大東亜戦争へと足を踏み入れるプロセスとして重要なのは、(一)大正中期から末期にかけての通貨・金融政策（大蔵省、日銀）運営の失敗が、当該期における経済変動を過度に増幅（バブル醸成とその崩壊）させ、(二)その結果、「日本経済の構造自体が行き詰まってしまった」という誤った現状認識が流布し、(三)「財界整理」という「清算主義」的な政策が世論の圧倒的支持を得、(四)世論の最大公約数的な政策を志向する政党政治の下、政策担当者がリフレーション政策の重要性を認識せず、経済破壊をもたらす誤った経済政策を採ってしまった、という点にあると考える。このうち、(一)に関しては、通貨システム選択と金融政策運営の問題であり、第三部の課題となる。(二)については前節で既に言及した。そこで、ここでは、(三)から(四)のプロセスへと発展していった背景についての考察を行う。

金解禁を断行し、日本を昭和恐慌へ陥れたのは、民政党濱口雄幸内閣であったが、この濱口民政党が、金解禁という「破壊的」な政策を選択するまでには、いくつかの経緯がある。

元来、日本の政党政治が政友会と民政党という「二大政党」制の下で、互いに相対立する政策思想を掲げて政権を争い始めたのは、「護憲三派連合」を結成して貴族院出身の清浦奎吾内閣を倒閣した後である。総選挙で勝利した民政党（当時、憲政会）は、加藤高明を首班とする護憲三派連合内閣を組閣するが、閣僚編成は、事前の約束とは全く異なり、主要閣僚は、民政党出身者が占め、護憲三派連合とは名ばかりのラインアップであったことから、その後、政友会と民政党の政治的対立は激化していった。政友会は、田中義一陸軍大将を首班とし、満蒙権益の確保等の対外強硬路線で、対外的な領土拡大による日本経済の拡大成果をアピールする方策に打って出るようになったのに対し、民政党は、いわゆる「幣原外交」を基調とする対米英協調体制と、東アジア共同管理・開発による貿易振興、緊縮財政による財政健全化という政友会とは正反対の政策を志向するようになった。また、政友会は、高橋是清内閣以降、抑制してきた積極財政による地方への利益誘導路線を再開する一方、民政党は、緊縮財政ながら都市基盤の開発に傾斜した財政の有効な傾斜配分路線をとり、財政政策に関しても対照的な政策スタンスを採り始めた。

ここで、政党政治期における経済政策の歴史を簡単に振り返っておこう。政党政治において、経済政策が強く意識されるのは、通貨・金融政策の転換によってバブルが崩壊し、原敬が暗殺されて後、高橋是清が政友会の総裁、総理大臣になって以降である。それまでの政友会政権は、「地方名望家」といわれる地方の富裕層への直接的な利益提供、より具体的にいえば、地方への鉄道敷設等のインフラ整備と教育支出の拡大を意図した積極財政を採用する傾向があった。このような地方への利益提供と共に、原内閣は、選挙法を改正し、多数党に有利な小選挙区制の導入と有権者拡大のための納税最低限度額の引き下げ（一〇円から三円へ）を行い、総選挙に圧勝、政友会の長期政権の足場を作った。外交政策については、当時、世界で急速に台頭しつつあったアメリカとの協調を進めるという「新機軸」を打ち出す一方、満蒙権益の確保も同時に政策目標として掲げるなど、「八方美人」的なスタンスであった。

原首相の暗殺後、後任の首相となった高橋是清以降の政権は、景気悪化による税収減で、積極財政が採りにくくなっていた。高橋是清政権、そして続く加藤友三郎政権では、政友会は、財政政策が政策の制約条件となる中、米騒動など、新たな社会運動の展開もあり（また、近い将来、普通選挙が実施される可能性が高いとの見通しから）、これまでの地方名望家を主な支持基盤とした政策から、下層農民をも広く含んだ広範囲の地方層を取り込むべく、地租委譲といった減税政策を志向するようになった。そして、これは限られた財政拡大余地の中、必然的に軍備支出縮小路線への転換を意味することとなった。そのため、高橋是清政権以降、田中義一による積極路線への変更まで、政友会は対中国強硬論が影を潜め、日中経済提携構想が政策思想の中心となっていくのであった。[18]

このような高橋是清、及び当時、政友会の幹事長であった横田千之助の政策が破綻したのは、中国における日貨排斥運動や、在華紡問題[19]、及び、アメリカ、イギリスの積極的な中国進出といった中国を巡る世界環境の激変であった。このような環境の変化によって、高橋―横田構想は頓挫し、代わって、軍部代表である田中義一らの派閥が勢力を持つことになった。一方、民政党は、完全に政友会のアンチテーゼとなって、政権奪取を達成することを政策のプライオリティに掲げることになり、政友会の失政に対して、「国体擁護」をスローガンとして激しく責任を追及した。また、田中義一内閣は、張作霖爆殺事件の不始末と世論の反発を買って総辞職となり、民政党濱口政権が発足することになる。

2　民政党はなぜ、金解禁を経済政策の優先課題にしたのか？

『男子の本懐』（城山三郎）では、金解禁を断行した濱口雄幸と井上準之助は、国家のために、自らの政治・経済哲学を貫き殉職した「気骨の人」として英雄視して描かれている。前述のように、長期間にわたって政権政党としての役割を担ってきた政友会が、日本が「行き詰まり」の様相を呈した大正デモクラシー期の多くの期間、政権の中枢に位置し、しかも、その政策運営が、公共事業誘致による地方利益誘導型という、まさに「ポリティックス」を駆使した政党であったことから、その対抗馬としての民政党が、どうしても美化されがちになるという側面は否定できないだろう。

しかし、近代日本が結局、戦争への途を歩み、惨めな敗戦で終わるまでの過程を考えた時、濱口民政党による金解禁の断行と昭和恐慌こそが、決定的な分水嶺になったと考えられるのである。そして、そのきっかけを作ったのは、濱口民政党に他ならない。その意味では、濱口民政党が、なぜ、このような破壊的な力を持った金解禁を経済政策の最優先事項として選択したかを考える必要があると思われる。

そこで、筆者が重要だと考えるのは、むしろ、民政党の「ポリティカル」な側面である。そして、それが端的に表れているのが、実質的な二大政党制下で、長い間政権を担当できなかった「負け組」憲政会（民政党の前身）が、護憲三派連合における加藤高明内閣で多数党をとったことにきっかけに「政治ゲーム」を志向し始めたという点である。これは、例えば、閣僚の配分で、政友会との合意を「裏切った」ことや、また、政権奪取後、政友会による過去の疑獄事件の徹底追及を行い、政友会議員に多数の逮捕者が出たこと等、これまで特に明確にされてこなかった反政友会路線を鮮明にした政策措置を行ったことにも表れている。また、「五指にも余る」蔵相候補から、敢えて、当時まだ非政党員、かつ、どちらかといえば政友会寄りであるとみられていた井上準之助を蔵相に任命したことは、蔵相就任以前は、金本位制導入に反対の姿勢をとりながら、蔵相という重要閣僚のポスト就任の瞬間から金解禁賛成に回った井上の政治的な野心と共に、政友会の気勢をそぐという意味で、民政党の「ポリティカル」な一面を十分に表わしていると考える。

もっとも、これには政友会サイドの政策転換があったことも事実である。例えば、原敬暗殺後、首相に就任した高橋是清や、党幹事長であった横田千之助らは、政友会の、放漫財政による地方利権誘導政党というポジションからの脱却を目指し、中国との経済提携を推し進めることによって軍事支出を削減し、実質的な減税（地租の地方税への委譲）を伴う財政再建を実現させることによって下層階級を中心とした新たな政権基盤の確立に着手しつつあった。高橋是清政権崩壊後の政友会は、準与党として政権の一端を担うことになるが、財政緊縮への協力やワシントン軍縮条約締結に協力するなど、原敬時代の地方利益誘導・積極財政主義というイメージを払拭しつつあった。しかし、護憲三派連合で政権の主導権をとれなくなって以降は、対外強硬派路線を再び鮮明にすることによって軍部の支持を獲得しようと試みる一方、積極財政路線も復活させようと策していた。このように、政友会は、総選挙と護憲三派連合での主導権争での敗北によって、再び保守反動イメージの強い政党へと変質していった。その意味では、民政党が、政友会への対抗策としてワシントン体制の維持（幣原外交）、財政再建路線を遵守するのは特に奇異なことではないようにみえる。

しかし、民政党の「ポリティックス」をまざまざと感じさせるのは、当初、民政党が、労働組合法等に代表されるような社会政策を、重大政策優先事項の一つに組み込んでいながら、政友会が保守反動姿勢を強めて以降、その社会政策が政策の対立軸としての役割を果たさなくなったことをきっかけに、これを党の政策優先項目から除外してしまった点である。これは、単に、社会的弱者の救済は選挙での争点にはならなかったためである。

このように、政友会と民政党の政策における対立軸が鮮明になってきた状況の下、民政党が金解禁を選択したのは、（一）政友会の提唱する積極的な財政政策と、デフレーションによる日本経済の縮小均衡をもたらす金解禁が、政策的にマッチしないことから、政友会が金解禁を回避していたこと、（二）民政党のスポンサーであった三菱財閥は、造船や軍需工業のための鉄や金属、鉱物など、主に輸入商社としての地位を確立させていたが、輸入商社にとっては、円高になった方が輸入コストの低下でその分、多くのマージンを得ることができるため、都合がよかったこと、が指摘できる。その一方、政友会のスポンサーであった三井財閥は、主に輸出業務を中心に事業を展開していたことから、金解禁による円高では、海外への輸出・海運事業が収益減となる可能性が高くなることから、金解禁には反対の立場であった。つまり、金解禁とは、民政党が反政友会的な立場を鮮明にするためのいわば政策的な道具の一つであったと考えられるのである。

このような、半ば意図的に作られた二大政党制の対立軸は、濱口民政党が政権の座から滑り落ち、代わって犬養毅の政友会が政権の座について以降もその影響力を保持した。それは、犬養政友会が、濱口民政党との対立軸を明確にしようとする余り、中国大陸への積極的な進出をその政策思想としていた陸軍首脳を政権に取り込んだことである。政友会は、もはや原敬、高橋是清、加藤友三郎路線における「小日本主義」的政策思想を既に完全に捨てていた。これが、高橋財政のレジーム間競争における完全な勝利を妨げる桎梏となった。

3 「濱口民政党」の残した禍根

以上の理由から、濱口民政党は「金解禁断行」を選択した。井上らにとって、金解禁断行は、日本経済にとって、極めて大きなマイナス要因になるということはもはや規定路線であった。しかし、再建金本位制への参加は先進国クラブの一員としての必須条件になっていたことも、もはや否定のしようがなかった。その意味では日本が再建金本位制へ参加することは、政策担当者にとっては悲願であったと考えられる。しかし、金解禁が具体性を帯びてくるに従って、それは、先進国の仲間入りという国家の「目的」ではなく、中小企業等の整理・淘汰を実行するための「手段」となっていく。そもそも、金解禁によって再建金本位制採用国の仲間入りを果たすことが、濱口民政党の目的であり、それを実現するために、不採算企業等の淘汰等の産業合理化政策を進める必要があったはずであったが、いつの間にか、金解禁が、産業合理化を実現するための方策として「本末転倒」的に位置づけられるようになっていたのである。

当初の金解禁と、各種国内経済改革との関係は、金本位制下で円滑な資金決済が可能になるためには、ある程度の財政赤字削減と大戦バブルで上昇した物価水準の訂正が必要とされる、という点であった。だからこそ、積極財政派であったはずの政友会も、大戦バブル崩壊後は財政再建路線をとり、それゆえ、軍事費削減のため、あえてワシントン体制に同調したのであった。しかし、政権政党として政策実績をアピールしたい民政党は、金解禁を早期に断行するために、この論理を逆転させた。すなわち、旧平価という円高水準での金本位制復帰によって、国内にデフレ圧力を負荷させ、これを梃子に体力の弱った弱小企業を淘汰し、日本経済を熾烈な国際競争に耐えうる体質に強化しようという論理に転換したのである。旧平価での金解禁の場合、日米の卸売物価指数を元に算出した購買力平価と比較して約二〇％程度の円高水準での為替レート固定であったが、井上らは、この二〇％の円高の与えるインパクトを軽視していた。むしろ、二〇％程度の円高で倒産する企業は、これからの熾烈な国際競争には勝てないとして、国内で先に淘汰し、国内産業を無駄のない体質に改善しようと考えたのである。

この急激な円高は、中小企業を中心として倒産を頻発させ、日本を昭和恐慌に落としていった。さらに、当時の産業構造を考えると、生糸を中心とした市況性の高い商品の輸出が特に米国向けに高い国際競争力を有していた。しかし、このような輸出品は、価格設定が競争力に大きな影響を与える。折からの世界的な農作物供給の増加により、国際商品市況が下落している中、二〇%近い円高が突然、降りかかったことから、生糸生産の農村も大打撃をこうむった。しかし、当時の民政党は、以前の社会政策重視の民政党とは異なり、これらの「社会的弱者」の救済には冷淡・消極的であった。当時の軍部には、下級将校らを中心に、農村出身者が多く仕えていた。この下層階級へのしわ寄せと生活の困窮が、後の軍部台頭と政党政治消滅のきっかけになったという意味で、濱口民政党の金解禁政策は将来に重大な禍根を残すことになった。

もう一つの禍根は、金解禁断行を国民に説得するために、「精神論・道徳論」的説得のレトリックを用い、反対論を警察権力によって封殺したことである。例えば、濱口首相は、ラジオ演説で、「公私経済緊縮運動」の必要性を訴えかけたが、この時に、「挙国一致緊張したる精神」をくり返し要請し、国民のナショナリズムに直接訴える直情的な方法を用いた。

いささか規範的になるが、政策当局が、新たな経済政策を実施する際に必要なことは、この政策に払う利益と費用を国民にわかりやすく伝え、多少のタイムラグがあるとしても、最終的には政策変更の利益が費用を上回るという明確なビジョン、及び将来にわたる政策効果のタイムテーブルを提示し、その政策に対するコミットメントを明確にして信認を得ることであろう。残念ながら、濱口民政党は、金解禁断行を、このような形で論理的に「説得」するのではなく、国民の道徳的な感情や精神に直接訴えようとした（これには当時のメディアも関連している）[20]。また、高橋亀吉の回想録にあるように、金解禁への反対論については、警察という国家権力を用いて弾圧する動きも見せた。これは、大東亜戦争直前のいわゆる「軍国主義国家」前期においてもまだなされていないことであった[21]。坂野［2004］によれば、後の「国家総動員体制」の採用時には、様々な反対意見がメディア等を通じて活発に出されたが、言論弾圧は濱口民政党ほど厳しくはなかったとされている。しかし、濱口民政党の金解禁では、金解禁に反対するのは極めて限られた知識人だけであった。このような過度な「精神主義」の風潮は、国民の代表たる政党政治自体の否定につながるという「自己矛盾」をはらんだものであり、後の国民精神総動員体制につながっていく。

さらにもう一つの禍根は、この民政党による一連の金解禁キャンペーンが、政党政治そのものの存続という本質を無視した、矮小な「政党間抗争」勃発のきっかけになったという点である。これは、「政党政治の存続」という意味では、全く逆効果の効果しか有さなかった。「金解禁」実施自体が、「政友会の『党利党略』に基づく『放漫財政』に対する『国家的見地からの根本的な経済立ち直し策』である」（濱口雄幸「金解禁に処する基礎的用件」）ものとして、「政友会の失政を糾す」というスタンスを明確に打ち出していたが、「政友会内閣不信任の六大理由」というキャンペーン[22]においても、腐敗の温床である政友会内閣を壊滅する民政党という「勧善懲悪」的な路線を加味することで、一般大衆の熱狂的な支持を得ることとなった。例えば、政友会は、「公職を擁して私恩を売る其の人事行政」や「普選の神聖を冒涜したる府県会選挙」、「国民を犠牲とするも憚らぬ傍若無人の党勢拡張」という「悪政」を例示して、当時、国民の間で高まっていた既存政党に対する批判の矛先を政友会に向けようとしていた。

確かに、「二大政党制」の下、両政党が互いに政策論争の場において対立軸を鮮明にして政権を争うのは、健全な姿であろう。しかし、それが「政策論争」ではなく、単なる罵倒の応酬である場合には政党政治全体の信頼性の喪失につながる。その後まもなく、両政党は、政党政治存続の危機という共通の敵に対して、政策間の対立軸を越えて協調すべき状況を迎えた。一九三一年九月十九日に勃発した満州事変である。満州事変については、民政党若槻礼次郎内閣の監督外の出来事であり、関東軍の独断専行であった。このような状況の中、民政党の安達謙蔵幹事長は、政友会との協調内閣の組閣によって、満州での戦争拡大阻止に向けて挙党一致体制で臨むべく政界工作を行った。また、これに関しては、陸軍首脳も賛成の方向であった。なぜならば、当時の陸軍の対満州政策は、「漸進的な問題解決」であり、米英等の欧州先進資本主義国に理解を求めつつ、中国での排日運動を抑えながら、平和裡に満州支配を進めていく政策スタンスだったからである。そしてこの政界工作では、両党の連立政権が樹立した場合には、民政党内閣において、対満州政策穏健派であった南次郎陸相の留任をも計画されていた。しかし、結局、この連立構想は失敗に終わった。これは、井上準之助蔵相の引き締め的な財政政策スタンスの継続を巡って、両党の政策構想に折り合いがつかなかったためであった。このため、民政党と政友会の満州事変拡大阻止のための連立内閣構想は失敗に終わった。

そして、その後、田中義一失脚後の政友会は、森恪《つとむ》幹事長のイニシアティブで、政党政治全体にとってはまさに「抵抗勢力」であった右翼勢力や軍部、枢密院、貴族院と接近していくことになった。政友会は、打倒民政党政権のために、ロンドン軍縮会議で、「統帥権干犯」問題を厳しく追及し、民政党内閣を倒閣、政友会内閣の成立を実現させた。例えば、政友会の鳩山一郎は、濱口首相の施政方針演説における「国防の安全は十分に保障せられている」との発言に対し、用兵の責任にあたっている軍令部長が「其の兵力ではどんなことをしても国防はできない」と発言したことを問題視し、「軍事関連の統制に関する天皇の輔弼は、内閣ではなく軍部にある」との発言を行っている。これに先立ち、同様の内容(といっても軍部関係者の発言と矛盾するのではないかという指摘に過ぎなかったが)で犬養毅も濱口首相に対する質問を行っていた。これらの事実を考え合せると、両者とも政党政治存亡の危機を憂慮したものとは程遠い、民政党内閣の倒閣を意図した視野の狭い発言であったそしりはまぬがれない。しかし、鳩山一郎の発言は、軍事支出という財政政策全体に影響を及ぼしかねない事項に対する内閣、ひいては政党の関与を否定する発言であった。これは、政友会が政権奪取という極めて近視眼的な目的から、安易に軍部の支持を得ようとした政策の一環であったといえる。これは軍部の政治関与を強めるきっかけとなった(23)。

そして、一九三一年十月に実施された総選挙の大敗は、関東軍の満州での暴走に強く反対する陸軍の穏健派との結びつきが強くなりつつあった民政党に大打撃を与えると共に、陸軍穏健派の勢力そのものの後退をも意味していた。そして、この一連の出来事によって、満州での関東軍の勢力は強大なものとなった。

以上のように、政党政治崩壊のきっかけは、濱口民政党の時代にかなりの程度醸成されていたと考えられるのである。

注

(1) Maddison [2000] 掲載の成長率の推計データに基づく。

(2) 政党政治の登場と共に民政党が登場した訳ではなく、民政党は幾つかの政党が合従連携して設立されたものであるが、ここでは、その「代表格」としてとりあげた。

(3) 石橋湛山ら東洋経済新報社の所属していた記者グループをここでは「リベラリスト」と呼ぶことにするが、その一方で、哲学・思想・イデオロギーに惑わされずに、現実の経済分析に基づいて政策提言をした彼らを「リアルエコノミスト」を呼ぶ論者もいる。武田徹 [2005] 一九一頁を参照のこと。

(4) 後述のように、このレジームを実際に政策として実行したのは、政権を担当した犬養政友会・岡田内閣であった。彼らは、経済政策的には、「小日本主義レジーム」とほぼ同一のリフレーション政策を推進したものの、外交政策的には小日本主義を採用しなかった。そのため、実行された政策レジームは「〝擬似〟小日本主義レジーム」というべきものであった。

(5) いわゆる「幣原外交」では、中国の主権を認める方向性を有していたといわれているが、その場合、これは、「小日本主義」と立場が同一となってしまう。しかし、石橋ら「小日本レジーム」を主張する論者からは、「幣原外交」を賛美する声は聞こえてこない。その意味では、「幣原外交」と「小日本主義」は似て非なるものであったと考えられる。

(6) もちろん、欧米列強諸国にとっても巨額の軍事支出による財政赤字問題は深刻であった。

（7）為替レート変動はなるべく市場メカニズムに任せた方がよいという経済思想ながら、現実的には過度の変動の実体経済への悪影響を考慮して「新平価」での金本位制復帰を提唱していたと考えるならば、通貨システムパラメーターβの値が、政策目標としてはより小さくなっていたという可能性はある。
（8）当時の圧倒的多数のエコノミストらの経済時評は情緒的であり、現代的な経済分析手法を元に評価を下すことは到底出来ない代物であったが、唯一の例外は、高橋亀吉による経済評論であった。そこで、本書では、高橋亀吉の論説を頻繁に引用する。
（9）この「新日本同盟」は、民政党の濱口雄幸を支持し、しかも、濱口も「新日本同盟」に対して有形無形の援助を行ったとされていることから、「新日本同盟」の存在は濱口の政策思想を考える際に、無視できないものであると考えられる。
（10）青木昌彦［1995］や青木昌彦・奥野正寛［1996］による「比較制度分析」の考えを援用すると、これは制度的補完性を有しているということであり、ある一つの要素を他に置き換えようとしても、それはうまく機能せず、結局、変えようとした元の要素が制度として残ってしまうということになるだろう。
（11）この傾向は地方名望家の利権擁護を代弁するといわれていた政友会においてもみられた。
（12）経済の発展段階の初期は、その出発時点の経済規模があまりにも低いため、経済成長率は高くなる。例えば、現在の中国経済の成長率とヨーロッパ経済の成長率を比較してみればよく理解できるだろう。
（13）ただし、これらの電力事業、都市化の資金が外債によって調達され、その引受先が、イギリスや米国の財閥であった点については注意が必要である。
（14）例えば、一九二六年十月には、東京英貨市債（表面金利五・五％）六〇〇万ポンド、同年十二月には横浜米貨復興市債（表面利率六％）が一九七四万ドル、一九二七年三月には、東京米貨市債（表面利率五・五％）が二〇六四万ドル、それぞれJ・P・モルガン、クーンロエブ、ナショナルトラストシティ、ニューヨークファーストナショナル銀行の引受で起債された。
（15）安達誠司［2005］第四章を参照のこと。
（16）代表的な引受先は、米国のJ・P・モルガン商会が挙げられる。伊藤正直［1989］を参照のこと。
（17）この類のモラルハザードの問題は、マクロ経済とは関係なく絶えず発生するミクロ問題であり、ミクロ問題であるがゆえにミクロ的な政策によって対処するしかない。しかも、これはマクロ経済政策とは全く独立して実施されるべきものである。

(18) その意味では、当時の政友会は、地方利益誘導型政党から「小日本主義」を標榜するリベラルな政党への脱皮を実現しつつあったといえるのかもしれない。

(19) 在華紡問題とは、中国の安価な労働力を背景に廉価の紡績品を日本に逆輸入しようとした日本企業に対し、コスト上不利な立場におかれた国内の紡績業者が、これを政治問題化したものであるが、この問題においても、国際分業の進展と個別企業の生産拠点の最適立地という、本来生産性上昇のための施策が、「売国」的行為としてヒステリックに批判された側面が強い。

(20) 濱口首相によるラジオ演説やレコード販売、井上準之助蔵相によるパンフレット作成などがその好例であろう。

(21) むしろ、このような抑圧的な政策が政党主導で実施されたことは、後の軍部主導による言論弾圧に格好の正当性を与えることになった。

(22) 一九二八年一月二十一日の濱口雄幸による演説(後に、『強く正しく明るき政治』というタイトルで一九三〇年春秋社より刊行)が代表的である。

(23) この詳しい経緯については、松本健一[1998]を参照のこと。

第四章　「小日本主義レジーム」によるデフレ脱出過程とその「擬似性」

1　レジーム転換の成功と閉塞感の継続

本章では、「大東亜共栄圏レジーム」が、最終的に「政策レジーム間競争」に勝利するまでの過程を描く。「大東亜共栄圏レジーム」採用後の日本経済は、米国を中心とする欧米主要国による経済封鎖で壊滅的な打撃を受け、その後、対米戦争準備のための戦時体制へと突き進んでいくことになる。

犬養政友会によって実施された「小日本主義レジーム」は、外交政策的にはアジア主義的な色彩が強かったことから、本来の小日本主義的政策思想には程遠く、小日本主義としては「擬似」的要素が強かったが、経済政策的には正しい処方箋であった。「小日本主義レジーム」によって、現に昭和恐慌を見事に克服したにも拘わらず、その後に「大東亜共栄圏レジーム」へのレジーム転換過程が起こったこと、つまり正しいはずの政策レジームが、なぜ、途中で挫折しなければならなかったのかという点で、「小日本主義レジーム」挫折の過程は、歴史における一つのパズルを提示している。

昭和恐慌脱出後の日本経済（一九三三年以降）は、「ワシントン・レジーム」から「小日本主義レジーム」への転換によって、デフレーションを見事に克服した上に、新興産業の勃興による高成長を実現した。この点から、犬養・高橋によるマクロ経済政策は成功したといえる。このようなマクロ経済政策の成功は、一般的には日本国民全体の生活水準を引き上げたと考えられることから、この政策レジームは、一般大衆の幅広い支持を通じて、「小日本主義レジーム」を「政策レジーム間競争」の最終的な勝利者へと導くはずであった。しかし、現実は、戦時体制を意味する「大東亜共栄圏レジーム」が「小日本主義レジーム」を凌駕し、「政策レジーム間競争」の最終勝利者となった。本章の中心課題は、「大東亜共栄圏レジーム」による「小日本主義レジーム」駆逐の原因が、犬養・高橋によって採られた「小日本主義レジーム」に何らかの問題点があったためなのか（特に一般大衆に対して）、それとも、単に、当時の日本国民が「衆愚」に過ぎず、軍部等の「大東亜共栄圏レジーム」支持者によるプロパガンダに騙されてしまった結果なのか、について考察することである。

前章で触れたように、濱口民政党内閣によって断行された金解禁は、「旧平価」による金本位制復帰によって、意図的にデフレーションを発生させることで、日本経済の構造改革を実現し、当時、蔓延していた行き詰まり感を払拭させようとした政策であったが、これは、濱口内閣が想定していた以上にマイナスの効果が大きく、結果的に、日本経済に昭和恐慌という壊滅的な打撃を与えることになった。しかし、民政党内閣の後を継いだ犬養毅を首相・総裁とする政友会内閣は、首相経験者であり、かつ、一九二七年の昭和金融恐慌時に蔵相を務め、昭和金融恐慌を解決した高橋是清を蔵相に据えることによって、極めて短期間のうちにデフレーションからの脱出を果たした。政友会内閣は、民政党内閣の採用したデフレーション政策を、大胆かつ迅速に、リフレーション政策へと転換させたが、この政策転換こそが、日本を他の先進資本主義国に先駆けて世界大恐慌から脱出させることに成功した最大の要因であった。[1]この犬養・高橋の採ったリフレーション政策における政策パッケージ（いわゆる高橋財政）は、デフレーション克服の政策メニューとして、理論的にも正しかったことが、現代のマクロ経済学でも証明されている。[2]これを実際のマクロ経済指標から確認すると、（一）昭和恐慌末期におけるデフレーション解消プロセスでは、約半年〜九ヶ月という極めて短期間で、インフレ率はマイナス圏内からプラス圏内へ上昇したこと（図4―1）、（二）しかも、その後、一九三六年に二・二六事件で高橋是清蔵相らが暗殺され、その後の馬場財政によって財政規律が崩壊するまでは、インフレ率二・五％程度、鉱工業生産の伸

図4—1　昭和恐慌前後のインフレ率と株価の推移

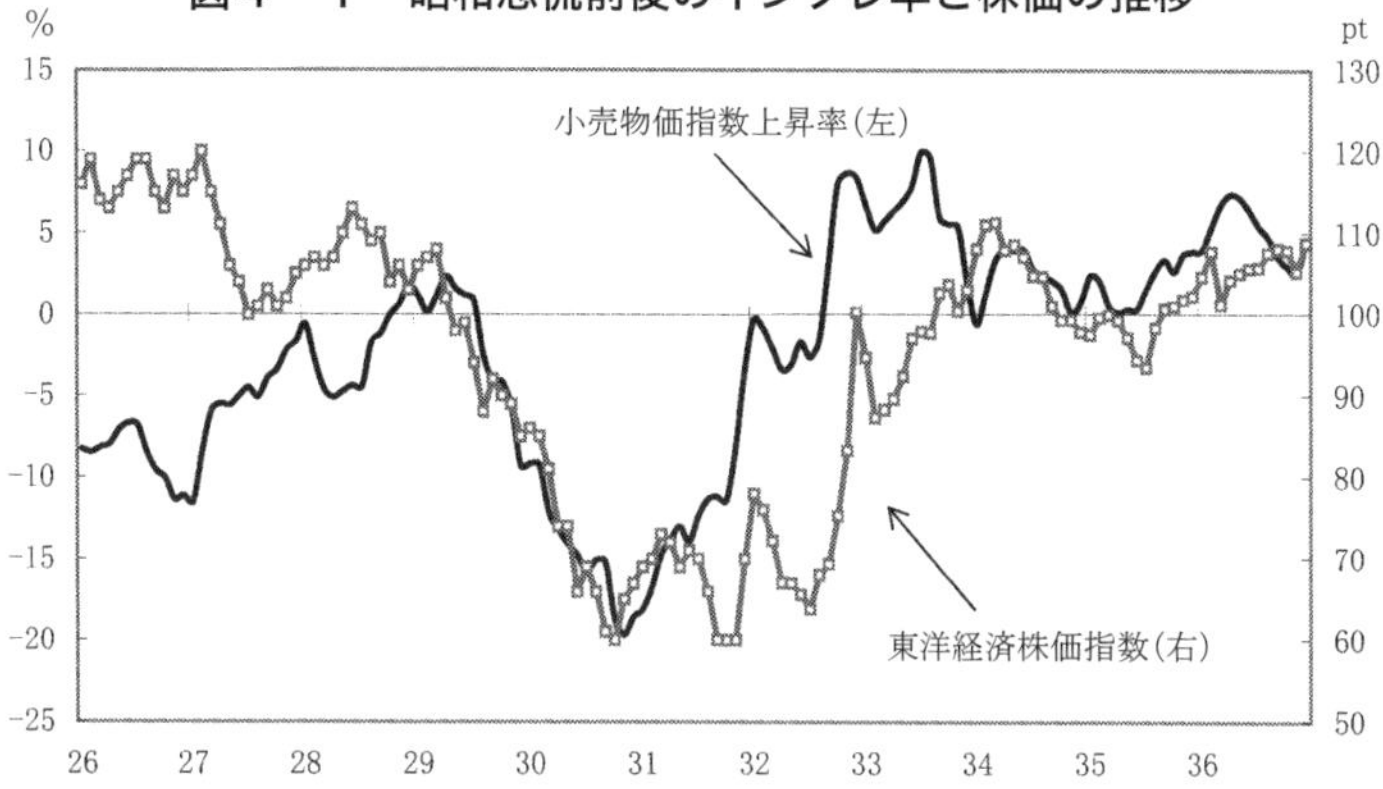

出所:『日本統計年報』『金融事項参考書』より筆者作成

図4—2　昭和恐慌前後の平均的な成長率の推移

出所:『長期経済統計Ｉ』より筆者作成

図4—3　新興企業の勃興～新設企業と増資～

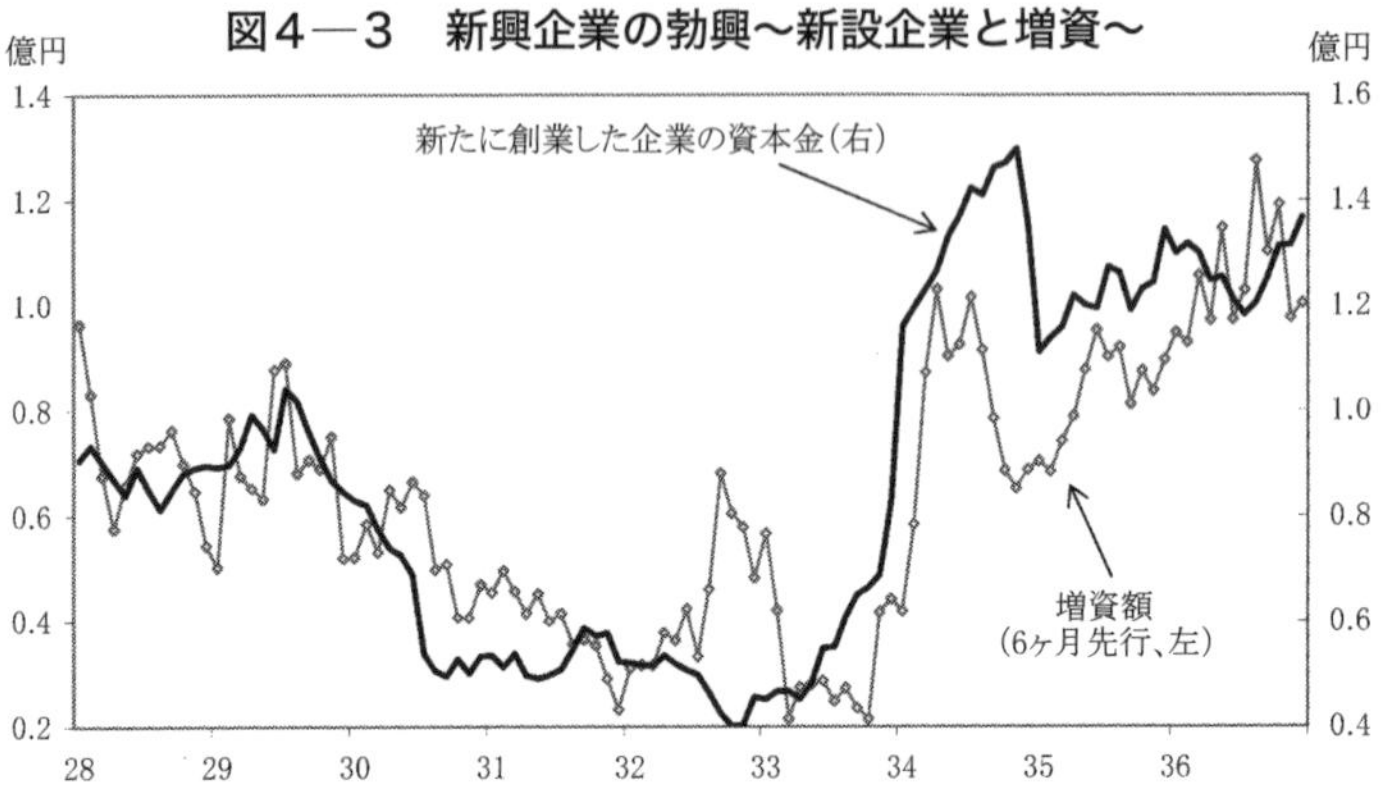

出所：『金融事項参考書』各号より筆者作成

び率一五・五％程度の「低インフレ・高成長」という理想的な成長経路が維持されていたことが指摘できる（**図4—2**）。これらの点を考慮すると、高橋財政は、稀にみる経済政策の成功例だったと評価できよう。さらにいえば、昭和恐慌によるデフレーションの終了後は、濱口民政党内閣の下で、なかなか実現しなかった新興企業の設立ブームやエクイティファイナンス（借金・負債ではなく株式の発行等を通じた自己資本の充実をはかる資金調達手段）の回復等も起こり（**図4—3**）、結果として、大正バブル崩壊以降の政策当局者の課題であった構造改革が進んだことも重要な点であった。[3] マクロ経済的にみる限り、昭和恐慌克服後の高橋財政下の日本経済は、昭和恐慌の克服と同時に、大正期に高橋亀吉らが指摘した「資本主義の行き詰まり」をも克服しつつあったと考えられる。

　しかし、その一方で、昭和恐慌脱出後の社会的風潮や庶民（特に地方）の景況感をみると、経済指標面での大正バブル崩壊後と同様、「資本主義の末期」、もしくは「日本経済の行き詰まり」という「非常時」が続いているという認識には大きな変化はなく、[4]依然として、人々はこの「行き詰まり」局面を打開するための「一発逆転」の大変革を渇望していた。そして、その「一発逆転」の政策転換こそが、関東軍による「電光石火」の満州事変とそれ以降の対満州・支那への積極的な進出であった。このような中国への積極的な進出を支持する考え方は、将来的にアジア諸国を日本を盟主とした一大経済圏にしようとする「大東亜共栄圏」構想をベースにしていた。そして、この考え方は、アジアの盟主となるべき日本自身の経済構造をより強固なものにする必要性から、革新的な思想を持つ官僚による、厳格かつ、精緻な「経済統制」を実施する必要があるという考え方へと発展し、これが政策当局者の間に次第に浸透していったのである。

一般的に経済史の世界では、「統制経済体制」とは、二・二六事件によって、高橋是清が暗殺された後、馬場財政が始まる一九三七年から、一九四一年七月の米国による対日資産凍結までの約五年間を指すことが多い。それは、一九四一年七月以降は、対米戦争準備を含めた完全な戦時体制となってしまい、(現代経済への教訓という意味では)経済史のインプリケーションがなくなってしまうと考えられるためである。[5]そこで、本書では、統制経済がもたらした経済パフォーマンスについて、経済史の一般的な認識である一九三七年から一九四一年までの期間を考察の対象とする。

この「統制経済体制」は、当初、満蒙問題の最終的な解決策としての対ソ連戦を意識して、この戦争に勝利するための経済体制を如何に構築すべきか、ということがその目的であった。[6] しかし、その後は、その思想的背景がさらに拡大して、「東洋対西洋」という幕末期以来の思想的対立の最終到達点としての対米（もしくは同盟国としての対英）戦を意識するものとなった。[7] しかし、この「統制経済」構想の歴史は、昭和になって急に登場したものではなく、古くは第一次大戦後の「大正デモクラシー」の時代から陸軍を中心とした軍部によって、粛々と計画されてきた政策構想であった（これについては後述）。

とはいえ、日本経済の現実は、米国や英国といった欧米諸国向けの輸出が景気の行方を左右する重要な要因であり、この構造は従来の日本経済と何ら変わりがなかった。その意味では、対米英戦争は、そのまま日本経済の崩壊を意味しており、「統制経済体制」構想の実現には常に困難がつきまとっていた。また、日本は再建金本位制に加盟していた先進資本主義国の中で最も早く恐慌からの脱出に成功した国であったが、金本位制離脱による円安が輸出を急速に拡大させたことから、この恐慌からの脱出には輸出拡大が大きく寄与したというのが、その当時のデフレーション克服についての一般的な認識であった（実は、必ずしも円安がデフレーション克服の最大の理由ではなかった）。しかし、このことは、当時の日本の輸出相手国であるインドやインドネシア、オーストラリア、カナダ等のいわゆる英連邦諸国にとっては、自国の貿易シェアを日本に奪われてしまうことを意味しており、その結果、これらの国と日本の間で、深刻な通商摩擦が起こった。いわゆる「ダンピング論」である。加藤陽子［1993］によれば、「ダンピング論」には、以下の三つの類型がある。（一）為替ダンピング、（二）ソシアルダンピング、（三）政府による輸出奨励金、である。（一）の為替ダンピングとは、「政策」という人為的操作によって意図的に円安を誘導することで、価格競争を有利に導くことである。（二）のソシアルダンピングとは、製品の製造従事者の賃金を不当に安く抑えることによって生産費を削減、維持し、価格競争を有利に導くことである。（三）政府による輸出奨励金とは、輸出企業について、奨励金（補助金）を与えることで、その分、ディスカウントして海外で製品を販売することが出来るようにすることを意味する。当時の、日本に対する諸外国によるダンピング批判は、この三つの類型をすべて含んでいるものであった。

英連邦諸国は、このような日本のダンピングに対抗するために、ポンドを決済通貨とする「スターリング・ブロック」を形成し、日本からの綿製品に対して、差別的な関税や輸入制限等を行い、日本製品を排除した[8]。これによって、日本製品は、当時、実質的にはポンド決済圏であった東南アジア地域の貿易から締め出されることになった。

この流れは、日本経済の対米依存度をさらに高めることになった。それは、（一）「スターリング・ブロック」形成によって、対外貿易の決済通貨としてポンドを使用できなくなったことから、代替的な決済通貨として、もう一つの基軸通貨であったドルの使用頻度が高まり、日本の対外貿易における決済通貨としてのドルの地位の向上がみられたこと（それに伴って準備通貨としてのドル需要が高まったこと）、（二）「スターリング・ブロック」に対する貿易量の減少によって、その分、貿易における対米依存度が高まり、対米関係の改善が日本経済にとっての「生命線」となったこと、を意味していた。このようなイギリスを中心とした経済ブロック構築の動きに対し、日本も対米依存度を高めるのではなく、代わりに「スターリング・ブロック」同様、自給自足的な経済ブロックを構築すべきとの経済構想が、本格的に検討されるに至った。そして、東南アジア地域をも含む「大東亜共栄圏」がその範囲となった。

一方、当時の米国も、英連邦諸国同様に、日本による綿製品輸出の急増に対しては強い警戒感を抱いていた。また、さらには、当時の米国は、満州をはじめとする東アジア地域への積極的な進出を考えていたことから、満州事変や日中戦争等の戦争拡大に走る日本に対して何らかの制裁措置を発動することを検討していた。対米依存度が著しく高かった当時の日本にとっては、米国による経済制裁は、日本経済が壊滅的な打撃を受けることを意味するものであった。しかし、親米的な外交スタイルをとった阿部信行首相が退陣し、第二次近衛文麿内閣が成立して以降は、日本は本格的に「大東亜共栄圏」設立に向けて政策の舵をきり始め、日中戦争の拡大から、南進政策へと、東アジア侵略政策をエスカレートさせていった。この動きに対抗して、米国は石油やくず鉄の一部禁輸措置に続き、最終的には日本が保有する対外資産の凍結を実施し、日本を世界経済から締め出した。これによって、日本は生き残りをかけて、軍事力を背景としてアジア地域での領土拡大（＝「大東亜共栄圏」の構築）を本格的に推進せざるを得なくなり、「国家総動員体制」下での対米戦争を模索するようになった。

2　犬養・高橋の「小日本主義レジーム」の擬似性

ここでは、犬養・高橋の政策レジームが、なぜ、擬似的な「小日本主義レジーム」に過ぎなかったのかを考察する。犬養・高橋の「小日本主義レジーム」がデフレーションの克服に成功しながらも、「大東亜共栄圏レジーム」に取って代わられた原因は、その「擬似性」にあったと考えられる。本来的な意味での正統な「小日本主義レジーム」は石橋湛山らによって提唱された政策レジームである。ここでは、やや詳しく、「小日本主義」登場の背景について言及する。

石橋湛山らによって提唱された「小日本主義」は元来、自由民権派である植木枝盛や中江兆民らによる「万国公法」的な民主主義思想から生まれたものである。例えば、植木枝盛の「万国共議政府」は、他国の干渉主義を排した「自主自由を主とする」共議政府を創設し、その上で「無上憲法」を制定することによって、各国が共議政府の下で外患の憂いなく自由な活動ができるように世界が構築されるという「ユートピア」を描いたものであった。その後、植木の「万国共議政府」構想は、『二十世紀之怪物帝国主義』を著した幸徳秋水や「非戦論の原理」や『デンマルク国の話』を著した内村鑑三らに継承され、そして、東洋経済新報社の三浦銕太郎による「小日本主義」思想へと発展することになる。三浦は、「大日本主義の跋扈」において、「小英国主義」になぞらえ、商工業の発展を優先させることで、内治の改善、国利民福の改善をはかるべきことを提唱した。「小英国主義」とは、元来、アダム・スミスやジョン＝スチュアート・ミルの経済思想である自由放任主義経済と反帝国主義とを結びつけ、大不況下の英国における「本国の過剰人口のはけ口としての植民地の現実的な価値」[9]を否定し、英国の帝国主義的な対外膨張主義の問題点を指摘したものであったが、三浦の議論はこれを当時（大正初期）の日本に適用した。[10]三浦は「大日本主義乎小日本主義乎」で、「小日本主義」を、軍事力による領土拡張に反対し、内治改善と個人の自由と活動力の増進による国民福祉を向上させる主義のことであると定義づけた。そして、この三浦の「小日本主義」に深い影響を受けたのが、石橋湛山であった。

石橋は、「一切ヲ棄ツルノ覚悟」や「大日本主義の幻想」等の論説で、「新自由主義」の立場から、「大日本主義」に反対の立場を表明した。また、石橋湛山の小日本主義は、単なる外交論ではなく、（一）自由貿易による国際分業、（二）「人的資本」の蓄積を重視した国内経済発展政策（「人中心の産業革命論」）、という、革命や階級闘争といった「社会改造」を完全に排除した経済発展政策であった。そして、それは、当時の知識人のコンセンサスであった「日本資本主義の行き詰まり」論を真っ向から否定し、日本経済にはまだ、成長フロンティアが十分残されていることを説得的に述べたものでもあった。[11]そして、同時に、（三）農業発展政策の立案（「新農業政策の提唱」）を行い、農村の工業化、農業の集約化、農業の多角化と、流通手段の整備等を通じた農村の産業革命（「人工化」）を提唱することで、米価統制政策等の国家の過剰な農業保護に反対し、イノベーションの意欲を促進させることで農村の疲弊を解決しようとした。さらには、（四）地方分権制度（町村がその中核機関であるとの位置づけ）を積極的に推進し[12]、地租の再改正（土地増価税の創設による寄生地主層からの不労所得吸収）や国庫補助金の全廃による地方独自の財源確保と中央依存体質からの脱却によって、農村の自立を促し、日本経済が第二次産業革命を実現できれば、国内生産力の拡大が可能であるはずだという考えを持っていた[13]。

また、石橋の「小日本主義」について、特筆すべき点は、大日本主義の適用は、その運営コストと比較して、経済的利益が上がらないことを、満州進出の経済効果を例にとることで、経済学的に実証したという点にあった。例えば、「大日本主義の幻想」では、朝鮮、台湾、関東州の三植民地への輸出と米国、インド、英国向けの輸出を比較すると、前者の合計がわずか九億円強であるのに対し、後者の合計は二三億五千万円にも上り、後者三国のほうが経済的にははるかに重要であること、また、そもそも三植民地獲得の根拠である鉄、石炭、石油、綿花等の生産も期待したほどではないこと、人口問題についても、当時の内地の人口六千万人以上に対し、外地（台湾、朝鮮、樺太、関東州）の日本人居住者数は八〇万人にも満たないことから、これらの地域への積極的な進出が「過剰人口」問題を解決するとは到底考えられないことについても言及している。さらには、対中国との関係では、「機会均等主義」の下、中国市場を他の先進国に開放し、積極的に外資を導入させたほうが、日本の対中国向け輸出を拡大させ、かえって日本の利益になるという分析を行っている[14]。

このように、石橋湛山の提唱した「小日本主義」は、日本が植民地を一切放棄して、これを対外的に開放すれば、植民地経営のコストが軽減されると共に、逆に、開放したアジア諸国の経済発展によるメリットを享受できるという思想であり、アジアの一小国として(「満州を放棄し、朝鮮台湾に独立を許し、其他支那に樹立している幾多の経済的特権、武装的足懸り等を捨ててしまえ、そしてこれら弱小国と共に生きよ」[15])、自由貿易体制のメリットを最大限、享受すべきであるとの見解であった。

さて、犬養・高橋によって採用された政策レジームを振り返ると、経済政策に関しては、石橋らが提唱する「小日本主義レジーム」とほとんど同じであったと考えてよい。その意味では、昭和恐慌からの脱出プロセスのケーススタディをみた場合、この時期の歴史的な事実は、三つの経済政策レジームのうち、彼らの提唱した「小日本主義レジーム」の正しさが証明されたことを示唆している。

しかし、問題は、彼等の外交政策のレジームが、石橋らの本来の意味での「小日本主義レジーム」とは全く異なるものであったということだった。そして、政策レジームを、本書の基本コンセプト通りに、経済政策と外交政策の組み合わせで考えた場合、犬養・高橋の擬似的な「小日本主義レジーム」は経済政策と外交政策の「相性」が極めて悪く、これが後に、「大東亜共栄圏レジーム」に取って代わられることにつながる根本的な原因だったのではないかと思われる。

それでは、次に「〝擬似〟小日本主義レジーム」における外交政策と経済政策の組み合わせの「相性」の悪さについて考えてみよう。「小日本主義レジーム」と「〝擬似〟小日本主義レジーム」

の最大の相違点は、前者が、自由貿易体制下での通商立国を志向したのに対し、後者が、中国・満州への軍事的進出を意図した軍事行動を許容していた、すなわち、「大日本主義（大アジア主義）」を志向していたという点であったと思われる。確かに多くの戦死者を出した日露戦争以来、満州は、「二十億の国土と十万の英霊が眠る聖域」として、日本国民にとっては、単なる経済的合理性を超えた特別の思いがあった点は否定できない。そのため、政友会が「満蒙放棄論」を実行するということは、これまでの日本国民の犠牲を全て無駄にするという意味で、自らの政権基盤を危うくしてしまう可能性は十分にあったと考えられる。しかし、犬養・高橋レジームでの経済政策のメニューを思い出して見ると、犬養・高橋レジームは、日銀による国債引受（これによる財政支出のマネタイゼーション）と変動相場制の許容による円安放置というリフレーション政策を採ることによって、（一）円安転換を促し、輸出セクターの交易条件を改善させ、比較優位産業である輸出セクターの産業競争力の回復を実現する、（二）金融緩和によるデフレーション予想のインフレーション予想への反転によって、金融梗塞を解消させ、国内での新興企業ブームを促進させる、という二つのルートによって、通商立国としての産業基盤が次第に整備されていくことが期待される状況となった。そのような状況で、「貿易立国」という立場を保持しようとするならば、まずは、貿易相手国との友好的関係を構築すべきであろう。

しかし、当時の状況を考えると、一方で、円安転換によって、貿易振興をはかりながら、もう一方では、軍事力を背景に中国大陸を侵略するという「ダブルスタンダード」の政策レジームを続けることは不可能であったことは全くの自明である。このことは、例えば、（一）中国での激しい日貨排斥運動の高まりによって、日本の対中国輸出が大打撃を被ったこと、（二）時代は遡るが、「対華二十一ヶ条要求」による日本の中国での独占的利権獲得の動きをきっかけにして「黄禍論」[16]が世界各地で台頭し、特に米国では「排日移民法」が施行されるなど、日米関係が悪化していたこと等、を考えると明らかなことである。

さらには、元来、中国・満州への軍事的な進出は、国内経済の「構造的・慢性的」低迷を積極的な領土拡張によって打開するという経済政策的目的も有していたことを考え合わせると、リフレーション政策が功を奏している一方で、「行き詰まり」打開策としての対外進出を積極化させるという政策行動は、政策当局が、リフレーション政策だけでは経済の回復を実現することはできないと考えているということのアナウンスであると誤解され、リフレーション政策に対する信認を、実行する当の政策当局自体が有していないという風に一般大衆にとられかねず、「政策レジームの組み合わせ」としては、はなはだ矛盾していると考えざるを得ない。これらの理由から、リフレーション政策と大陸への積極的な進出を志向する「大アジア主義」の政策的な組み合わせは極めて相性が悪かったと考えられる。

前述のように、マクロ経済学的な観点で見る限り、デフレーション克服という観点では、犬養・高橋による「リフレーション政策」は、極めて正統的な政策であり、しかも、世界中でいち早く大恐慌から脱出しえたという点では、経済政策上の成功例といってよいものである。しかし、同時に、この政権下で、積極的な満州進出が実行され、しかも、この満州進出が一般大衆に熱狂的な支持を得ていたという点を考慮すると、犬養・高橋の「〃擬似〃小日本主義レジーム」は、正統的な経済政策を実行した一方、対外政策的には、軍事力によって中国・満州の植民地化を実現し、日本資本主義の行き詰まりを解決しようという「大国・帝国主義」的な旧来型の政治思想をも併せ持っていた特殊な政策レジームであったといえる。このことから、「小日本主義レジーム」とは「似て非なる」政策レジームであったといえよう。

3　なぜ、矛盾した政策レジームが採用されたのか？――「二大政党制」のもたらした弊害

以上のような政策レジームに対する経済政策と外交政策の根本思想の不整合性は、最後の政党政治といわれる犬養政友会内閣の顔触れに既に現れていたと考えられる。この犬養政友会内閣の陸相には、荒木貞夫が就任したが[17]、彼は、対中国・満州強硬論者の代表格だったのである。また、当時の政友会幹事長の森恪も、荒木同様の政策思想を有していたと言われている。さらには、犬養毅自身も、その出自は、満州での日本権益に「寄生」していた大陸浪人であり、頭山満等の明治期の右翼思想家とのつながりも深かった[18]。もちろん、昭和恐慌当時の首相としての犬養毅の立場は、もはや対中国・満州強硬論者ではなく、どちらかといえば、石橋湛山らの「小日本主義」に近い立場であった。しかし、当時の政友会の実情を考え合わせると、「失政」を犯した濱口民政

党との対立軸を明確にすることによって、政権奪取をはかることが最優先課題であり、「ワシントン・レジーム」との明確な対立軸を設定するという観点では、この犬養の出自は「ロンドン軍縮条約」締結に反対していた軍部の支持を得るために最適な経歴であり、政友会の政権奪取に適した人物であったと考えられる。

濱口民政党の採用した政策レジームである「ワシントン・レジーム」は、経済政策的には、(一)円高水準での固定相場制採用、(二)緊縮財政・金融引き締め、(三)不採算企業の整理・淘汰、外交政策的には、「ワシントン体制」の遵守による先進資本主義クラブの仲間入り、であった。この「ワシントン・レジーム」への対立軸としては、元来、(一)変動相場制とデフレーション克服のための金融緩和政策、及び、(二)(先進国、発展途上国の区別なく)自由な貿易関係を基礎に対等に付き合うという「小日本主義」の採用がふさわしかったと考えられる。しかし、当時の日本の状況を考えると、政友会が民政党にとって代わって政権与党になるためには、「小日本主義レジーム」は採用しにくい状況にあったと考えられる。

その理由は、(一)「ワシントン・レジーム」と「小日本主義レジーム」の経済政策のビジョンは「通商・貿易立国化」という点で、表面上は、共通していたと考えられる点である。[19] 当時の有権者にとっては、両者の違いは、それを、米英を中心とする「大国」への仲間入りによって実現するのか、それとも、各国平等の通商関係を締結することを通じて実現するのかの「戦術的な違い」に過ぎず、しかも、一九二〇年代後半の反政友会勢力が、軍縮の経済的メリットである「平和の配当」をイメージさせる戦略をとることによって、大衆の政策支持を得ていたことから、批判政党としては、同じ平和のイメージしか出せない「小日本主義」を民政党との対立軸としてアピールすることは困難であったため（経済政策的には、抗デフレーション政策という側面を全面的に押し出すことで、反民政党色を明確にできた）だと考えられる。

また、（二）外交政策そのものについても、「ワシントン・レジーム」と「小日本主義レジーム」は、前者が「欧米型の先進資本主義国」という「大国としてのポジション」にこだわったレジームであったのに対し、後者は、「小日本」、すなわち、「大国」の立場は放棄して、変動為替相場制下での貿易立国というポジションを志向していたことから、両者は全く異なる政策レジームであったが、当時の日本の状況では、両者とも対中国・満州の権益を実質的に放棄するという観点で同一視されたと考えられる。よって、「失政を犯した」濱口民政党との対立軸を鮮明にして、政権奪取を実現するという意味では、「小日本主義」的な政策レジームはあまりにも、大衆へのアピール度が小さいと判断されたと推測される。

濱口民政党は、金解禁断行のために、国民の精神的・道徳的な側面に「守旧派政友会」のイメージを擦り込むことで、国民の支持を得ようとした。そして、これに多くのマスメディアが協力した。対立政党である犬養政友会としては、政権奪取のためには濱口民政党との対立軸を鮮明にせざるを得ない状況となった。しかし、この場合、結びつくことが可能な政治団体はもはや陸軍や枢密院といった旧勢力しか残されていなかった。そして、時は折しもロンドン海軍軍縮条約で濱口民政党が統帥権干犯問題で揺れている時期であった。これを政権奪取の好機とみるならば、これを機に、軍部や枢密院、貴族院といった階層を取り込もうとしたことは彼らにとっては至極当然の成り行きであった。

このような犬養政友会の軍部との接近は、前章で指摘した濱口民政党による露骨な政権奪取、及び、政権維持の手段への対抗策としては仕方がないことだったのかもしれない。しかし、このような軍部をも二大政党の争いに巻き込んだ昭和初期以降の政権政治のあり方は、明らかに「政争」としては行き過ぎの感がある。このような行き過ぎた権力闘争は、軍部の暴走を止めるというその後の政党政治の重要な役割を政党政治自らが放棄することにつながった。

注

(1) 日本のデフレーションからの脱出は、米国よりも早かった。これについてはBernanke [2000] を参照のこと。
(2) 例えば、岩田規久男編 [2004] を参照のこと。
(3) この事実は、「構造改革が先か、デフレーション脱出が先か」という現代日本の政策問題について、重要なインプリケーションを持つと考えられる。すなわち、デフレーション下では、構造改革の最終的な目標である「創造的破壊」は進展しにくいことが指摘できる。
(4) この詳細については、栄沢幸二 [1995] 参照のこと。
(5) ただし、戦時体制が、そのまま戦後の日本の経済システムとして自民党政権に応用され、これが高度経済成長を導いたという考えもある。野口悠紀雄 [1994]、小林英夫 [2005] 参照のこと。
(6) 陸軍は、満州権益の独占という意味で、国境を接していたソ連との戦争を想定していた。一方、海軍は、太平洋地域の権益の確保という意味で、米国との戦争を想定していた。
(7) 例えば、石原莞爾 [2002] の「世界最終戦争論」を参照のこと。

（8）また、イングランド銀行は、日本の貿易業者によるポンド決済を認めないような制裁措置を採った。
（9）川田侃［1967］の記述による。
（10）より正確に言及すると、三浦の東洋経済新報の上司であり、明治期における日本の三大経済学者の一人と目されていた天野為之がスミスやミルの思想を日本へ導入し、これをコピーしたのに対し、三浦は、この議論を日本の現状にうまく適用させたといえよう。詳細は増田弘［1995］参照のこと。
（11）詳しくは、湛山の『婦人公論』での論文「人口過剰と食糧不足」（一九二八年一月号）、『地方行政』での論文「現今我国の不景気と新産業革命の必要」（一九二八年八月）、及び、「農村疲弊の原因とその救済策」（一九二八年九月）を参照のこと。
（12）「行政改革の根本主義」（『東洋経済新報』一九二四年九月六日号）、「町村を生産指導機関となすべし」（同一九二四年十月四日、十一日号）では、「基本自治体なる町村の中心機能を産業化せしむることが重要である」としている。
（13）姜克実［1992］では、当時の石橋湛山の経済思想には、生産力発展の基本的な前提条件として、分配の公平と社会福祉の向上が強調されていたとの記述がみられる。この点は、犬養・高橋レジームが、農村の疲弊に対する抜本的な対策を積極的に講じなかったという「分配軽視」の政策姿勢との対照が見出される点は極めて興味深い。
（14）むしろ、満蒙の領土確保にこだわる方が、米国や英国はおろか、中国からの反感を買い、経済的な利益を得られないというのが湛山の発想であった。「少なくとも感情的に支那全国民を敵に廻し、引いて世界列国を敵に廻し、尚我国は此取引に利益があろうか……。」（石橋湛山「満蒙問題解決の基本方針如何」）
（15）石橋湛山「支那と提携して太平洋会議に臨むべし」（全集第四巻所収）
（16）日露戦争で、「有色人種」である日本が「白人国家」ロシアから実質的な勝利を奪ったことによって、日本に対する脅威から、従来の白人主導の植民地支配構造が崩壊するのではないかという危機感が強まり、これが白人の有色人種に対する人種的偏見や差別意識と結びつくことによって、「白人に災いをもたらす」日本移民の排斥運動が米州を中心に高揚した。詳細は、Gollvizer, Heinz［1999］参照のこと。
（17）坂野潤治［2004］によれば、犬養毅は「満蒙問題は軍部と相協力して積極的に之を解決すべき旨を言明」

したとしている。また、当時、将来的には陸軍皇道派による組閣を構想していた北一輝も犬養毅内閣擁立を支持していたといわれている。

(18) 時任英人［1991］、時任英人［1997］参照のこと。

(19) 前述のように、筆者は、「ワシントン・レジーム」は「大国クラブの仲間入り」を志向する一方、「小日本主義レジーム」は中国を含め、各国間の対等外交の推進により、自由貿易の経済的利益を追求しようとする考え方であったことから、両者は全く異なる政策レジームであると考えている。ただし、幣原喜重郎自身が考えていた外交レジームは中国との友好関係の構築も含まれており、「小日本主義」的な側面もあったことは付記しておく。

第五章　「大東亜共栄圏レジーム」の台頭

1　農村問題の「大東亜共栄圏レジーム」への連繫性

一九三三年から一九三五年に至る三年間は、日本経済にとって、理想的な成長パターンであった。これは、高橋是清による日銀の国債引受と、その後の国債売りオペ政策との組み合わせによる巧みな政策運営の賜物であったが、その結果、当時の日本は、高成長を維持しながら、インフレ率を見事に制御していた。

しかし、一九三六年に入ると、マネタリーベース残高も最適残高に接近してきていた。これは、マネタリーな側面からみても、デフレーション解消のための経済的リハビリ期間がようやく終了し、政策レジーム自体も「正常経済」にふさわしいものに転換していかなければならない局面に入ってきたことを意味していた。それは、健全財政への転換を意味したが、まさにその時期に、高橋是清も、「健全財政」への転換を模索していた。その具体的な動きが一九三六年度予算を巡る軍部との激しいやりとりであった。軍部の立場から考えると、中国大陸への進出路線を拡大していくためには軍事関連支出の確保が重要であるのは確かであったが、その一方で、軍事支出は結局、軍需という形で、民間経済主体の需要拡大に寄与することになることから、軍部は同時に景気浮揚効果をも強調していた。しかし、マクロ経済的にみれば、一九三五年段階で、軍需という公的需要の拡大がこれ以上加速すれば、インフレーション圧力が高まる可能性が高かった。高橋是清は元来、自由主義的な経済思想の持主であり、軍事的な侵略による大陸経営には反対であり、インフレーションの可能性というマクロ経済的な観点に加え、政策思想的な観点からも、この軍部の支出拡大要求に真っ向から反対した。しかし、二・二六事件により、高橋が暗殺されると、その後、軍事関連支出の削減要求は急速に萎んでいくことになった。

前章で示したように、大正バブル崩壊後に発生した「日本資本主義の行き詰まり」論は、実際の経済成長率等の経済指標を見る限り、また、昭和恐慌末期の経済政策をみる限り、誤りであったことは明らかであった。しかし、当時の知識人らの発想の中には、いつまでも「行き詰まり」の発想が消えなかった。この大きな理由としては日本の人口過剰問題があった。これは、日本は農村部を中心に人口過剰に陥っており、この過剰な人口の問題が解決しない限り、将来における食糧問題も解決できず、また、これが経済発展の足枷にもなるという考え方であった。そして、この最も有効な解決策として提示されたのが、中国や満州への軍事的な進出によって、新たに日本の領土を獲得し、日本国民をその領土に移民させ、そこで食糧を自給させることであった。またこれは、当時、困窮していた農民等の貧困層にとっても、「日本の新たな理想郷の開拓」として、支持されていた。

農村問題は、(一) 地主階級と小作人階級への階層分化、(二) 租税負担の農民偏重、(三) 不況・恐慌の受け皿としての地位、(四) 過剰負債問題、という四つの問題から形成されていた。(一) は、一八七三年の地租改正によって、地主が政府に金納することになったことによって発生した。まず、第一の問題は、小作人が地主に支払う小作料は、依然として米納のままであったという点である。第二の問題は、地主は、その米をお金に換えなければならなかったことから、金融資本市場との結びつきが密になったという点である。松方財政で銀本位制が選択されて以降、第一次世界大戦期までは、軍部の食糧自給方針もあり、米価は高騰した。そこで、年貢を米の形で納めさせ、政府には金納していた地主層は、米価高騰で、「鞘」を抜くことが可能となり、莫大な利益を上げた。そのため、地主階級と小作人階級との間で貧富の格差が急速に開いた。地主は資本家となり、株式や不動産等の投機的取引の主役となった。また、勧業銀行や農工銀行といった、本来は、農業という事業に対するファイナンスを専門に行うはずの銀行も、地主らを対象とした不動産金融に傾斜していった。

転換期は第一次世界大戦後に到来した。それは、(一)国際的な農産物価格の下落と、(二)急激な金融引き締めであった。この二つが重なったことで、(一)実質的な地租負担が増大し(二)投機的取引によって高値で購入した土地や株式が暴落し、負債負担が急激に高まった。(三)勧業銀行、農工銀行の不良債権の累増によって、本来の農業のための事業資金の融通が困難になり、事業としての農業自体が行き詰まった。さらには、不況による都市部での諸事業不振によって、大量の失業者が農村部に帰農した。このような傾向は、第一次世界大戦後から濱口民政党の「財界整理」政策まで続いた。政府は、農村対策として米価維持政策というミクロ経済的な救済策を採ったが、このため、農家はこぞって米の生産を拡大させた。米の生産高の増加は、政府による米の買上げのペースを上回るスピードで続いたことから、米の需給関係は悪化し、米価は下落し、その結果、農業不況はさらに激化した。これに対して、政府は何の政策的措置を採らなかったこと、そして、その後、東北地方を襲った冷害によって、農村部の収入が激減したことから、農村経済は完全に破綻し、人口過剰・食糧難問題が顕在化するに至ったのであった。

このような農村問題は、やがて、「アジア主義」(日本がアジアの盟主となって中国・満州へ進出し、アジア経済圏を構築する)的な思想と結びつくことになる。人口問題とアジア主義の接点は、実は、米国での移民制限法制定も関係している。アメリカでは、第一次世界大戦後のヨーロッパからの大量の移民流入を制限する法律を作ったが、これが、カルフォルニアでの排日移民法制定と重なることとなった。排日移民法の「黄禍論」的な性格が、対欧米列強との対立軸へと発展し、アジア主義的な思想を流布させたことも否定できないだろう。そして、この米国での移民制限が、人口過剰問題の解決策を海外への転換に求める日本にとっての「アジア主義的思想」に拍車をかけることになった。さらに、軍部の供給源は農村部に他ならなかったという点を考え合わせると、濱口民政党の対立軸として、一般大衆にアピールできるのは、欧米資本主義列強への敵対である「大東亜共栄圏レジーム」という単純明快なレジームに他ならなかったのである。「〝擬似〟小日本主義」は、この農村—陸軍を結ぶ「過剰人口」問題の解決を図れなかったことが「大東亜共栄圏レジーム」への政策レジーム間競争に敗れる遠因になったと考えられる。

2　馬場財政にみる「政策レジーム」転換の予感

二・二六事件によって、高橋是清が暗殺された後に発足した広田内閣で大蔵大臣に就任したのは馬場鍈一であり、「財政の生命線」（高橋是清）を突破する超積極的な財政政策（馬場財政）を自らのイニシアティブによって展開した。この馬場財政が一つの転換点となり、日本経済は「大東亜共栄圏レジーム」へかじを取り始めることになる。

馬場財政の最大の特徴は、（一）ワシントン体制下では影を潜めていた復古的な対外進出志向、もしくは、軍備拡大路線の財政面からのサポートという側面、及び、（二）（特に農村部に対する）

「呼び水」的なスペンディングポリシー（と地方財政の悪化を緩和するための地方財政調整制度の創設）、という側面に見出せる。彼は、東京帝国大学の学生時代は、保守主義者である上杉慎吉と親しく、また、その後、日本勧業銀行の総裁として、昭和恐慌時の農村金融行政の一翼を担った。このことが、彼の地方・農村重視という財政政策思想に色濃く反映されていると考えられる。

そして、この二つの財政政策思想をつなぐのは、「軍事費の生産的性格」というコンセプトであった。これは、彼が一九三五年九月に東大で行った連続講演「財政と金融に関する若干の問題」で詳しく言及されている。彼によれば、「第一次世界大戦後、世界経済は生産過剰状態に陥ってしまったことから、政府が需要、購買力を起こすものを何とか考えてやらねば、この生産経済を維持していくことはできない。この場合において政府が赤字公債なるがゆえにこれを厭うてやらぬというわけにはいかない。これは財政の原則としては例外と言はぬでよろしいと思う」とし、さらに、「われわれは国防のおかげで民族の海外発展が大いに出来る。これは寧ろ生産的といったほうがよい。さう考えていくと、国防費は不生産的ならずして生産的だという議論も立つ」と、軍事費は、むしろ、生産的な支出として日本経済発展のために拡大していくべきとの考えを示した。つまり、対外進出（特に満州、中国）のための積極的な軍事支出を梃子にして、農村をはじめとする高橋財政で恩恵を受けることのできなかった階層への所得再分配を実施するのが、日本経済の発展には必要であるという経済思想を馬場は持っていたのである。しかし、このような積極財政の結果、悪性インフレーションや金利の急上昇という問題が日本経済の新たな懸念材料として浮上してきた。これに関して馬場が新たに提案するのが、「統制経済」的なスキームであった。例えば、（一）軍事費の将来見通しを中心に据えた長期的な財政ビジョンを策定し、それに政策当局がコミットする。それによって、政策の不透明性や不確実性を低減させる、（二）実際の公債発行増については、預金部や簡易保険による引受の増加、鉄道、印刷局、官庁共済組合等の国債保有義務付け、保険会社、信託会社保有額の増加、などの措置を行政指導や法律の制定によって実施する余地があると考えていた。また、国債利子負担の軽減のため、人為的な低金利政策の策定等も同時に提唱されたのである。

このように高橋財政末期の一九三五年後半には、デフレーション克服後の正常経済の下での経済政策自体の正常化が模索されていたにも拘らず、二・二六事件で高橋が暗殺されて以後の馬場財政では、逆に、軍事支出拡大による対外積極政策とそれを梃子にした国内経済のさらなる成長という、維新期への「復古主義」的な経済政策への転換が構想されたのである。そして、その政策レジーム転換の背景には、高橋財政後の日本経済が極めて順調にデフレーションを克服していたにも拘わらず、大正バブル崩壊から昭和恐慌に至るまでの経済大停滞を象徴する「行き詰まり」感と「非常時」という切迫感が残っていたことが指摘できよう(1)。

ここでの重要なポイントは、馬場蔵相が、昭和恐慌時の日本勧業銀行総裁として、農村部の窮状に詳しかったという点であろう。また当時、彼は高橋の「自由主義」的な経済思想に明確に反対の立場をとっており、それは、大蔵省主計局長として一九三七年の馬場財政の策定に当たった広瀬豊作が「高橋蔵相は、いわゆる自由主義に基づいて民間に蓄積された資本はなるべく民間に保留せしめ、民間人の思うところにしたがって自由にこれを投資せしめようという思想がきわめて濃厚であった。しかし、それは、主として俗にいう資本家、すなわち、大銀行あるいは産業大会社の重役の言に耳を向けられた結果であり、中小企業者に対する保護助成の面や低水準生活者の保護安定に関する施策等に関しては、ほとんど耳を傾け目を向けるというふうが無かったのではないか(2)」と言及していたことからも窺える。これに前章の高橋財政の経済学的な分析を考え合わせると、高橋財政は、いわゆるマクロ金融政策の意味合いが強く、その意味では、金利低下のメリットを最も受ける金融機関や、デフレーションのデメリットが比較的軽微であった都市部の中間層の景況観の回復が先行したきらいがあったと思われる。しかし、一方、昭和恐慌が深化する局面では、農村部の受けた被害が最も甚大であり、農村部や周辺に位置する階層にとっては、農村部の困窮が終わらない限り、昭和恐慌は終わらないという考えが強固になっていたと思われる。それに対し、高橋は、自由主義を標榜しており、デフレーションが終了すればおのずと農村部の困窮も克服されるという考えをとっていたことから、農村向けの所得再分配政策には消極的であった。そのため、農村部では、満州事変勃発による軍需拡大が熱狂的に支持されたのである(3)。農村部は、陸軍を中心として兵力の供給源であった。農村部の疲弊が深刻化すると、直接的に軍事力の低下につながりかねない。農村部への所得再分配政策の不在は、軍部にとっては最も懸念すべき事態であったと考えられる。すなわち、軍部にとっては、農村重視の財政政策を最優先で行う蔵相の登場が熱望されていたことから、高橋財政の打倒は悲願であり、そこに、二・二六事件の経済的な意味が見出せるのである。

3 最後の「政策レジーム間競争」としての宇垣擁立

馬場財政下では、放漫な軍事支出や農村対策費によって財政赤字が急拡大したが、これに加え、景気過熱による経常収支赤字とインフレーションが大量の正貨流出をもたらしたことから、日本経済は、再び危機的状況を迎えた。さらには、このような経済危機が、日本の日中戦争遂行能力に対する欧米投資家の不信を招いたことから、ロンドン市場での国債利回りは急騰（国債価格は暴落）し、為替レートは暴落した。当時の日本経済は依然として対外資金によるファイナンスに頼っている側面が強かったので、欧米投資家の日本経済に対する信認が喪失すれば、それはそのまま対外債務のデフォルトにつながりかねない危険な状況でもあった。このような状況の中、日本は、経済破綻の危機をもたらした馬場財政に代わる新たな政策レジームを模索する必要が生じた。

これまでは、昭和初期の政策レジーム間競争に関しては、「ワシントン・レジーム」、「〝擬似〟小日本主義レジーム」、「大東亜共栄圏レジーム」の三つの政策レジームを考察の対象としたが、ここでは、「〝擬似〟小日本主義レジーム」から「大東亜共栄圏レジーム」に至るまでの過程をやや詳細に考察する。

馬場財政以後の「政策レジーム間競争」では、(一) 宇垣一成陸相の首相擁立問題(結局挫折し、代わって林銑十郎が首相となる)、(二) 第一次近衛文麿内閣での「池田路線」の成立とその挫折(近衛首相による「東亜新秩序声明」でこの路線は頓挫した)、という二つの局面が、政策レジーム間競争の「場」となった。前者については、「小日本主義」と「大東亜共栄圏レジーム」との競争がなされ、石原莞爾ら対満州進出積極派の暗躍によって、「大東亜共栄圏レジーム」が勝利した。後者については、陸軍等による日中戦争の拡大(華北分離工作から華中地域への進出)によって、中立的な姿勢を維持してきた米国が対日経済制裁措置の発動に踏み切り、これをきっかけに、池田成彬蔵相・商工相らを中心として展開された国際協調路線が頓挫し、日本を中心とした円経済ブロックの確率を目指す「大東亜共栄圏レジーム」が最終的な政策レジームの勝利者となり、その後は、対米戦争へと向かっていくことになる。

一般的な認識では、二・二六事件による後期高橋財政での経済政策正常化プロセスの挫折が、日本が対米戦争という破局に向かう転換点であったとされるが、実は、その後、二度にわたって「政策レジーム間競争」の「場」が提示され、どちらかのケースで「大東亜共栄圏レジーム」が敗北していれば、対米戦争は回避できていたかもしれないという点で、「宇垣擁立」と「池田路線」という政策レジーム間競争の「場」が、極めて重要な意味を持っていると思われる。

広田内閣の後継者として元老西園寺公望に指名された元陸軍大将の宇垣一成は、当時の日本経済の現状を考慮し、「軍縮・財政再建・通商国家化」という「小日本主義レジーム」への再転換を意図した組閣を行おうとした。しかし、当時、陸軍を中心とした軍部は、満州に加え、華北地域の占領に向けて、積極的な軍事活動を展開している最中であった。宇垣の政策構想は、対中国積極派であった当時の陸軍の政策構想とは明らかに異なるものであった。そのため、陸軍は、宇垣の意向に沿った陸相を推薦しなかったため、結局、宇垣は組閣に失敗した[4]。軍部は明らかに中国への積極的な軍事的進出によって「日本・満州・華北」三域での経済ブロックを建設しようとしていたが、宇垣は、あくまでも対等な立場での通商関係を背景とした貿易によって経済発展を推進するという政策構想を有していた。このことから、宇垣内閣擁立を巡る政争は、「小日本主義レジーム」と「大東亜共栄圏レジーム」による最後の「政策レジーム間競争」の「場」を提供したと考えられる。

一九三一年の満州事変以来、政党政治と軍部の間の大陸政策に対する認識ギャップはますます拡大しつつあり、そのような中、軍部の独走を抑えるために、陸軍長老の宇垣一成を首班とする政友会・民政党の挙国一致協力内閣を組閣しようという構想が両政党にはあった。当時、宇垣が構想していた政策レジームは、まさに「小日本主義レジーム」であったと考えられる。例えばそれは、「その当時の日本の勢というものは、産業も着々と興り、貿易では世界を圧倒する。(中略)英国をはじめ合衆国ですら悲鳴を上げている。この調子をもう五年か八年続けて行ったならば、名実とも世界第一等国になれる(中略)だから、今下手に戦などを始めてはいかぬ。」という『宇垣一成日記[5]』の一文面にも表れている。「ワシントン・レジーム」は、国際関係の安定と引き換えに、英米の作った序列に敢えて甘んじる体制であったといえるが、宇垣の日記の文面からは、戦争を回避し、経済発展を優先させることで、経済の分野で日本の産業が英米を凌駕し、世界一になるというビジョンが明確に示されている。また、後に第二次近衛文麿内閣で外相に就任した宇垣は、日中和平交渉に全力を尽くしたことが知られており、中国への平和的、かつ、経済的な協力関係の構築に向けた政策構想を持っていたと考えられる。これは、日本が通商と国際協力によってアジア全体の発展に寄与していこうとする「小日本主義レジーム」そのものではなかったかと思われる。

そして、この「宇垣内閣」誕生の最大のチャンスが訪れたのが、広田内閣での第七十帝国議会であった。この第七十帝国議会では、広田内閣の寺内寿一陸相が、民政党の浜田国松の仕掛けた論争に乗り、それがきっかけで広田内閣は辞職に追い込まれた。しかし、一方、軍部（特に陸軍）では、石原莞爾参謀らを中心として、満州利権確保のための対ソ連戦を意識した総力戦体制の準備（後述）が着々と進んでいた。宇垣内閣の実現は、日本経済を軍部主導の戦時体制下に置くことによって、抜本的に「改造」しようとする石原莞爾らの計画が頓挫することを意味していた。そこで、石原ら軍部は徹底的な妨害工作を行い、ついに宇垣内閣を流産させることに成功した。

伊藤正徳［1998］は、「政党は政友会も民政党もかつては宇垣を党首に担ごうとした事実があることから、準挙国一致的な内閣が出来たと考えてよい。そして軍の政治進出は必ず抑制させていただろうし、なによりも日支国交回復が実現し、この年七月に勃発した日支事変は回避されていただろうし、日本の運命は破滅に向かわなかったであろう、というのが当時の識者の見方であった」としている。もちろん、本書もその立場である。すなわち、宇垣内閣の流産こそが、政策レジーム転換の最大の失敗例の一つであったといえるのではないだろうか。

4 「政策レジーム間競争」の場としての「池田路線」

第一次近衛文麿内閣では、泥沼化する日中戦争の早期解決[6]と当時圧倒的な経済力を誇っていた「覇権国」米国との協調を如何に実現するかが重要な政策課題となっていた。宇垣内閣擁立を阻止した軍部であったが、当時、その内部では、（一）ドイツのトラフトマンの仲介によって日中戦争の早期終結をはかり、対ソ連戦に備えるべきであるとする石原莞爾を中心としたグループ[7]、（二）あくまでも日中戦争を継続し、満州だけではなく、華北の権益を獲得し、華北地域の資源開発を通じて対ソ連戦のための戦時体制を整備すべきだとする陸軍強硬派、（三）当時の中国経済の中心地であった上海を中心とする揚子江流域を押さえることで、貿易取引の促進をはかるべきであるとする海軍、という三グループによる勢力争いが激化しており、軍部内も政策レジームの統一ができていなかった。これに加え、前述のように、日本経済は危機的状況に陥っており、対外赤字をファイナンスしている欧米投資家の日本経済に対する信認は地に堕ちており、ロンドン市場での国債価格は暴落していた。このような状況の中で、第一次近衛内閣の蔵相兼商工相を務めた池田成彬は、経済界や大蔵省、日銀等の経済官僚の精鋭を集め、日本経済の建て直しをはかるべく新たな政策レジームの構築に着手した。これを「池田路線」という。[8]この「池田路線」の目的は、(一)当時の日本経済や財政を圧迫していた日中戦争の早期収拾、[9]及び、(二)対ソ連戦に備えた戦時体制の整備、(三)対米英協調路線の維持継続、であった。特に、来るべき対ソ連戦を控え、日中戦争は、「日本の圧倒的優勢」のうちに終結することが要請されたが、これは、同時に、欧米投資家に日本の対外信用力の高さをアピールし、円滑な戦費ファイナンスを実現させる必要性からも要請されていたことであった。

「池田路線」の具体的な経済政策構想は、(一)消費節約、貯蓄奨励による公債消化能力の向上、(二)重要品目の需給管理による低物価の実現、(三)対外為替相場の維持、[10](四)英ブロック向け輸出拡大による外貨獲得、(五)米国資本の導入による満州地域の日米共同経営、であった。

このうち、(一)から(三)については、いわゆる「統制経済」のスキームが用いられたが、特に、(一)「平和産業」と呼ばれていた軽工業等に対しては、軍需関連産業(「時局産業」と呼ばれていた)への転業や廃業が強制的に行われたり、(二)利益率の低い東南アジア向け輸出や「円ブロック」であると目されていた中国等への輸出は外貨獲得最優先政策の一環として厳しく制限されるなど、戦時経済への転換が着々と実施されていた。[11]

一方で「池田路線」の特徴は、対米協調路線の強化であった。当時の日本経済は対米依存度が極めて高かった。これは、「外貨獲得」という意味での軽工業品の輸出相手国としての米国の地位だけではなく、特に、工作機械等の資本財供給国としても、米国からの輸入は、日本経済にとって極めて重要な地位を占めていた。さらには、日中戦争後の大陸経営に際しても、日本だけの資本では到底無理であり、英米の資本導入や外貨等の援助が必要であると認識されていた。このため、既に欧米列強による「租界」を中心とした貿易体制が確立されている華中地域に関しては、欧米列強との共同管理とそのための新たな通貨システムの構築が「池田路線」の政策目標となっていた。しかし、この協調路線に対しては、当時、中国の民族資本や英国資本との利害対立が激しく、華中での利益を独占したい国内の紡績資本[12]や、あくまでも「円通貨ブロック」の構築を実現したい軍部からの根強い反対があった。一方、当時の米国は、国務長官ハルを中心として互恵通商協定を多数の国との間で締結することによって、米国を中心とした多角的な通商関係を再建するという政策構想を持っていた。そして、「不公正貿易」を続ける国に対しては、いわゆる「ブラックリスト」を通じて、協定の破棄や高率関税の適用等によって、この通商ネットワークから排除する方針が採られていた。当時の日本は、輸出入とも貿易パートナーとしての米国の依存度が極めて高く、このような経済環境を考えると、この通商ネットワークへの参加は、まさに日本経済の「生命線」であった。また、当時、米国は、「中立法」によって、戦争当事者国との経済的な取引を中止し、中立姿勢を維持することを定めていた。これは、日中戦争下にある日本[13]にとっては、対米関係を考える上での大きな制約要因となっていた。そのため、日本政府は、（一）満州権益については、米国の出資を仰ぎ、日米共同管理とすること、（二）米国との貿易摩擦が生じた場合には日本側の自主規制で対処すること、がなされた。当時の米国にとって、満州はそれほど経済的に重要な地域ではなかったが、華北・華中を含めた中国全土という観点では、有望なマーケットとして、中国経済の将来を高く評価しており、[14]この日本側の路線を基本的には支持していた。

しかし、一九三八年十月二十五日の漢口陥落によって、「池田路線」は挫折に向かって舵を切り始めることになる。これは、「池田路線」の下、日中戦争早期終結で一致していた政策当局内部が、漢口陥落による中国軍の勢力後退に伴う対中強硬派の台頭で分裂する中、陸軍は、新たに華南の広東攻略作戦を展開し始めるなど、軍事的勝利によって一転、強硬派の勢力が強まり、国論が対中国権益独占路線に転換したためである。このような強硬派の意見に押される形で、近衛首相は、一九三八年十一月三日に「東亜新秩序声明」を出した。これによって、(一) 軍部は戦争終結体制から長期的持久戦体制へと移行し、(二) 政策レジームは、「日満支経済ブロック」結成を目指す「内向き・アウタルキー」路線へ転換した。日本の政策当局は、「日満支経済ブロック」の結成で経済自給化が可能であるとの判断に傾き、米国を中心とする国際貿易体制を軽視し、日本を中心とした経済ブロックの拡大とその内部での資源開発によるアウタルキー経済の拡充によって、「大東亜共栄圏レジーム」確立は十分可能であるとの判断に傾いたのである。

このような日本の対中国進出戦略の転換は、米国の日本に対する態度を硬化させ、一九三八年七月二十六日の日米通商航海条約の破棄へとつながり、その後、米国は日本に対して、次々と経済制裁措置を発動していくことになる。日本は、石油に代表されるような対米制裁によって途絶した経済資源を自給するために、南方への積極進出を試み、米国をはじめとする欧米先進資本主義国（ドイツ、イタリア、スペイン等を除く）との対立を決定的なものにしていくことになった。

5　統制経済とナショナリズムの接点

このように、宇垣の組閣失敗と「池田路線」の挫折が、「大東亜共栄圏レジーム」への転換を決定づけたが、この最大の理由は、軍部の「日本を核とした『大アジア主義』」というナショナリズムのイデオロギーが多数の国民（一般大衆と言い換えてもよいだろう）によって長期間支持されてきたためであると考えられる。「大東亜共栄圏レジーム」は、明治期以降のこのナショナリズムイデオロギーが、いくつかの変遷を経た末に確立したものである。これをごくおおまかに分類すると、(一)自由民権運動にその起源を持つ右翼思想が発展し、中国進出を正当化する理論となったもの、(二)同様の起源を持つが、これが北一輝・大川周明らの大陸系浪人らの国権思想へと昇華し、これが青年将校らによって軍部にもたらされたもの、(三)大正期の軍部官僚らによる国防国家構想を起源とし、石原莞爾らに継承され、最終的には「革新官僚」といわれる内務官僚によって政策構想としての完成をみたもの[15]、の三つに分類できると考えられる。

(一)については、日露戦争後、大清帝国が崩壊し、代わって誕生した中華民国の政治状況が辛亥革命の勃発等によって不安定な中、日本にとっての中国問題は、西洋列強に対する対立項としての「アジアの一員」という「身内」の問題ではなく、領土・権益問題へと転換していた点が重要である。明治期には、福澤諭吉の「脱亜論」や岡倉天心の「アジアは一つ」に代表されるように、中国（大陸）問題は、西洋とアジアの「文明の衝突」の場に他ならなかったが、日露戦争での実質的な勝利によって、日本が先進資本主義列強国の仲間入りを果たした後は、かつて徳富蘇峰の『大日本膨張論』（一八九四年）や後藤新平の『日本膨張論』（一九一六年）が書いたように、西洋資本主義国同様、大日本帝国の領土的野心を満たす対象と転化していった。そして、それは、日本政府の「対外政策方針」（一九〇八年）の「清国ニ対スル帝国ノ関係ハ（中略）経済上極メテ密接ナルモノアルヲ以テ常ニ同国ニ対シ優勢ナル地位ヲ占ムルノ覚悟ナカルヘカラス。（中略）万一ノ事変ニ際シ威圧ヲ加フルノ己ムヲ得サル（以下略）」の文面に見られるように、中国に対する武力による制圧を意味するものであった。このような状況の中、黒竜会の内田良平はその著作『支那観』（一九三七年）において、『読書人』たる有閑階級によって支配されている『畸形国』である中国は、満蒙を含め、日本の保護によって近代化に目覚めるべきである」という見解を示し、日本の満蒙進出を思想面から正当化しようとした。

（二）については、中国に対する見方というよりも、むしろ、第一次世界大戦後におけるグローバルレベルでのデモクラシーや社会主義、国際協調主義の広がりに伴う、従来の天皇を中心とした中央集権立憲国家の存続に対する危機感であり、日本国内の政治経済システムの危機に対する思想的展開を意味している。猶存社の大川周明、北一輝らを中心とする「昭和維新」の思想がその代表格であった。大川周明や北一輝は自らの思想を軍部に浸透させる目的で、積極的に軍部に近づいていった。例えば、北一輝は陸軍の西田税《みつぎ》と結びつき、西田が、北の思想を陸軍の下級将校らに伝える触媒の役割を果たすことになる。また、大川周明は桜会との接触を通じて、何度かクーデターを試みたが、いずれも失敗している。このように、彼らの思想は、「皇道派」を中心として陸軍内部に深く浸透していく。

彼らの思想は、北一輝の『日本改造法案大綱』（一九二三年）に網羅されている。北によると、「今ヤ大日本帝国ハ内鬱外患並ビ至ラントスル有史未曾有ノ困難ニ臨メリ」という危機感からの解放のためには、「全日本国民ノ大同団結ヲ以テ（中略）天皇ヲ奉ジテ速ヤカニ国家改造ノ根基ヲ完ウ」した後、「改造ヲ終ルト共ニ、亜細亜聯盟ノ義旗ヲ翻シテ真個到来スベキ世界聯邦ノ牛耳ヲ把リ（以下略）」として、「行き詰まり」を迎えている日本自身の国家改造なくしては、日本を盟主としたアジアの勃興はありえないという考えを明らかにしている。また、「天皇との一体化」、すなわち、「天皇大権」に基づく国民の直接的行動を正当化することによって、後の血盟団事件や五・一五事件、二・二六事件といったテロリズム行使を梃子とした「昭和維新」運動の理論的な支柱となった。

彼らの持っていた政策レジーム構想の具体例を、犬養内閣の陸相である荒木貞夫の政策構想からみることができる。荒木は、「皇国国策基本要綱」を自ら執筆し、五相会議等の場でその構想を積極的に発言した。彼の構想の内容は、農村の租税負担の引き下げや米の政府買い上げによる米価維持等の農村対策が主であったが、これは、いわば、国家改造の一環としての農村対策であり、兵力の供給源としての農村の窮乏が国家を存亡の危機に陥れるという危機感を表明したものであったが、時の蔵相、高橋是清によって否定された。しかし、その後、陸軍は、「国防の本義と其強化の提唱」と題したパンフレットを一般大衆向けに発表した。このパンフレットは、「たたかひは創造の父、文化の母」というキャッチフレーズで始まっており、全面的に戦時体制の必要性を訴える内容であったが、同時に「国民の一部のみが経済上の利益、特に不労所得を享有し(中略)国民生活に対し、現下最大の問題は農村漁村の匡救である」とし、荒木の構想同様、都市(=資本家階層)と農村の対立の構図を全面に押し出すことによって、政党不信を助長させると共に、軍部の「国防国家」構想が一般大衆の支持を得られるような工夫がされている。

(三)の「国防国家」の思想は、陸軍「皇道派」を中心とした「昭和維新運動」の蔓延が、既存のシステムの抜本的な改革を志向する余り、日本を一種の無政府状態に追い込んでしまい、それが政治経済システムをますます悪化させてしまうという懸念を抱いた陸軍「統制派」や官僚らが、逆にその動きを封じ込めることで、軍部主導の政治経済システムへの「改造」を実現しようとする動きであり、一連の政策レジーム間競争、及び、「大東亜共栄圏レジーム」内部の競争の最終的勝者となった政策レジームであった。ただ、この政策レジームも、(二)の「昭和維新レジーム」を封じ込めるために新たに構想されたものではなく、同じ新興資本主義列強であったドイツが第一次世界大戦で敗北を喫した教訓を元に、軍部で構想され、暖められ続けたレジームであった。

この構想のコンセプトは、「総力戦」であった。第一次世界大戦を境に戦争が、軍事力だけに限定されたものではなく、経済力を含む国力全てを懸けて戦う「総力戦」に移行していったことが、ドイツが第一次世界大戦に敗れた主因であるという分析の下、「総力戦」に勝てるだけの国力の強化を国家主導で行うべきであるという構想が「国防国家」の思想であった。この「国防国家」の構想は、古くは、一九一五年九月の臨時軍事調査委員会の特設に始まり、「参戦諸国の陸軍に就て」と銘打った調査書を提出したことに始まる。そして、これは一九一八年四月十六日の「軍需工業動員法」の制定として結実する。この「軍需工業動員法」はその後の「ワシントン・レジーム」の採用により、その施行を見送られたが、その後の軍部の経済過程への介入はこの法律を根拠として行われることになった。また、一九二七年には、田中義一内閣の下で「資源局」が創設され、これが近衛内閣時に創設された「企画院」の原型となり、戦時経済の準備を組織的に行う総合機関の役割を果たすものとなった。その後、一九三四年十月一日に配布された陸軍のパンフレット（前述「国防の本義と其教化の提唱」）は、軍部が公然と国政に対する批判を行い、その解決策の構想を述べるという点で画期的なものであったが、これは満蒙問題が、次第に深刻化していくという軍部にとっての危機感の表れのためであった。

その満蒙問題に関する危機感を、実際に満蒙占領計画として具体化したのが石原莞爾の構想であった。石原構想にとっての満蒙経営は、一九四一年までに対ソ連戦の準備を整えることにあった。当時、満州における日ソ両軍の兵力バランスは大きくソ連有利に傾いており、現状のままでは、国内の改革を終えたソ連による満州侵略リスクに対して、何の抵抗も出来ない状況になった。石原構想では、対ソ八割の兵力を維持するまでは、（満蒙を含めた）日本全体の産業能力を拡大するための経済政治システムの改革に注力すべきとされたのである。つまり、石原構想は、対ソ連戦に向けた国力充実を梃子にした国内改革であったといえる。そして、従来は予算での軍備費拡大ばかりを政府に要求していた軍部が、政治経済全体のシステム設計という総合プランを提示したという点では、日本の軍事国家、国防国家への転換という意味で画期的な構想であった。そして、石原が所属する陸軍参謀本部は、「昭和十二年度以降五年間帝国歳入歳出計画」という、石原構想に基づく長期的な財政ビジョンをも提出した。これらは、当時、満州にあった岸信介、星野直樹ら、「革新官僚」らによって、一九三七年一月より「満州産業開発五年計画」として具体的に実施されるにいたった。そして、これが一九三七年六月に「重要産業五年計画要綱」として国内版の経済統制計画として策定され、近衛文麿、池田成彬、鮎川義介ら政財界の巨頭らに提示され、同年九月の政治行政機構改革、そして、林内閣での産業統制へとつながっていった。林内閣は短期で終焉することになったが、その後、第二次近衛内閣で、前述の岸信介らに加え、後藤文夫らの革新官僚によって、本格的な統制経済が始まる。近衛体制も最終的には挫折し、その後は、軍部による政権掌握が進むが、統制経済の基本的枠組みはほとんど変わることなく、対米開戦へ進んでいくことになる。

このような「統制経済」体制は、日中戦争の勃発によって本格的に日本経済に導入されることになった。[16] これまでの「統制経済」構想は将来の満蒙権益（もしくは領土）を巡る対ソ連戦に備えての「国家総動員」戦時体制であったが、それより先に日中戦争へ突入したことによって、ある意味、「なし崩し」的に経済の直接統制に入ることになった。

この理由としては、日中戦争勃発によって、軍事予算が激増したことによる。例えば、一九三七年七月には五億円の、九月には二一億円の臨時軍事費を計上した。これによって、前年に作成された一九三七年度予算の軍事費二八・七億円は、約二倍の規模に拡大することになった。この軍事支出は国債増額によってファイナンスするしかなかったが、これによって、日本経済全体の資金が逼迫し、金利が急上昇する懸念が出てきた。また、軍事支出増加による国内総需要の拡大から、インフレリスクが台頭し始め、また、それに伴う輸入拡大は国際収支赤字の拡大をもたらす懸念が生じてきた。また、外需という観点では、同年に米国経済は再びデフレに突入したことから、世界需要は減速しており、輸出の減少も大きく寄与していた。

このような状況下では、早晩、戦費調達が不可能になることから、政策当局は経済の直接的な統制に乗り出すしか手立てがなくなったというのが現実であった。まず、政府は、「臨時資金調整法」と「輸出入品等に関する臨時措置に関する法律」を制定した。前者については、企業の設備資金の貸付や株式社債の引受、増資に際し、軍需への貢献度別に産業を甲乙丙と分類し、甲に属する企業が優先的に実施していくというものだった。これによって資金の流れを軍事産業へ誘導しようとするものであった。後者は、軍需への貢献度別の輸出入品目を指定して、輸出入の制限を実施しようとしたものである。これによって、限られた正貨を軍事用物資の輸入に優先的に利用しようとするものであった。

さらには、一九三八年三月には、一九一八年に制定されていた「軍需工業動員法」が「その適用に関する法律」の制定によって、初めて発動された。そして、一九三八年には、ナチスドイツの事例が参考にされ、「国家総動員法」が制定され、ここに日本の戦時統制経済体制が完成した。

その後の日本経済のパフォーマンスについては、言及する必要もないだろう。戦時体制下で、国民生活は消費を中心に抑圧され、一九四〇年の日米通商航海条約破棄によって、最大の貿易相手国であった米国との通商関係が事実上ストップすると、経済は実質上破綻状態となり、そのまま日米開戦へ突入、最終的には日本経済は壊滅状態になる。「大東亜共栄圏レジーム」は、戦前日本の政策レジームの最終的な勝者となったが、これは、日本経済の破綻に結びつくことになってしまったのである。

6　「大東亜共栄圏」の確立と「非常時」思想

初めて公式に「大東亜共栄圏」という言葉を使った政府高官は、第二次近衛内閣の外相であった松岡洋右であった（一九四〇年七月）。松岡によると、大東亜共栄圏とは、「仏印・蘭印その他を包含」して確立されるべき自給自足の「東亜安定圏」のことを指していた。すなわち、大東亜共栄圏とは、日本と日本国王たる天皇を盟主として、アジアの諸民族を欧米帝国主義列強による抑圧・支配から解放し、共存共栄をはかる「王道楽土」を意味しており、これを獲得するための戦争は、アジア諸国にとって、いわば「聖戦」であるというイデオロギーでもあった。

しかし、同時に大東亜共栄圏は、日本経済にとっての「成長フロンティア」を意味していた。当時の日本経済にとっての「宿阿」は狭小な領土に「過剰」な人口を抱えているという点にあった。当時の人口は約四千万人から六千万人であったが、実際には、戦後の高度経済成長を考えると、この程度の人口は日本経済のポテンシャルから考えて決して「過剰」ではなく、マクロ経済的には、むしろ、安価な労働力投入の拡大という観点から、さらなる経済成長のポテンシャルであったと思われる。しかし、当時の認識としては、この「過剰人口」を賄うためには、満州を含むアジア大陸への経済的な拡大が必要であるとの認識が一般的であったと考えられる。第一次世界大戦後のワシントン体制の下で、日本も米英を中心とした欧米資本主義諸国と同等の立場となったが、ワシントン体制を主導する新興覇権国米国が、満州を中心としたアジア権益の機会平等・門戸開放路線であったことから、日本はアジアへの積極的な進出による経済的な拡大が困難な状況となっていった。このような対外環境の悪化に加え、国内経済も、大正バブルの崩壊後、関東大震災、昭和金融恐慌、昭和恐慌と相次いで襲い掛かる恐慌によって農村部を中心に疲弊していった。ここに、明治維新期以来、ひたすら邁進してきた資本主義に対する懐疑が一部知識人の間で台頭し、これが「日本資本主義の行き詰まり」として意識されるようになった。このような欧米列強諸国に対する不満や国内経済の漠然とした停滞感に加え、五・一五事件による当時の首相犬養毅の暗殺という政治的不安感が加わると、この「行き詰まり」は「非常時」へと転化していった。[17]

この「行き詰まり」から「非常時」への転換過程は、そのまま、政策レジーム間競争と結びついている側面がある。なぜならば、「非常時」という言葉の登場は、「大東亜共栄圏レジーム」の支持層によって、半ば演出された側面が強いためである。一九三四年一月七日付の『千葉毎日新聞』は、「非常時人物風景」と題する論説を掲載したが、そこでは、「非常時」を意図的に形成した「軍部」の存在と、作り上げられた「非常時」という風潮を巧みに生育させる「非常時グローアー」の存在を指摘している（「率直にいえばこれ等の非常時メーカーはある意味で軍部であり、非常時グローアーは朝野の当局者達である。そしてメーカーとしての軍部はあらゆる社会事相の緊迫を機会に国民大衆を覚醒せしめんとして笛を吹き、グローアーたる朝野の当局者達は笛の音に身振手拍子を合せて熱心に躍り抜いているのである」）。また、下村海南は、一九三三年の「非常時漫談」において「いまや国民が『目醒ムル時』である。この非常時に善処して昭和の維新に思い切った手術をするか、さもなければ『偉人が出てきた時局』を救うようになるか（中略）今や『熟慮断行すべき千載一遇の時』である。上下一致非常時国策の遂行に断固として邁進すべきときである」と述べている。「昭和維新」とは、当時、陸軍皇道派を中心とした、国際協調体制の打破とアジアへの積極的な進出を目的とする救国思想であり、当時の陸相である荒木貞夫もその信奉者であったこと、また、荒木貞夫は当時の第一党である政友会とのつながりも深かったことを考えると、明らかに国民を「大東亜共栄圏レジーム」へ誘導することを目的としたプロパガンダであった可能性が高いだろう。

また、「非常時」の思想は、これまでの「行き詰まり」のセンチメントが、明治維新期以来の欧米からの自由主義的な思想の流入による側面が強いという風潮をも生み出していた。これは、個々人の自由意志による自由な社会活動が、国全体としては風紀の乱れからあらゆる側面での「行き詰まり」をもたらし、これが現状の「非常時」を生み出したというものであった（「この原因は、フランス革命以来の『近代文化・近代文明の疾患』、すなわち、個人主義的思想が今や『我利主義・利己主義』となり、資本主義は拝金主義に成り下がったことが、日本だけではなく、世界全体の『行き詰まり』をもたらしている[18]」）。すなわち、「非常時」で求められるのは、国家による国民生活の一元的な管理、すなわち、「統制」だったのである。これは、中野正剛の『転換日本の動向』中の「幣原喜重郎の自由主義外交やアダム・スミス流の自由主義経済に立脚する井上準之助財政は、破綻したのである」という言葉に端的に表れている。

経済史的な事実では、幣原外交・井上財政に代表される「ワシントン・レジーム」は、昭和恐慌によって、その構想の欠点が露呈し、次の犬養・高橋らの「小日本主義レジーム」へと転換し、この「小日本主義レジーム」が見事に日本経済を恐慌から脱出させた。しかし、この「小日本主義」は前述のように、その担当政権であった政友会が大陸経営では軍部の積極派と密接な関係にあったこと等、「擬似」的な要素を含んでいたがために、結局、大衆の支持を得られず、五・一五事件、続く二・二六事件によって、「大東亜共栄圏レジーム」が台頭し、その後の宇垣擁立問題、池田路線の失敗によって、「大東亜共栄圏レジーム」がレジーム間競争に勝利することになる。この「非常時」という社会風潮の流布も、それを端的に表わす象徴的な出来事であったといえる。

注

（1）もちろん、これは、戦争遂行のために政府が一般大衆をそのように誘導していた側面も否定できあい。栄沢幸二［1995］参照のこと。
（2）大蔵大臣官房調査企画課編［1977］参照のこと。
（3）これは、必ずしも、高橋財政下でのリフレーション政策の恩恵が農村部に全く波及しなかったことを意味するものではない。その理由は、その波及速度が遅かったこと、及び、直接的に農村が恩恵を受けるような「ミクロ」経済的な分配政策を採らなかったことである。
（4）宇垣一成元陸軍大将の首相擁立とその挫折の顛末については、渡邊行男［1993］第三章に詳細に記述されている。なお、宇垣組閣失敗後に組閣した林銑十郎内閣は、石原莞爾の要望もあって、板垣征四郎中将を陸相に擁立しようとしたが、陸軍の支持が得られず、結局、わずか四ヶ月の短命内閣で終わった。
（5）『宇垣一成日記』第三巻参照のこと。
（6）これは、満州の権益を脅かす存在であったソ連に対する戦争体制を整備するためであった。当時の日本の軍事力では、中国、ソ連の両国を同時に相手として戦争を遂行することはできなかった。
（7）石原莞爾らは、対ソ連戦の準備と満州権益の確保のために日中戦争の拡大に反対しており、華北・華中権益に関しては、英米との国際協調路線である「池田路線」を支持していた。詳しくは松浦正孝［1995］を参照のこと。
（8）松浦正孝［1995］による。
（9）近衛首相による「一・一六声明」（「爾後国民政府を対手とせず」）は、泥沼化した日中戦争の状況を象徴している。

(10)当時は、ドルに代わり、英ポンドに対する実質的なペッグ（一シリング二ペンス）が政策目標とされた。

(11)これはあくまでも、満州利権の最終的な確保を狙った対ソ連戦を意識してのものであったが、当時、日本の「満州国」支配については、英米にとってそれほど問題視されていなかった。

(12)例えば、津田信吾鐘紡社長は、「英国ガ日本ノ経済的進出ヲ阻止セントシテ……」（名古屋経済会例会ニ於ケル鐘紡社長ノ講演要旨ニ関スル件）として、英国は、中国を援助しているとの見解を吐露している。

(13)日中戦争は明確な宣戦布告がなされていないが、これは、宣戦布告を行うと、米国が中立法によって、戦争当事国である日本に対する貿易を完全に封鎖することを懸念したためであった。

(14)なお、米国は国際連盟には加入していなかったこと、また、多くの米国産業にとって、日本は重要顧客であったこと、輸入業者については、日本の低賃金労働力を背景とした安価な軽工業品は、マージン率の高い製品であったこと、等から、満州事変以降の陸軍の満州進出についても寛容な態度であった。

(15)正確にいえば、「革新官僚」らによる統制経済思想は、英米協調路線を含んでいた近衛体制下で確立されたものであり、必ずしも、米国との戦争を支持する階層ではなかった。しかし、「官僚」という性格上、一九四〇年以降は、軍部を中心とする政策当局にいわば「受動的」に対応し、戦時体制を強固にしていったと考えられる。

(16)ただし、石原自身は、日本経済の体力等を鑑みた場合、対中戦、対ソ戦を同時に遂行することは困難であるとして、日中戦争の長期化には反対であった。本章注（7）参照。

(17)栄沢幸二［1995］によれば、国民の間に「非常時」という社会的な風潮が生まれたのは、五・一五事件によって、犬養毅首相（当時）が暗殺された直後からであった。

(18)『千葉毎日新聞』一九三三年十二月八日の論説（栄沢幸二［1995］四六頁より抜粋）。

第三部　レジーム間競争の「場」としての通貨問題

第三部では、明治初期から昭和中期（戦時体制の成立）までの通貨問題が、経済政策のレジーム転換にどのように作用したのかについての考察を行う。

明治維新以降、様々な政策思想をバックボーンに持つ政策担当者が、自らの政策を実行に移すべく、その政策構想を議論しあったが、このうち、日本経済の帰趨に決定的に重要な役割を果たしたのが通貨システムの選択についての論争であった。例えば、日本経済が先進資本主義国へのキャッチアップを本格的に始めるきっかけとなった後期松方財政の成功の原因は、前期松方財政におけるデフレーション政策を梃子とした構造改革ではなく、その後の銀本位制選択であったが（さらにいえば、金本位制への移行に際しては、それ以前の為替レート水準よりも円安の水準での固定為替レートを選択した点も大きかった）、その銀本位制が採用されるまでの政策論争の場は貨幣制度調査会であった。また、「金解禁論争」や大東亜共栄圏構想における「円圏」も、通貨システムの選択についての議論が、レジーム間競争の「場」として機能したケースであった。

第六章　後期松方財政はなぜ、政策レジームの転換に成功したのか

1　幕府から引き継いだ「正貨流出」の制約

第二章で指摘したように、明治維新政府が取り組むべき最大の経済的課題は正貨流出の阻止であった。その理由は、正貨流出によって経済成長（＝近代化）をファイナンスするための資金が枯渇すれば、その資金は欧米の先進資本主義国に頼らざるを得なくなり、これが植民地化のきっかけになりかねないからであった。発足当時の明治維新政府の最大の政策目標は、イギリス流の自由主義的な経済思想に基礎を置く「近代的」な経済財政システムを構築し、経済発展を実現さ

せることであった。これは、米英をはじめとする先進資本主義国に、日本が近代的な資本主義国の一員としてふさわしい地位にあることを認めさせることを意味していた。そしてそれが、条約改正を実現し、名実共に独立国の立場を勝ち取る唯一の方法でもあった。しかし、このような「近代的」な経済発展の道はなかなか開けてこなかった。これは、日本経済が、通貨システムの不備による正貨流出という制度的欠陥を抱えており、これによって、度々財政資金のファイナンスが困難になるという事態に陥ったためであった。明治初期における正貨流出は、経済問題であると同時に、まさに安全保障問題でもあった。そして、これに如何に対処するかという点で政策論争が展開されたのが、由利・大隈財政レジームと松方財政レジームの間のレジーム間競争であった。

明治政府最初の財政担当者であった由利公正による金札（太政官札）発行は、無秩序な通貨供給から深刻なインフレを誘発してしまい、その後の大隈財政も基本的には由利財政と同じパターンで破綻をきたした。これは、由利・大隈財政レジームでは、経済発展のためにせっかく財政赤字を拡大させ、成長通貨を積極的に供給しても、それが、まったく産業の発展に寄与しなかったためであった。しかも、そればかりか、輸入の急拡大によって、日本国内から大量の金が流出するという状況は一向に改善せず、ますます深刻な正貨不足に見舞われるという悪循環が続いた。そのため、由利・大隈財政レジームは、その経済政策としての信頼性を失っていった。これは、第二章で指摘したように、由利・大隈財政レジームの下で展開されたイギリス流自由主義的な政策思想自体が同時に挫折していく過程でもあった。

それでは、この正貨流出の原因はなんだったのだろうか。それは、幕末期の日米修好通商条約の際に、日米間で取り決められた金銀の交換比率の不備であった。日米修好通商条約では、日本のおける金銀の交換レートは金一に対して銀五の割合であり、当時の国際的な交換比率である一対十五に比べ金が大幅に割安であった。米国や英国の商人らは、中国上海で調達した銀を日本国内で金に交換することによって、国際市場よりも多くの金を無コストで獲得できた。このような裁定機会の存在が、日本からの大量の金流出をもたらしたのであった。以上のような内外の金銀交換比率の格差によって流出した貨幣量は、開国から江戸幕府の崩壊（一八六八年）までの累計で、八五八万両に上ったと見積もられている（藤野正三郎［1990］）。ただし、これはあくまでも国内で採掘された金をベースにした場合の推計値に過ぎない点に注意する必要がある。当時、幕府は、これに加え、金不足による国内のマネーサプライ不足を補うために、海外から金を輸入したといわれている。そして、その輸入金で貨幣を新たに鋳造したが、これも海外へ流出したのである。その流出量は、一〇九九万両と見積もられている（藤野正三郎［1990］）。つまり、両者の流出額の合計は一九五七万両となる。一八七一年の新貨条例における換算レートである金一両＝四円三六銭六二で換算すると、これは、八五四五万円分の貨幣流出となる。明治元年の政府貨幣流通残高は、二四〇五万円であったことを考えると、実に、全貨幣残高の八割が海外に流出したことになる。幕末期の日本の通貨システムは実質的には金本位制であったことを考えると、徳川慶喜政権は、海外への金の流出によって破壊的な打撃を受けたことになる。(1)

だが、徳川幕府の崩壊を受けて成立した明治維新政府も、徳川幕府から、この「通貨の制約」を引き継いでおり、徳川幕府同様、この厳しい制約条件の中で政策運営をせざるを得なかった。その点では、政権の財政基盤は徳川幕府同様に脆弱であった。そのような状況の下で、明治維新政府の財政政策を担当した参与、由利公正の採った通貨政策は、不換紙幣である金札（太政官札）の発行による財政赤字のファイナンスであった。

由利公正の政府貨幣発行による財政赤字ファイナンスの構想は、彼が福井藩において行った藩政改革の成功体験に基づいていた。彼は、福井藩の財政改革において、横井小楠の『富国論』の教えを忠実に再現した。これは、（一）国富の基礎は、一国の生産力にあり、その生産力を拡大する（「殖産興業」）ためにはそれをファイナンスする資金が必要であること、（二）その資金は必ずしも正貨を準備として発行すべきものではなく、物産（将来の生産力）を準備として発行してもよいこと、（三）生産物は他国との交易を積極的に推進することによって、「正貨」という形で国に還流してくるものである（「通商立国論」）、という内容であった。江戸期の由利公正は、実際に、藩札発行によるファイナンスを通じて特産物の開発に成功し、その収益で福井藩の財政建て直しに成功していた。

しかし、明治維新政府における由利の政策レジームはあえなく失敗することになる。これは、太政官札が流通せず、成長通貨としての役割を果たすことができなかったためであった。太政官札の発行によって、当時の日本には、旧徳川幕府の通貨や藩札を含め、何種類もの通貨が流通することになったが、その流通の度合いは各貨幣の「信用度」に応じて決まっていた。まだ設立まもない明治政府は財政基盤も脆弱であったことから、その持続性に疑問が持たれており、明治政府の発行する太政官札の信用度は極めて低かった。そこで、維新政府は、太政官札の流通を促進させるために、当時、大坂地区で取引通貨として用いられていた銀手形の使用を禁止する「銀目廃止令」を布告した。しかし、これによって、太政官札が流通するどころか、むしろ大坂地区で深刻な取り付け騒ぎ等の金融恐慌が発生したことから、政府は、すぐに撤回せざるを得ない状況となった。また、江戸期に締結された日米修好通商条約では、外国人が紙幣の兌換を求めた際には、必ずそれに応じるべきであるとの条項が存在した。法律上は、太政官札もその例外ではなかった。太政官札は、将来の生産力拡大を担保に発行されたにも拘わらず、明治政府は生産力拡大による正貨の蓄積に失敗したため、当時、太政官札の発行残高と正貨蓄積のバランスは全くとれていなかった。そのため、明治政府は太政官札と正貨との交換は、そのまま正貨流出につながることから、当初、外国人による太政官札の兌換請求を拒否する姿勢をとっていた。しかし、これは、外交問題となり、イギリス公使パークスによる明治政府への正式な抗議によって撤回された。当時の金札の実勢相場は著しく低下していたことから、外国人は、大量の太政官札を安値で購入し、これで納税を行うという節税行為や、太政官札を積極的に兌換するという、裁定取引をさらに積極化させたために、正貨が大量に流出、財政危機がさらに深刻化することとなった。また、太政官札の精度は極めて劣悪だったことから、贋札作りが横行したことも追い打ちとなり、由利財政はあえなく崩壊した。

由利公正の政策レジームは、将来の生産力拡大を担保として、まず成長通貨を積極的に供給することによって、後から国内産業が実際に育成されれば、自然と輸出増加によって正貨が蓄積されるという波及経路を想定した政策レジームであった。由利財政崩壊の後の財政政策を受けついだ大隈財政の政策レジームも、基本的にはこれと全く同じものであった。

2 由利財政の継承者としての「初期」大隈財政とその通貨システム構想

一八七四年、「殖産興業ニ関スル建議書」によって、「殖産興業」を政策の中心に据えた大隈財政が実質的に承認され、本格的なスタートを切った。通貨政策としての大隈財政は、由利財政同様、「成長通貨の供給を如何にはかるか」という点にあり、経済成長の実現こそが、正貨流出を抑制させる鍵であるとの認識が強かった。一八七五年一月、大隈によって太政大臣に提出された「収入支出ノ源流ヲ清マシ理財会計ノ根本ヲ立ツルノ議」では、このような大量の正貨流出とそれがもたらす紙幣価値下落の理由について、以下のような指摘がなされている。(一) 正貨流出は、輸出の不振と輸入の急増による貿易収支赤字の拡大によるものである。(二) その中で、特に重要なのは、輸出が思うように伸びない点であり、これは、わが国が一次産品及び半製品への輸出に特化するという「後進国」特有の輸出構造ゆえの現象である。その一方、社会資本整備のための資本財や消費財は輸入に頼らざるを得ないため、ある程度の輸入増は止むを得ない。(三)正貨流出は結局、国内の輸出産業がなかなか発展しないためであるが、主な理由は、国内での成長資金不足という「金融梗塞」にある。以上の現状分析から、「貨財ハ人民ノ気血ナリ国家ノ精神ナリ、(中略)方今貨財否塞ス、産業之レカ為メニ萎痺シ上下之レカ為メニ困窮ス」(「通貨局ヲ設ケルノ建議」一八七五年)として、大蔵省内に理財局を設置し、理財局による積極的な政府貨幣発行によって成長通貨を供給すべきという政策提言を行ったのである。

この大隈の「通貨局ヲ設ケルノ建議」には、マクロ経済にとって適正な通貨供給量はどの程度なのか、という極めて興味深い論点が提示されている。特に、この建議では、江戸時代のうち、比較的安定的な経済成長を実現できていた宝暦年間以降の一人当たりの金銀流通高を算出し、これと当時の一人当たり金銀流通高を比較することによって、当時の貨幣供給量残高が経済成長に不十分であることを示し、「上下困窮日用必需ノ給与ニ堪ヘサル所」であるという結論を導き出した点が興味深い。大隈の結論は、当時の日本経済の状況は、「資金不足」経済であり、経済成長を実現させるためには、さらに成長通貨を供給すべきであるというものであった。

では、大隈はどのような手段で、この「(成長)通貨欠乏」状況を打破しようとしたのか。初期大隈財政において、当初、大隈は、由利同様、政府紙幣の積極的な発行による成長通貨の供給を考えていたようである。その理由としては、由利財政の失敗は贋札の横行や旧幕府時代の紙幣の発行が並存していたためであり、これがなくなれば、新政府の政府貨幣が流通できると考えていたこと、そのために、旧政府紙幣等の回収と新政府紙幣への交換を促進したことが指摘できる。このように、由利財政と大隈財政を比較すると、大隈財政は、由利財政の根本的な政策構想には全く異議を唱えていなかったと考えられる。それは、同年九月に「天下ノ経済ヲ謀リ国家ノ家計ヲ立ツルノ議」、続く十月には「国家理財ノ根本ヲ確立スルノ議」を相次いで発表し、その中で、失敗例とされた由利公正による政府紙幣の発行についても「一時巨万の貨幣民間ニ流出散布シ、運動ヲナシ流通ヲ助ケ……」と政府紙幣供給が明治初期の経済発展に対してプラスの効果を有していたとの認識を示したこと、そして、むしろ安易なデフレーション政策の採用による国内経済悪化を代償に、正貨準備を蓄積し、これによって政府貨幣の兌換を実施しようとすれば、長期的な景気低迷によって結局は国力自体が失われてしまうことを懸念していたことに表れている。

しかし、その後、大隈の成長通貨供給政策は路線を変えることになった。それは、政府紙幣の発行による国内産業の振興が一向に進展せず、正貨流出が続いたためであったが、大隈がとった次の手段は、一八七七年八月の「国立銀行条例」の兌換義務の廃止によって、国立銀行の通貨供給能力を拡大させたことであった。そして、これに続き、一八七八年三月に、大隈は「内国債募集之議ニ付太政官へ上申案」において、起業公債発行による社会資本インフラの整備に着手した。この起業公債は、鉄道建設や港湾、道路の補修、鉱山開発等の用途に用いられることが提案されており、「募集金額ノ儀ハ都テ之ヲ回産復生ノ資本ニ活用スルトキハ則チ数年ノ後若干ノ利分起生スルハ舎テ論セス所謂一国ノ財貨屹度充実シ政府ノ収入亦随テ増加スル」(「内国債募集ノ議」)というのが狙いであった。これは実際に一八七八年五月一日に実現した。募集総額一二〇〇万円、年利六分であった。しかし、これらの施策による通貨供給量の激増は、一八七八年以降のインフレ率の加速度的な上昇をもたらすことになった。そのため、大隈はその政策手段を大きく変えることになった。

3　後期大隈財政におけるインフレーション抑制政策

大隈財政は、「積極財政による成長通貨供給」がその主要政策であった。すなわち、積極政策によって、国内（輸出）産業を振興させることができれば、輸出の拡大によって、正貨が蓄積できることから、経済発展の初期には、経済規模と比較して多額の通貨を供給したとしても、その後の経済成長の実現によって、通貨供給量も最終的には適正な経済規模に見合った「適正」値になる、という考えであった。しかし、この大隈構想は、インフレーションの進行によって挫折の危機に瀕することになった。そこで、大隈は、彼自身の持っていた経済成長の実現という政策レジーム自体（第一部における政策レジームの定式化においては、目標経済成長率）には変更を加えなかったものの、短期的なインフレーション抑制策として、いくつかの政策転換を提示した。

第一の政策転換は、政府紙幣の償却であった（図6―1）。大隈は、一八七八年八月に「公債及紙幣償還概算書」を発表し、政府紙幣一億二一〇五万円を一八七八年度から一九〇五年度に至る

図6—1　政府予備貨幣発行額の推移

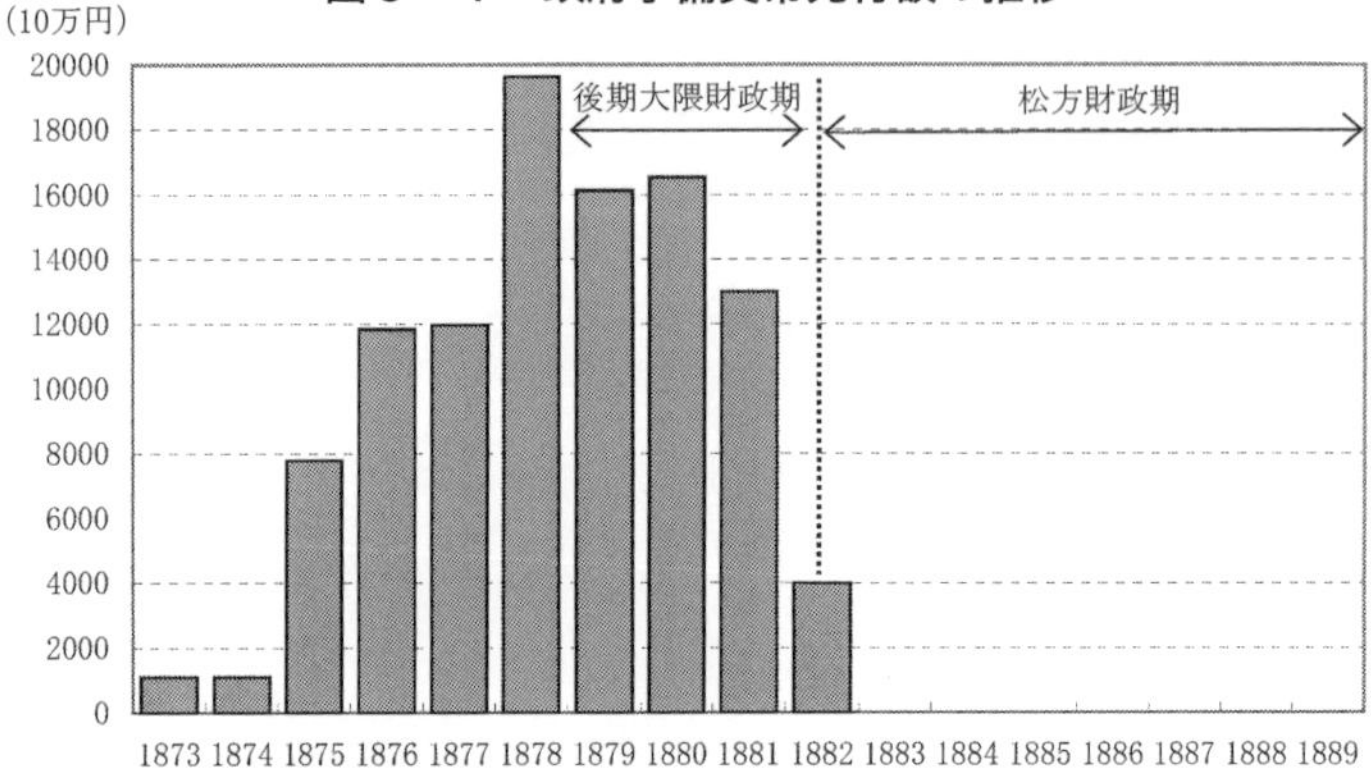

出所:『明治大正国勢総覧』より筆者作成

二十八年間で全額償還するという計画を策定した。しかし、実際は、最初の十五年は、政府貨幣を補助貨幣に振り替えるだけであり、決して「償還」するのではなかった。なぜなら、大隈は先に指摘した「成長通貨供給による積極政策」という構想を捨てていなかったためであった。しかし、この計画はすぐに放棄され、一八七九年六月、大隈は、新たに「国債紙幣償還方法」を制定し、一八八五年度までの八年間で西南戦争時に発行された政府貨幣二七〇〇万円を全額償却するという計画を発表すると共に、政府紙幣の補助貨幣への振替中止を発表した。この計画は、既に部分的に実行されていたが、紙幣価格の下落は止まらなかった。そこで、大隈財政の基本的な政策レジームである「成長通貨供給による産業育成」と「紙幣整理による正貨蓄積」を両立させる「妙案」として次に浮上したのが第二章で言及した「五千万円外債募集」案であった。これは、ポンド建て国債の発行によって得た外貨を紙幣償却の原資にあて、一気に通貨流通量と正貨残高のバランスをとることで、インフレーションを沈静化させようとする政策であった。この政策については、様々な批判があり、議論は紛糾したが、最終的には、この利払いコストの問題、そして、なによりも、英国という当時最強の資本主義列強に対して巨額の債務を負うことによる「植民地化」リスクの台頭がこの議案を否決させた。

第二の政策転換は、一八八〇年九月に建議された「財政更改ノ議」における財政支出削減策の提案であった。この「財政更改ノ議」は、増税（酒税率の引き上げと地方税負担の地価の五分の一から三分の一への引き上げ）と経費削減（府県土木費の国庫補助の停止、農商務省の設立、官営工場の払い下げ）によって、国庫に一千万円の余剰金を捻出することが目的であった。この一千万円は、先の「国債紙幣償還方法」で提示された政府紙幣の償却原資となるはずのものであった。しかし、大隈は、依然として自らの「積極思想」を放棄してはいなかった。つまり、この一千万円の余剰金捻出と政府紙幣の償却は別問題であり、この一千万円は鉄道建設を中心とする公共インフラ建設推進のための資金であると考えていたのである。(2) また、「経済政策ノ変更ニ就イテ」では、「三議一件」の実施（官営工場払い下げ、小学校に対する補助金廃止、省庁の改変等）が提案された。このうち、「官営工場払い下げ」に関しては、表面的には、「国家は、『起業』に際しては保護すべきであるが、発展に際しては民間の活力に期待すべきだ」との発想がその底流にあり、彼の自由主義的な思想背景を裏付けるものであった。

その後、大隈は、一八八一年八月に、「財政更改ノ議」に続く政策提言である「公債ヲ新募シ一大銀行ヲ設立スルノ議」を提出する。これは、紙幣償却を加速させつつ、正貨の蓄積を迅速に達成するための方策として、再び「外債発行」計画を提示したものであった。そして、同時に、伊藤博文のアメリカの中央銀行制度の視察結果やイギリスの駐日公使パークスのアドバイスを元に、中央銀行を設立し、国家による通貨供給の一元管理を行うという、後の松方財政下での中央銀行構想に近い形の金融システムの転換が提案された。しかし、その直後、明治十四年の政変が勃発し、大隈は大蔵卿の職を解かれることになり、この構想は挫折するに至った。

大隈によるこれらの政策転換は、どのように評価できるだろうか。紙幣整理の進捗状況という観点から後期大隈財政をみると、一八七九年から既にその残高は減少傾向にあり、後期大隈財政による紙幣整理は効果を上げつつあった点が指摘できる。具体的な数値を示すと、大隈が失脚する明治十四年の政変までに、紙幣流通残高の対GNP比率は、そのピークであった西南戦争直後（一八七八年）の二九％から約一四％にまで低下していた（六七頁の図2―4参照）のである。しかも、この水準はその後の松方財政における紙幣整理でさらに大きく低下することはなかった。これは、後期大隈財政の時点で、貨幣流通残高を経済取引との比較で見た場合の貨幣整理は、既に十分進展していたことを示している。また、正貨流出の原因であった貿易収支も、明治十四年の政変前の段階ですでにほぼ収支均衡となっており、正貨流出は回避されつつあった。このように、当時の経済指標を見る限り、大隈がインフレーション抑制を意図して行った政策微調整は、貿易収支の面では日本経済を正しい方向に導きつつあったのである。

前述のように、大隈財政の問題点が、正貨流出による対外債務のデフォルト懸念と欧米資本主義列強による日本経済の実質的な支配のリスクという安全保障上の問題であるならば、貿易収支赤字の拡大が止まることが最も重要であって、物価水準の高騰自体は副次的な問題のはずであった。しかし、後期大隈財政では、確かに貿易収支赤字は減少しつつあったが、インフレ率の低下は一向に見られなかった。つまり、一八七九年から一八八一年までの後期大隈財政の三年間のインフレ率の推移をみると、前述のように、紙幣整理の進展によって通貨供給残高は減少していたものの、逆にインフレ率は上昇し続けていた。特に、一八八〇年から一八八一年にかけての二年間に物価水準は加速度的に上昇した。後期大隈財政はインフレーション鎮静化という点では全くの無力だったのである。

この理由は何だったのであろうか。一つの理由は、後期大隈財政は、米価高騰を止めるスキームを有さなかったことである。[3] 当時の物価動向をみると、米価を含む農産物価格が一般物価指数に先行して動いていたことがわかる（図6―2）。米価は、一八八一年の地租納期の繰上げをきっかけに下落に転じたが、その後、一般物価全体も追随して下落基調に入った。これは、前期松方財政期になってからインフレーションが抑制されたことを示しており、後期大隈財政では、この米価高騰に歯止めをかけることができなかったことがインフレーション抑制に失敗した一つの理由であると考えられる。もうひとつの理由は、民間経済主体によって後期大隈財政のインフレーション抑制策が「信認」されていなかった可能性である。しかし、これは、必ずしも大隈の政策

図6—2　農産物価格と一般物価の推移

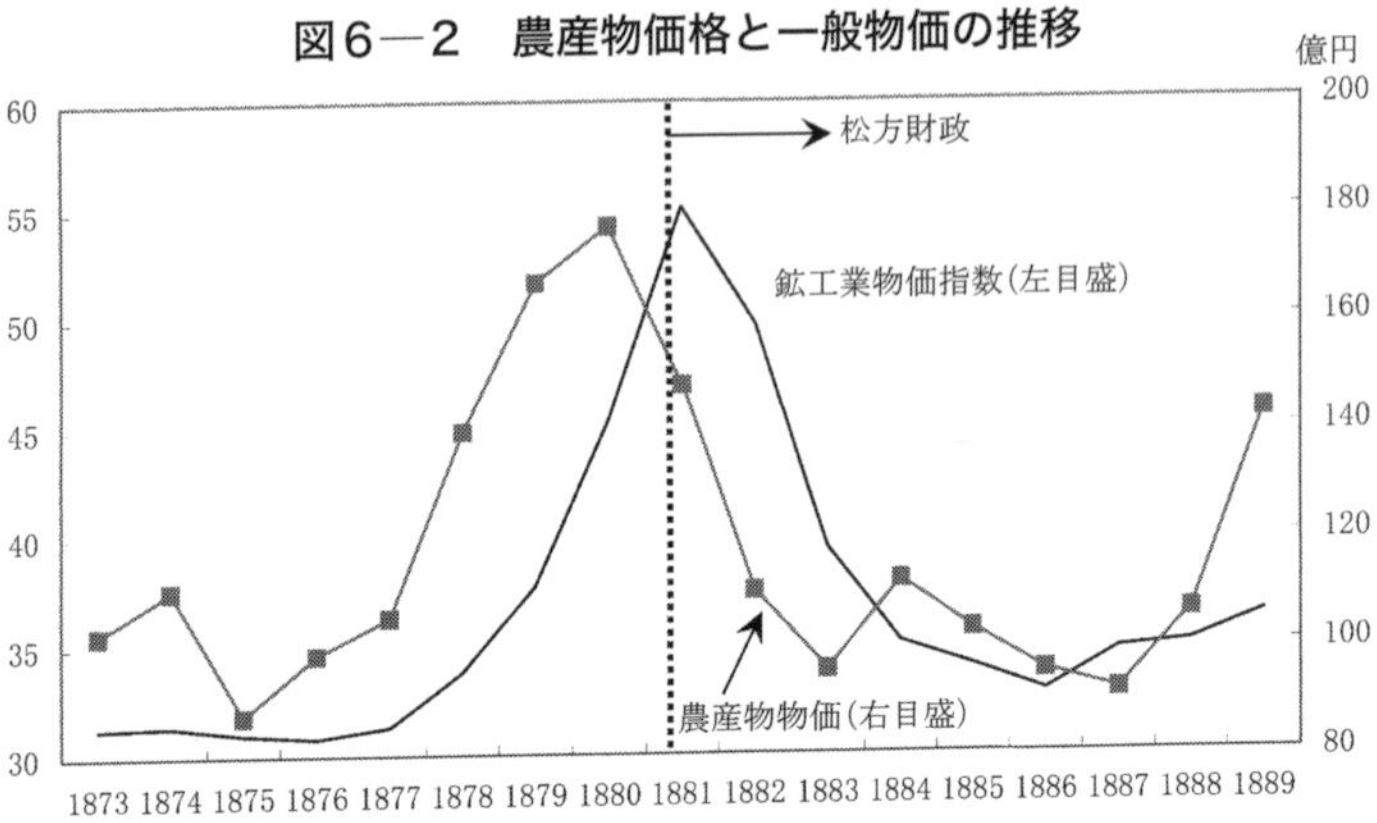

出所:『明治大正国勢総覧』[1927]より筆者作成

構想に問題があった訳ではない。『貨政考要』では、大隈財政が本格的に始動する前に、「明治五年ノ冬大蔵省渋沢栄一ノ至達ヲ以テ始テ繰替貸ナルモノヲ設ケ旧貨幣回収ノ為ニアラスシテ新紙幣八百万円ヲ出納寮ヘ交付シ常用支出ニ供シ（中略）之ヲ発行紙幣ト全シク国債ノ部内ニ算入シタリ、是ニ於テ又新紙幣ノ発行高ヲシテ（中略）増加ヲ生シメタリ」とあり、本来であれば、旧政府紙幣、及び、旧藩札を交換するために発行されるべきはずの新紙幣が、通常の支出目的で発行されると共に、国債勘定に混入され、約二年間に渡って公表されないままであったことが記されている。これは、まさに政府による国家財政の粉飾決算に他ならない。大隈がいくらインフレーション抑制策を策定しても、実際の政策を実行する事務方が粉飾決算を実行していることが明らかになれば、インフレーション抑制政策への転換が、「信頼ある政策」として、経済主体に信認されなかったとしても仕方ないことであっただろう。このような当時の明治政府

の通貨政策に対するスタンスが、慢性的なインフレマインドを醸成する一つのきっかけとなったことは想像に難くない。(4)

4 「政策レジームの転換」過程としての松方財政

松方は、三条実美に「財政ノ議」を提出すると共に、大隈の「五千万円外債調達案」に賛成の意を表明していた伊藤博文に対し、直接面談を申し入れ、自らの辞表を提出して、大隈案の採用に待ったをかけた。折から、国会の早期開設には反対であった伊藤は、大隈が即時開設に賛成するという「密奏」を企てたことを知ると、大隈との対立を表面化させ、続く「北海道開拓使払い下げ問題」で薩長派閥と大隈勢力の対立が決定的となったのをきっかけに、明治十四年の政変で大隈を失脚させた。

大隈の後を継いだ松方財政が、「慢性的なインフレーション」の抑制のために策定した新たな政策メニューは、表面的には「政策レジームの変更」といっていいものであった。それは、松方財政が、将来の兌換制度導入による「通貨価値の安定」を初めて意識していたためである。これを第一部の政策レジームの定式化で考えると、通貨システムパラメーターβの存在が初めて意識されたことを意味する（すなわち、政策関数における通貨システムパラメーターβがゼロではなくなったことを意味している）。このことは、松方財政が、大隈財政下で無秩序になっていたマネタリーコントロールを、政府の一元管理で行うことによって、通貨に対する国民の信用を回復させようとしたことを意味している。これは、一八七五年九月の「通貨流出ノ防止ニ関スル建議」における提案において、（一）兌換制度の確立と（二）中央銀行制度の確立による通貨の一元的な管理の導入を謳っていた点からも明らかである。そして、松方は、一八七六年八月一日に改正された「国立銀行条例」において、発券銀行である国立銀行の兌換義務を廃止し、不換紙幣発行によってより多くの成長通貨を供給しようとしていた大隈財政とは、明らかに異なる政策スタンスを明確にしたのであった。

このうち、中央銀行設立による通貨供給量の国家の一元管理については、大隈が「公債ヲ新募シ一大銀行ヲ設立スルノ議」において提案した横浜正金銀行をその核とする中央銀行構想があった。しかし、この大隈の中央銀行構想は、「五千万円外債調達案」とリンクしていた点に注意する必要がある。すなわち、大隈構想では、中央銀行の運営は、その高度なノウハウゆえに外国資本の導入と共に、外国人支配人の任命が提案されていた。一方、松方構想は、安易な外資導入は「国を危うくする」との認識（それに加え、知己としていたフランス議員兼博覧会事務官長カランツの助言）により、外国資本を排除したものであった。

5　由利・大隈財政の通貨的無知と前期松方財政の連続性

正貨流出を避けるためには輸出を拡大させるか、輸入を減少させるしかない。松方財政、及び（もし、外債調達案が成立していたと仮定した場合の）後期大隈財政は、国内産業による輸入代替を意図した経済成長政策であり、専ら後者の効果である輸入減を意図した政策であった。しかし、当時の日本にも前者、すなわち、輸出拡大によって正貨蓄積をはかる手段が存在していたと考えられる。それは、金銀比価の政策的な操作である。

当時の日本は金銀複本位制を採用しており、金銀比価は、金一に対し、銀一六・〇一程度であった。これに対し、世界の金銀需要で決定されるロンドンの金銀比価は金一に対し、銀一八・二五程度であった。このことは、両者の価格差が、日本では、相変わらず、海外に比べ金価格が安く放置され続けていることを意味していた。この場合想定される海外投資家（商人）の行動は、海外で割安の銀を大量に調達して、これを日本で金に交換するというものであろう。特に一八七三年から一八七六年にかけて、欧米の先進資本主義諸国がこぞって金本位制を採用し始めることから、金需要が急激に高まった。このため、日本からの金流出は加速度的に増加した（図6―3）。もし、当時の日本政府が法定の金銀比価を銀安の方向に誘導していたならば、金正貨の流出はある程度は防げたかもしれない。

図6―3　正貨流出額の推移

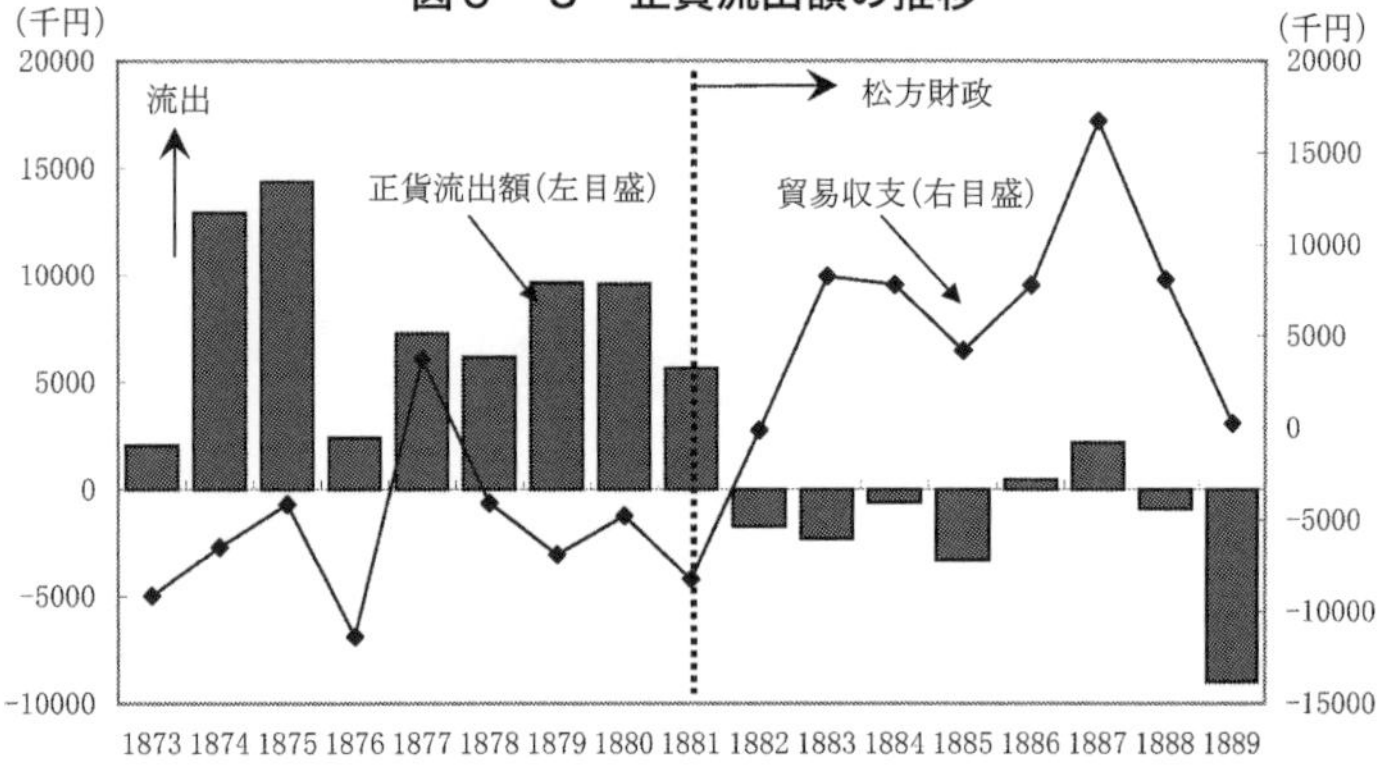

出所:『明治大正国勢総覧』より筆者作成

図6―4　明治期の購買力平価の推移

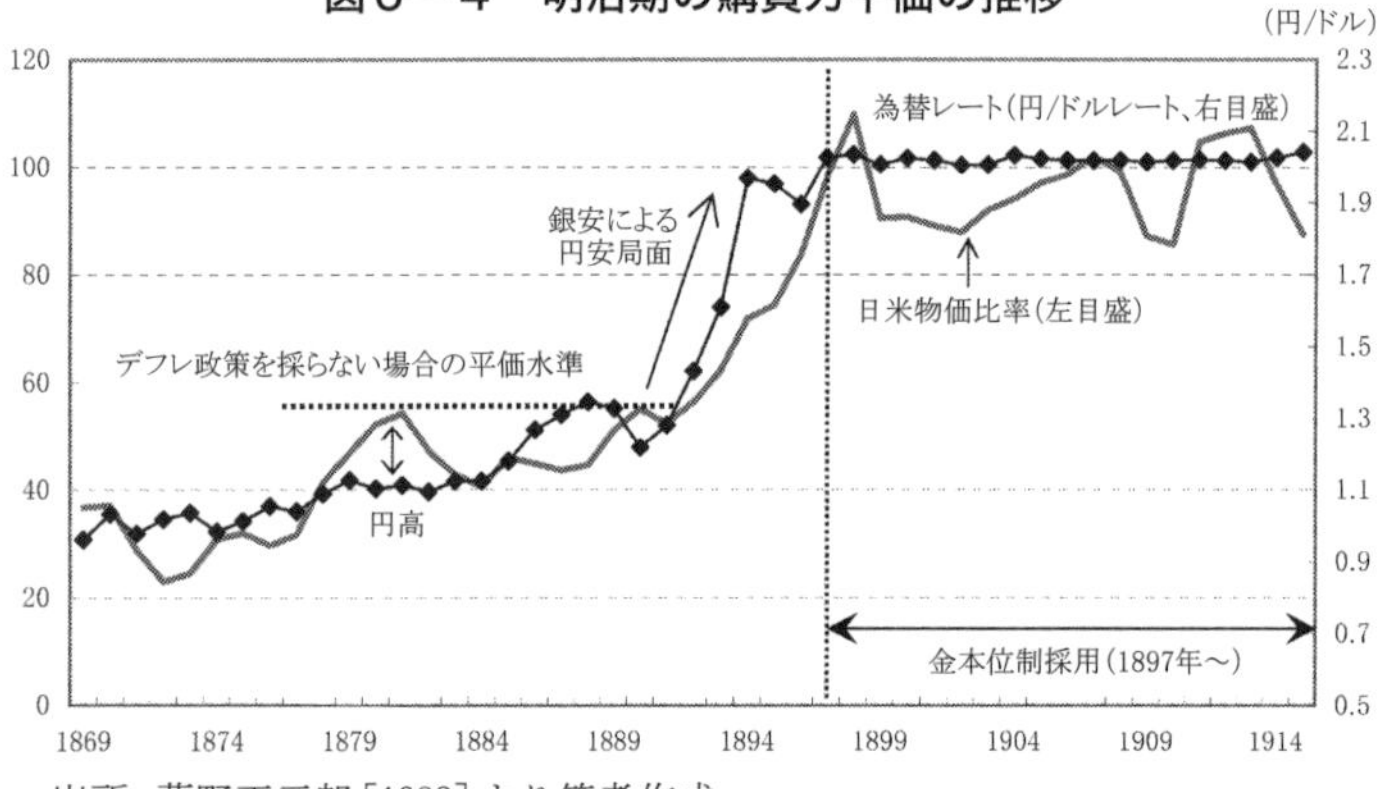

出所:藤野正三郎[1989]より筆者作成

図6―5　輸出入の推移

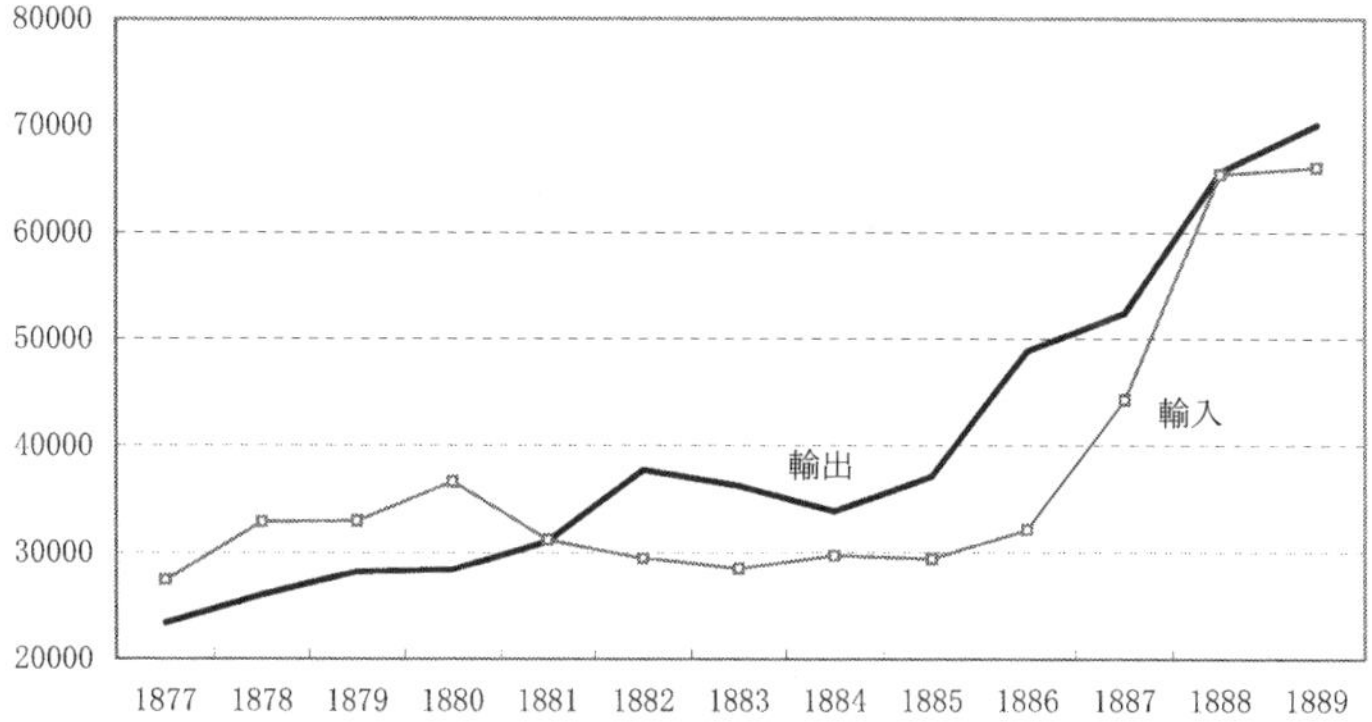

出所:『明治大正国勢総覧』より筆者作成

また、円高円安の基準を「購買力平価」との比較で判断する場合、松方デフレ期の一八八一年から一八八五年の期間は、購買力平価と比べ実際の為替レートが円高で推移していたことがわかる（図6―4）。輸出の拡大によって正貨を蓄積しようとすれば、為替レートは円安に誘導し、輸出産業の価格競争力の向上をはかる必要があっただろう。[5] 当時の日米の卸売物価を用いて算出した購買力平価は、一ドル＝一・三円程度の水準になる。しかし、松方デフレにおける引き締め政策の結果、円ドルレートは、一ドル＝一・一円程度に維持されており、その間、輸出の伸びは鈍化している（図6―5）。当時の日本の比較優位産業が軽工業で、価格弾力性が極めて高かったことを考えると、このような二割程度の円高でも、かなり輸出を鈍化させる効果があったと考えられる。

以上のように、明治初期にイギリス流の自由主義的思想をベースにした「近代的」な経済政策構想が挫折に至った主な原因は、国の経済発展における通貨システムの重要性を十分認識していなかった点にあると考えられる。歴史に「if」は禁物だが、やや大胆な物言いが許されるなら、もし、由利公正や大隈重信が、通貨システム選択の重要性を認識し、金銀比価を政策的に操作していたならば、正貨流出はある程度阻止できたかもしれない。そうすれば、国内産業の育成政策もうまく機能し、イギリス流自由主義的な経済思想に基づく「通商国家」構想は実現し、これが、「小日本主義レジーム」の採用に発展していく可能性もあったのではないだろうか。そうすれば、その後の一連の戦争の歴史も回避できていたかもしれないのである。

6 銀本位制採用までの道のり

松方財政では、デフレーション終結後の一八八五年に、ほぼ当時のロンドンの金銀比価で銀本位制が採用されることになるが、この時の円・ドルレートは一ドル＝一・一八円であった。当時の購買力平価が一ドル＝一・三円であったことを考えると、松方デフレは銀本位制採用にあたって、デフレーション政策によって、前もって国内の物価水準を切り下げ、円高に誘導する経済政策を採用したことになる。これはまさに一九三〇年の金解禁で井上財政が犯した失敗と同様のものであり、いわば、井上財政失敗のさきがけであったといえる。(6)

通説的な歴史認識では、この前期松方財政におけるデフレーション政策が、日本経済発展の基礎を築いたと評価されているが、実際に、日本経済が近代化へ向かって本格的な成長局面に入ったのは、この銀本位制採用が、いわば世界的な金本位制採用ブームという制度的なショックによって、実質的な円安効果を生んだことがきっかけであった。すなわち、松方財政の成功要因は、デフレーション政策そのものではなく、その後、銀本位制を採用した点に見出せるのである。ここでは、銀本位制に至る明治期の通貨システム選択について考察したい。

明治政府によって最初に制定された通貨制度は、一八七一年五月十日の「新貨条例」による金本位制であった（「一円金ヲ以テ原貨ト定メ」）[7]。これは、当時、最先端の通貨システムであった金本位制をいち早く採用することによって、日本が、後進国から一歩抜け出した地位にいることを内外にアピールする目的があった。これは、伊藤博文の「東洋ノ一小島ニ於テ早ク著鞭イタシ候儀ニテ真ニ痛快此事ニ御座候」[8]という言葉に象徴的に表れている。しかし、当時、主要貿易国であった他の東洋諸国の多くは、貿易の決済に際して、メキシコ銀を中心とした銀貨を使用することが多く、日本だけが金本位制を採用しても貿易実務上のメリットはないという理由から、一八七八年五月には貿易銀が、金貨と同様の価値を持つ本位貨幣として認められ、日本は、結局、金銀複本位制を採用することになった。一方、一八七二年十一月十五日に制定された国立銀行条例によって、金兌換の紙幣が流通貨幣として定められたが、一八七六年八月一日の国立銀行条例改正によって、金兌換義務が廃止されたために、国内では不換紙幣である国立銀行券（政府紙幣）が、貿易通貨としては銀が流通するという、「変則的な管理通貨制度」が実際には運営される状況となっていた。国内での不換紙幣の大量発行によって、国内取引では、銀が流通することはほとんどなく、紙幣の流通が拡大していた。前述のように、由利・大隈財政下では、金銀複本位制下で金銀比価が金に有利であったことから、金が海外へ流出、または退蔵されたが、不換紙幣の発行が許可されて以降は、銀さえもが海外流出、もしくは退蔵されることとなった。これによって、日本経済は、銀本位制採用以前には、実質的な変動相場制の下に置かれるに等しい状況となっていた。

金銀の流出は、正貨不足によって対外債務のデフォルト懸念を醸成していたことから、日本は、一八八五年五月に銀兌換券の発行を開始し、正式に銀本位制に移行した。銀本位制への移行は、松方の提案によるものであったが、この詳細は、一八八三年十月に太政大臣に提出した「貨幣条例改正意見書」における「本位貨幣ノ物タル物価ノ標準ニシテ内外貿易総テ之ニ拠ルモノナレハ、（中略）想フニ方今東洋ノ開明未タ高度ニ達セス貿易ノ標準ヲ銀ニ取ルコト既ニ数百年（中略）銀本位ノ金本位ヨリ実勢ニ適当スルヲ以テナリ、勢既ニ其ノ如シ本邦ノ微々タル貿易ニ於イテ安ソヨリ金本位ヲ維持スルコトヲ得ンヤ」という記述で明らかにされている。ここでは、（一）主要貿易国である東洋諸国の決済通貨が銀であるという実情を考えると銀が本位通貨であるメリットが大きい、（二）そこで、日本経済の発展段階を考えると、金銀比価が著しく金に有利になっている状況で、このまま金銀本位制を続ければ、欧米資本主義列強諸国は、廉価な銀と国内の金を交換することで、大量の国内の金が海外に流出してしまう懸念がある、という点が指摘されている。

もう一つ重要なポイントは、銀本位制の採用で、正貨準備が銀尺度で換算されることによるメリットが生じた点である。すなわち、先進資本主義国がこぞって金本位制を採用する中、金銀比価が低下している局面で銀本位制を採用すれば、金や金貨を価値の下落した銀と交換することで、銀保有量を増加させることが可能になり、それだけ銀ベースの正貨準備を拡大させることができる。これは、「準備正貨現在高合計千三百八拾萬九千五百七拾八円ナリ、之ヲ当時ノ相場ニ依リ銀貨ニ換算スレハ、準備正貨現在高実ニ四千四百九拾八萬六千壱百壱拾七円余リトナルカ故……」[9]という文言から確認できる。この方法によって、一八七九年には約一二七〇万円弱であった正貨準備は、一八八七年には、四四〇〇万円にまで増大した。正貨準備の蓄積はその分、貨幣発行の余地が高まることを意味している。同時に正貨準備率の低下は、その分、インフレーションの圧力が低下していることをも意味する。すなわち、銀本位制採用によって、正貨準備率という貨幣発行の「規律」を遵守した上での通貨発行余地の拡大は、それ以前の松方財政下での紙幣償却によるデフレーションの圧力をある程度緩和する効果もあった。また、これは同時に実質的な通貨の切り下げをも意味しており、国際収支改善による正貨蓄積という二重の効果も有していた。正貨流出は、当時の日本にとっては、一種の「安全保障」問題であった点を考えると、銀本位制採用は、日本の植民地化を防ぐ政策でもあったといえる。

日本の為替相場は、金本位制が採用される一八九七年までは、金銀比価に比例して推移した（**図6―6**）。前述のように、一八八九年以降、金銀比価は、金価格の相対的な上昇によって拡大した。ニューヨーク市場で、一八八四年には一八・五七倍であった金銀比価は一八八九年には二二・一

図6—6　明治期の為替レートと金銀比価

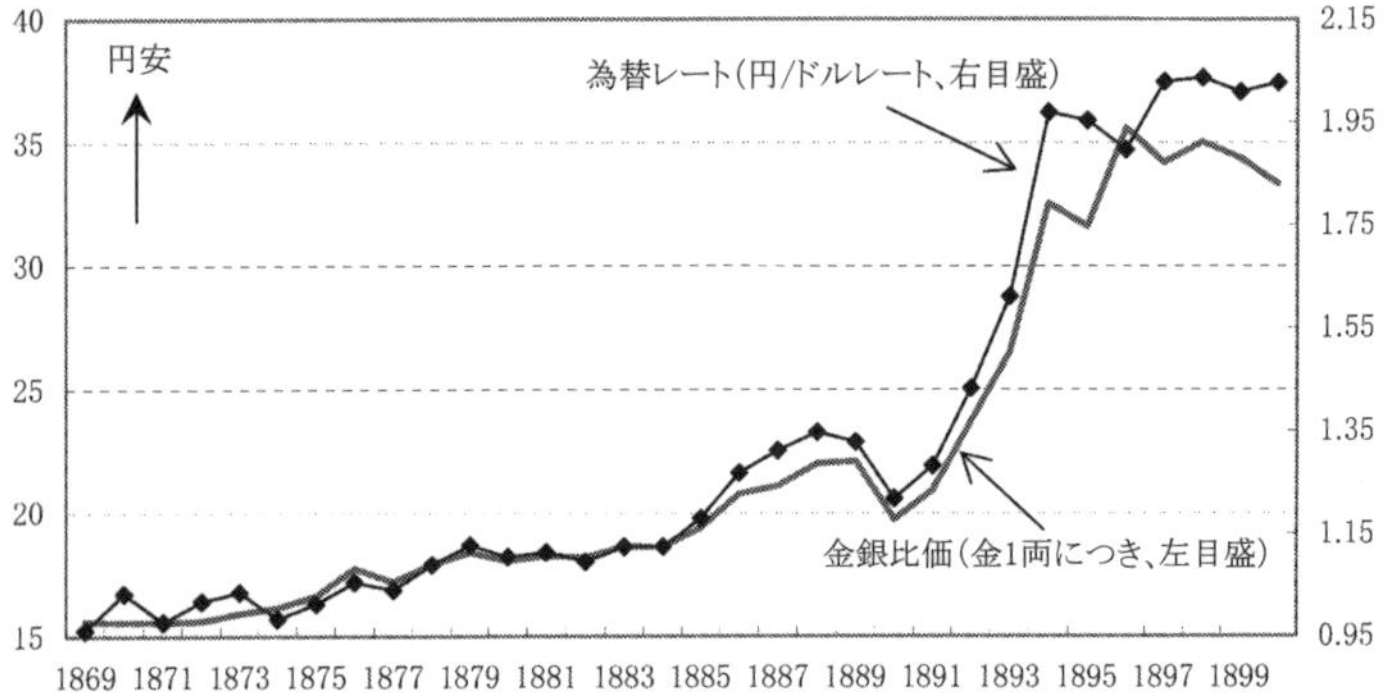

出所：藤野正三郎［1989］より筆者作成

一倍に、一八九三年には二六・四七倍にまで拡大した。このような長期的な金銀比価の拡大は実質的な円安効果を日本経済にもたらすことになった。これは、世界市場における日本産業の価格競争力の向上を意味したことから、日本は輸出を一気に拡大させることになった。また、それに応じて、新興企業による積極的な事業展開などが多く登場し始め、日本は一八八〇年以降、本格的な「企業・産業勃興期」を迎えることになった。

このような状況の下、一八九三年十月、当時の大蔵卿であった渡辺国武の発案によって、貨幣制度調査会が設けられることになった。この貨幣制度調査会は、（一）最近の金銀価格変動の原因とその結果、（二）最近の金銀価格変動のわが国に与える影響、(三)最近の金銀価格変動によって、現行の貨幣制度である銀本位制を変更する必要があるのか、についての調査・議論を行うのが目的であった。

この調査会の報告では、（一）現状の金銀価の変動は、銀本位制採用国に有利に、金本位制採用国に不利に働いていること、(二)その理由としては、「物価ノ騰貴ハ概シテ農工商ノ興隆ヲ促ス(中略)其輸出貿易ハ大ニ増進シテ従来輸入セル製造品ノ如キハ内地ニ於テ之ヲ製造スルノ有様トナレリ」、また「物価ノ下落ハ概シテ農工商ノ沮喪ヲ来タスハ古今ノ実験歴々之ヲ証スル所」であること、(三)英米独等の金貨国では、経済の「萎縮不振」のため、「金銀複本位制論者」が台頭していること、の三点を指摘している。また、日本経済についての分析としては、「其発達実ニ顕著」であり、これは「金銀比価ノ変動与リテ大ニ力アル」という要因が大きいことから、銀本位制の採用が、事後的に日本経済の発展に大きく寄与したことを指摘している。

しかし、この貨幣制度調査会の設立目的は、松方が金本位制への改正の必要性を政府内に訴えるための調査資料の作成であったことに注意する必要がある。松方は、金本位制への参加が、日本が先進国の仲間入りを果たしたことの何よりの証明であると考えており、当初から金本位制導入を熱望していたという経緯があった[10]。そのため、銀本位制の経済的な優位性から銀本位制を維持する方向に傾いていたはずが、第一次特別委員会報告では、「両論併記」という形で、金本位制導入を訴える意見も第二次特別委員会報告へと受け継がれることになった。そして、第二次特別委員会報告では、「一時一部ノ利益ニ眩迷セズ将来永遠ノ利益ヲ図リ(中略)多数有力ニシテ本邦ト関係ノ大ナル国ニ於テ行ハルル所ノ幣制ト一致ヲ保チ完全ニシテ強固ナル貨幣制度ヲ確立スルノ方針ヲ執ル」べきであるという限りなく金本位制導入に傾いた提言となった。

ただ、実際の金本位制への改正は、一八九七年十月一日と、調査会設置後、約四年が経過した後のことであった。なぜならば、そもそも正貨としての金の蓄積が不十分であったために、現実問題として、金本位制導入は不可能だったからである。

7　なぜ、「銀本位制」が最適通貨システムであったのか？

欧米の主要列強資本主義国にとって「アジアの中の一後進国」に過ぎなかった日本が、先進資本主義列強の一員へと成長していった過程には、後期松方財政期におけるマクロ経済の飛躍的なキャッチアップがあった。この経済発展の要因としては、もちろん軍備拡大を梃子とした産業革命（重工業化）というミクロ経済的な要因も存在したことは否定できないが、事後的にみれば、銀本位制という通貨システムを選択したというマクロ経済的な要因が大きかったと思われる。

それでは、なぜ、明治の日本にとって、銀本位制を選択したことがその後の経済発展に大きく寄与したのか？　その答えは、グローバル経済における金本位制成立の歴史の中に見出せる。金本位制は一八二一年に英国によって採用されたのを皮切りに、一八七〇年代に先進主要資本主義国が次々と採用し、一八七〇年代半ばには、当時の「グローバル・スタンダード」の通貨システムとなった。金本位制の下では、（一）為替レートがあらかじめ決定され、固定的に運営される。（二）採用各国の通貨供給量は、当該国の保有する金ストックの量に依存して受動的に決定される。（三）金本位制国間の国際間取引（貿易、資本）の決済には金が用いられるが、為替レートはあらかじめ固定されているため、取引によって国内の金ストック量が変化する。金ストック量は国内の通貨供給量とリンクしているので、国内の通貨供給量の調整を通じてマクロ経済が自動的に調節される、等が特徴的な点である。通常、国内需要が強過ぎるようなインフレーションの局面では輸入が拡大し、対外支払いが増加することから、対外決済手段としての国内の金ストックが海外に流出する。国内の金ストックが減少する局面では、それにリンクして通貨供給量が減少することから、金利が上昇し、それによって、やがて国内需要が減速する。国内需要が減少する局面では、国内で生産された製品が海外へ輸出されたり、輸入が減少したりすることから、国際収支は黒字化し、逆に国内に金が流入する。このような対外決済に伴う金の流出入を通じて、景気が自動的に調節されるというのが金本位制の利点である。

この金本位制は、金本位制を採用する国が広範囲に存在し、かつ、国際取引における決済システムが安定的に運営されており、かつ、各国の金ストック量が安定的に推移（何らかの特殊要因によって、ある国に大量の金が流入したり、ある国から大量の金が流出するような事態がないことを意味する）するという前提条件が成立すれば、景気の自動調節機能がうまく働く「理想的」な通貨システムとなる。しかし、金本位制が始まってまもない一八七〇年代は、全世界ベースの金ストックの拡大ペースが鈍る中で、金本位制を採用する国が飛躍的に増加した（表6―1）ことから、一国当たりの保有金ストック量が減少してしまう状況に見舞われた。前述のように、国内の金ストックの減少は、国内の通貨供給量の自動的な減少を誘発させることから、一八七〇年

表6―1　欧米先進資本主義国の金本位制採用年一覧

イギリス	1821年
ラテン通貨同盟	1876年
オランダ	1875年
ドイツ	1871年
スカンジナビア通貨同盟	1873年
アメリカ	1900年

ラテン通貨同盟は、ベルギー、スイス、イタリア、ギリシャ、オーストリア、スペイン、ルーマニアを含む。
スカンジナビア通貨同盟はデンマーク、ノルウェー、スウェーデン。

から一八九〇年にかけての約二十年もの間、金本位制採用国は、通貨供給量の減少によって厳しいデフレーションに見舞われてしまったのである。この時期のイギリスにおける「大不況」は、まさに金本位制採用国拡大による金ストック量の減少がもたらした「マネタリーな」要因からのデフレーションであった[11]（図6―7）。

一方、多くの先進資本主義国が、銀本位制、もしくは金銀複本位制から金本位制へ移行するに伴って、本位通貨としての銀需要は減少していったことから、金銀比価は、銀安の方向に大きく傾いた。当時の金本位制採用国に対する銀本位制採用国の為替レートは金銀比価によって決定されていたため、銀価格の低下はそのまま為替市場での円安を意味していた。円安は輸出産業にとっては極めて有利となるのはいうまでもない。もちろん、日本もその例外ではなかった。金銀比価の変動に伴い、当時の日本の輸出は急拡大し、貿易収支は急速に黒字化していくことになった。松方財政期以降の日本経済の発展は、円安による輸出ドライブによってもたらされたのである。そして、輸出拡大による貿易収支の好転によって、徐々にではあるが、正貨流出問題も解決の方向へ動いていった。

このように、後期松方財政期に日本が高成長を実現できたのは、（後述するように）松方にとっ

図6―7　金本位・銀本位採用別の物価指数の推移

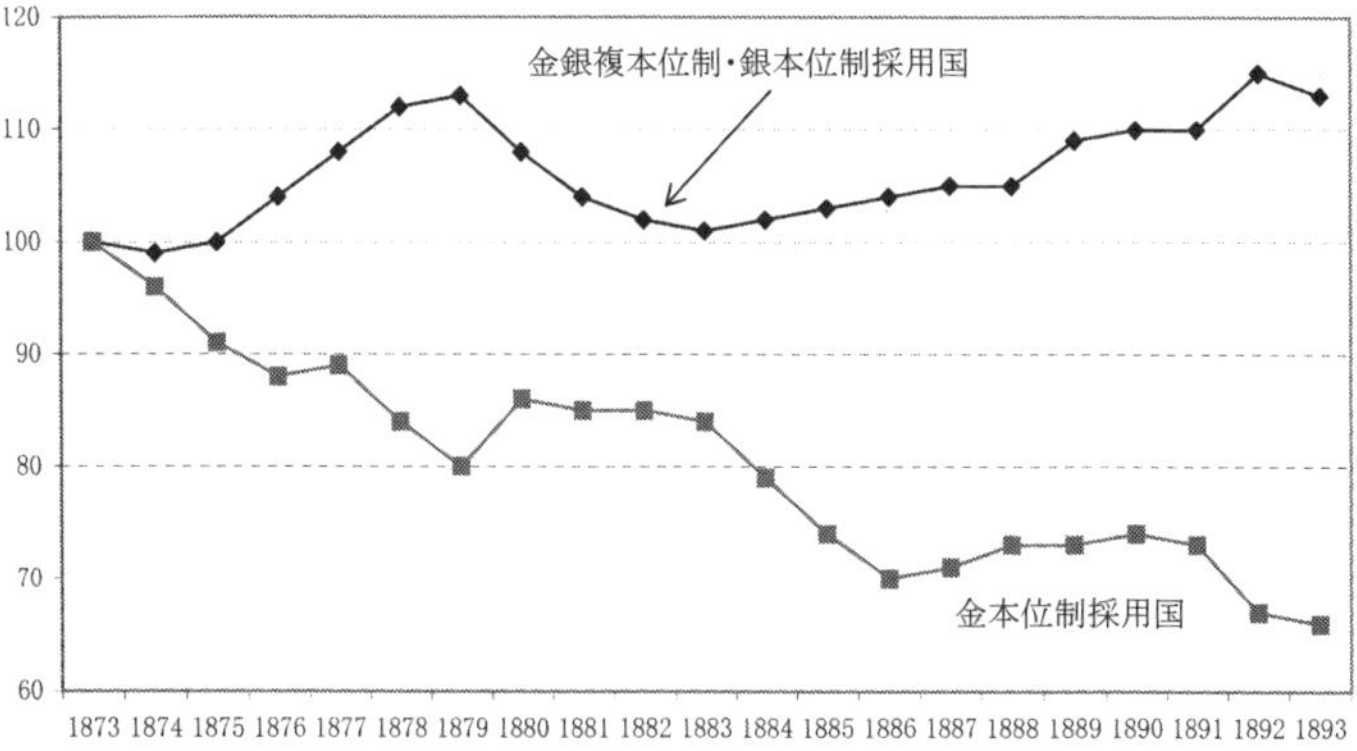

出所:『貨幣制度調査会報告書』より筆者作成

ては不本意であったとはいえ、日本が当時の先進資本主義国のグローバルスタンダードな通貨システムであった金本位制を選択せずに、銀本位制を選択したこと、そして、これが為替レート切り下げ効果を誘発することによって、輸出主導の経済成長と正貨蓄積が可能になった点が極めて大きかったと考えられる。つまり、その後の経済発展（もしくは、日本が欧米資本主義諸国と比肩するような列強になったこと）を松方財政の貢献であるとするならば、それは、「銀本位制」という当時の日本経済発展のための最適な通貨システムを選択した点が大きかったのではないかと考えられるのである。

8　無意識の「レジーム転換」成功の問題点

一八八六年一月の銀本位制導入後は、欧米先進主要国の金本位制採用という特殊要因によって、日本にとっては実質的な円安を意味する銀安がもたらされたことから、日本は輸出主導の経済発展を実現させることになった。前述のように、日本が銀本位制を選択した理由は、制度的・慣習的要因によるものであって、当時、リアルタイムで通貨安のメリットを明確に意識し、通貨安の景気押し上げ効果を明示的に意図して実施した訳ではなかった。その意味では、松方財政の成功は偶然の要素が強かったのかもしれない。(12)

通説的な見方では、明治十四年の政変以降の初期松方財政での紙幣整理とそれに伴うデフレーション（松方デフレ）は、大隈財政期の慢性的インフレーションの圧力を完全に払拭し、その後の日本の経済発展の基礎を築いた経済政策の「成功例」として指摘されることが多いが、筆者はその立場には立っていない。それは、前述のように、（一）紙幣整理方針は既に後期大隈財政期にある程度は実行されていたこと、（二）デフレーションの進行は地租納期の繰上げが富裕農の米の投機的取引を突然、実行不可能にしたためだと考えられるが、もし、仮に物価水準の引下げが必要であったとしても、それと同じ効果が大隈による「五千万円外債調達案」の実行によってもたらされていた可能性が高いこと、がその理由である。すなわち、デフレーションは、程度の差はあると思われるが、松方財政だから発生したものではないと考えられ、そこに、「政策レジーム転換」の要素は見出せない。

さらに重要な点としては、そもそも、五年間にも及ぶ長期間の「松方デフレ」は必要であったかという問題がある。大隈財政期には、富裕農による米相場への投機等のバブル経済的な要素があったが、このような、階層間の分配の歪みの是正のために五年にも及ぶデフレーションが必要だったのだろうか。確かに、これ以上の物価水準の上昇を抑える必要性はあったかもしれないが、これはあくまでも上昇ペースを経済成長に相応したレベルにまで収束させることが必要なのであって、実は、物価水準自体を大きく引き下げる必要性はあまり大きくなかったと思われる。[13]

これまで述べてきたように、当時のインフレーションの最大の問題点は、詰まるところ、正貨の海外流出による対外債務のデフォルトリスクの台頭であった。より具体的に言及すれば、(一)その原因が財政赤字のマネタイゼーションであること、(二)財政赤字が、主要な歳入源であった地租の納期と歳出のずれに起因しており、この補填のための借入拡大が財政赤字に他ならなかったこと、(三)このようにして発生したインフレーションによって、地租納期のタイミングを先延ばしにすればするほど、富裕農は、より多額のインフレ利得を獲得できるようになり、米の現物先物市場での拡大や地租出納を借入で賄うといった投機的需要の拡大がもたらされたこと、(四)富裕農のインフレ利得の多くが奢侈品の海外からの輸入に流れ、その結果として発生した貿易赤字の決済の必要性から金の国外への大量流出が起こる、というプロセスであった。そして、これを本書では、経済システム自体の危機というよりは、むしろ、当時の多くの官僚や政治家が懸念していた「日本の植民地化」という安全保障問題であると考えた。つまり、当時のインフレーションの問題の核心は正貨流出にあったと考えられる。

当時、デフレーションによって国民生活を脅かすことなしに、正貨を蓄積できる方策が存在した。これは、金銀の法定比価の引き下げである。当時の日本では、一八七一年五月十日に実施された新貨条例によって、金銀の法定比価が金一に対し、銀一六・〇一と定められていた。しかし、市場で決まる世界の金銀比価は、これまで繰り返し言及してきたように、欧米先進主要国の金本位制採用によって銀安に傾いていた。これによって、日本では、相対的に金安銀高の状態になっていたことから、海外投資家は日本の割安な金を購入し、割高な銀を売るという投資行動に出ることになり、大量の金準備が国外へ流出することになった。この流れに歯止めをかけるためには、日本政府が定めていた金銀の法定比価を引き下げ、銀の割高感を払拭する必要があった。そして、割安な銀価で銀本位制を採用し、価格を固定すれば、正貨蓄積をはかれる為替レート水準で通貨を安定させることが可能となり、輸出拡大にも貢献できるはずであった。これは、銀平価の切り下げ、すなわち、通貨切り下げによって、従来よりも安い「新平価」によって銀本位制を採用することを意味していた。しかし、実際は、金銀の法定比価を変えず、強制的なデフレーション政策によって国内需要を縮小し、輸入を減少させることによって正貨蓄積をはかろうとした。

一方、後期松方財政では、一八九七年の金本位制採用に際して、一八七一年五月の新貨条例によって制定されていたこれまでの法定金銀比価を二分の一切り下げて[14]、新平価を制定し、その水準で為替レートを固定した。この理由は、それ以前の銀本位制採用時のロンドン市場での金銀比価に基づいて金価格を評価すると、ちょうと新貨条例での金銀比価の二分の一になるためであった[15]。このことは、松方が、銀本位制から金本位制への移行過程において、急激な為替レート変動のショックを与えないような政策をある程度意図していたことを意味している。また、高橋是清［1936］によれば、当時、横浜正金銀行の取締役支配人であった高橋是清は、松方正義に平価切り下げによる金本位制採用を進言したとされている。当時の高橋是清は、前田正名によって、殖産興業を実現させるための経済金融政策についての政策思想と共に、実態調査による合理的な政策立案の手法を学んでおり、銀本位制下での円安効果が経済成長を促進させたという「経済的事実」を「強い円」という非合理的な理念に優先させることを松方正義に強く望んだのである。この当時、日清戦争終了後で、物資の不足もあり、物価上昇が著しかったことから、前期松方財政の政策構想を考えると、新貨条例時の金銀比価を遵守することで、再びデフレーション政策を採ってもおかしくない状況であった。しかし、今回は、高橋是清の進言もあって、このようなデフレーション政策は採用せず、あえて、平価を切り下げて金本位制を開始したのである。これは、後の「金解禁論争」になぞらえると、「新平価」での金解禁を意味するものであった。

この「新平価」での金本位制採用の経済的効果については賛否が分かれているが、当時の貿易構造をみると、主要貿易相手国が、多くの国が銀本位制を採用しているアジアから、金本位制を採用しているヨーロッパやアメリカに移行していた。すなわち、日本の金本位制採用は、貿易相手国との通貨価値の安定効果（もちろん、「新平価」による円安効果もあったが）を通じて、その後の日本経済の発展、及び、日露戦争での英米の協調を引き出したという点では、通貨システムの選択として評価できる政策であったと考えられる。(16) しかし、残念ながら、松方正義の功績に関する一般的な評価は、「初期松方財政におけるデフレーションによって構造改革が進んだ」という点に集中しており、一八九七年の金本位制採用時の通貨切り下げに対する評価はほとんどなされていない感がある。産業革命が実現するためには、安価な労働力が、新興産業へシフトする必要があるが、松方財政の評価は、まさに「松方デフレ」によって没落した農民が都市の下層階級として流入し、彼らが安価な労働力として産業革命の担い手になったという点が強調されている。しかし、農村部では、長男以外は家を継ぐことができないとすれば、デフレーションがなくとも、いずれ、大量の農民が都市へ流入せざるを得ないのは自明のことであると思われる(17)。

前期松方財政期における「松方デフレ」は、購買力平価を大きく上回る円高水準で為替レート水準を固定したことによって生じたという点を考えると、これは、まさに一九二〇年から一九三〇年代における「金解禁論争」の顛末（結局、井上財政の下で旧平価という割高な為替レート水準で金本位制へ復帰した）をほうふつとさせるものである。松方財政の評価は、松方デフレによる構造改革の進展ではなく、松方デフレの失敗の教訓を生かし、金本位制採用時に、平価を切り下げた点に見出せるのではないだろうか。誤った松方財政への賛美が、後の井上財政下でのデフレーション政策支持の遠因となった可能性がある。その意味では、前期松方財政におけるデフレーション政策は、昭和初期の「経済失政の源流」に他ならないと考えられるのである。

注

（1）この歴史的エピソードが、佐藤雅美［1984］に生き生きと描かれている。

（2）『大隈文書』第三巻、四四四頁参照のこと。

（3）ただし、反対多数で、結局実現できなかった「五千万円外債調達案」には、米価高騰を阻止する政策的意図が含まれていた点には注意する必要がある。

（4）逆に松方財政では、例えデフレーションによる景気悪化を招いても、紙幣整理を断行するという松方の「不退転の決意」が一般大衆に評価されたことが、政策の信認につながり、松方財政を成功に導いたとの指摘がなされることが多い（例えば、室山義正［2004］）。しかし、このような決意は、後の濱口雄幸・井上準之助による井上財政でも同様であり、これが一般大衆に支持されたが、その政策は深刻なデフレーションを生み、結果的に失敗に終わっている。これは、政策当局者の意気込みや覚悟を余り定性的に過大評価すべきではないことを示している。

（5）江戸末期には、度々貨幣改鋳が行われたが、当該期においても同様の政策によって、貨幣における金や銀の含有量を操作することによって金銀比価を政策的に操作することは可能だったのではないかと思われる。

（6）「松方デフレ」と同時期に米国においてもデフレーションが発生していたことから、「松方デフレ」は、米国のデフレーションが海外景気の影響を受けやすいコモディティ性商品の輸出企業を通じて国内に波及したという「景気循環の国際的な連関性」を強調する見方が存在する（藤野正三郎［1989］参照のこと）。しかし、当時の輸出金額はそれほど大きく落ち込んでいないこと、また、為替レートはこの間、円高気味であったことを考えると、デフレーションの国際的波及を証明するために必要な輸出数量自体の落ち込みが見られないことから、このような見方には疑問符がつく。

（7）『貨幣考要』による。

（8）『伊藤博文伝』上巻、五四二頁参照のこと。

（9）『紙幣整理始末』による。

（10）貨幣制度調査会での強引な金本位制導入提案の過程に端的に表れている。

（11）産業革命が一段落したことによる技術進歩の枯渇等の「構造要因」を指摘する見方もあるが、産業革命に代表されるような技術進歩こそが、何百年に一回の出来事であることを考えると、この考え方を採ると、むしろ、デフレーションは日常的な現象であり、ほとんどの期間にわたってデフレーションが続いてしまうことになる。

(12) 経済史で、松方財政の成功要因として、通貨システム選択を指摘する見方は決して多数派ではないと思われるが、この偶然性も影響しているのかもしれない。

(13) 例えば、第一次世界大戦後のドイツやオーストリア等を襲ったハイパーインフレーションも、金融政策の転換によって物価上昇スピードは急激に鈍化したが、「物価水準をハイパーインフレーション以前の水準に収束させる」という意味での政策的なデフレーションは発生していない。

(14) 一八八六年の銀本位制導入によって銀紙価格差がなくなったが、一八九七年の金本位制採用時の金紙相場が金一円に対し、紙幣二円となっていた。これを金本位制採用時には、金一円につき紙幣一円とした。つまり、金貨表示の円平価は二分の一切り下げられたことになる。

(15) 石橋湛山［1930］一五頁参照のこと。

(16) 中村隆英［1985］は、金本位制採用に関しては、経済的なメリットはないとし、専ら、「先進諸国が採用していた金本位制を採用することが先進国の仲間入りを果たしたことの証拠になる」という「イデオロギー」的な側面を強調している。詳細は中村隆英［1985］六九—七七頁参照のこと。

(17) また、昭和恐慌期には、都市部の失業者が帰農している。もし、デフレーションが構造改革を促進するのであれば、このような現象は生じないだろう。

第七章　レジーム間競争の「場」としての「金解禁論争」

　ここでは、昭和恐慌期におけるレジーム間競争を考察する。昭和恐慌期に、「金解禁論争」が、レジーム間競争の「場」となったことは、もはや言うまでもないだろう。第三章で指摘したように、昭和恐慌は、米国をその起点とした世界大恐慌の影響も否定できないが、その一方で、濱口雄幸民政党内閣が採用した国内経済の構造改革のための井上財政レジームがもたらした政策的な側面もあった。井上財政レジームが採用された最大の目的は、ワシントン体制の一員の証となる再建金本位制への参加によって、それまでの戦争で手に入れた「一流国」の地位を第一次世界大戦後の新しい世界秩序の中でも維持することであったが、この強い信念が、かえって、国民経済を破滅的な危機に陥れることになった。

図7—1　日本におけるマネタリーベースの伸び率と景気循環

出所:『日本のマネーサプライ』、『景気指数 1888-1940』より筆者作成

1　誤った金融政策による自己実現的な閉塞感

第三章でみたように、「実質経済成長率（のトレンド）」でみる限り、一九二〇年代の日本経済は、決して「構造的」な停滞に陥っていた訳ではなかった。その意味では、濱口民政党は誤った経済分析に則った経済政策運営を行ったのであった。しかし、知識人を含め、一般的な国民の認識では、日本経済は、「行き詰まっている」というのがコンセンサスであった。この認識ギャップはどのようにして生まれたのだろうか。

この問題を解く鍵は、一九二〇年代における日米の「大戦景気」の生成と崩壊過程の類似性、及びその後の回復モメンタムの違いにあると考えられる。**図7—1**及び、**図7—2**は、日米のマネタリーベースの伸び率の推移を景気動向指数（米国はコンポジットインデックス、日本は累積DI）の動きと重ねたものである。これらの

図7—2　米国におけるマネタリーベースの伸び率と景気循環

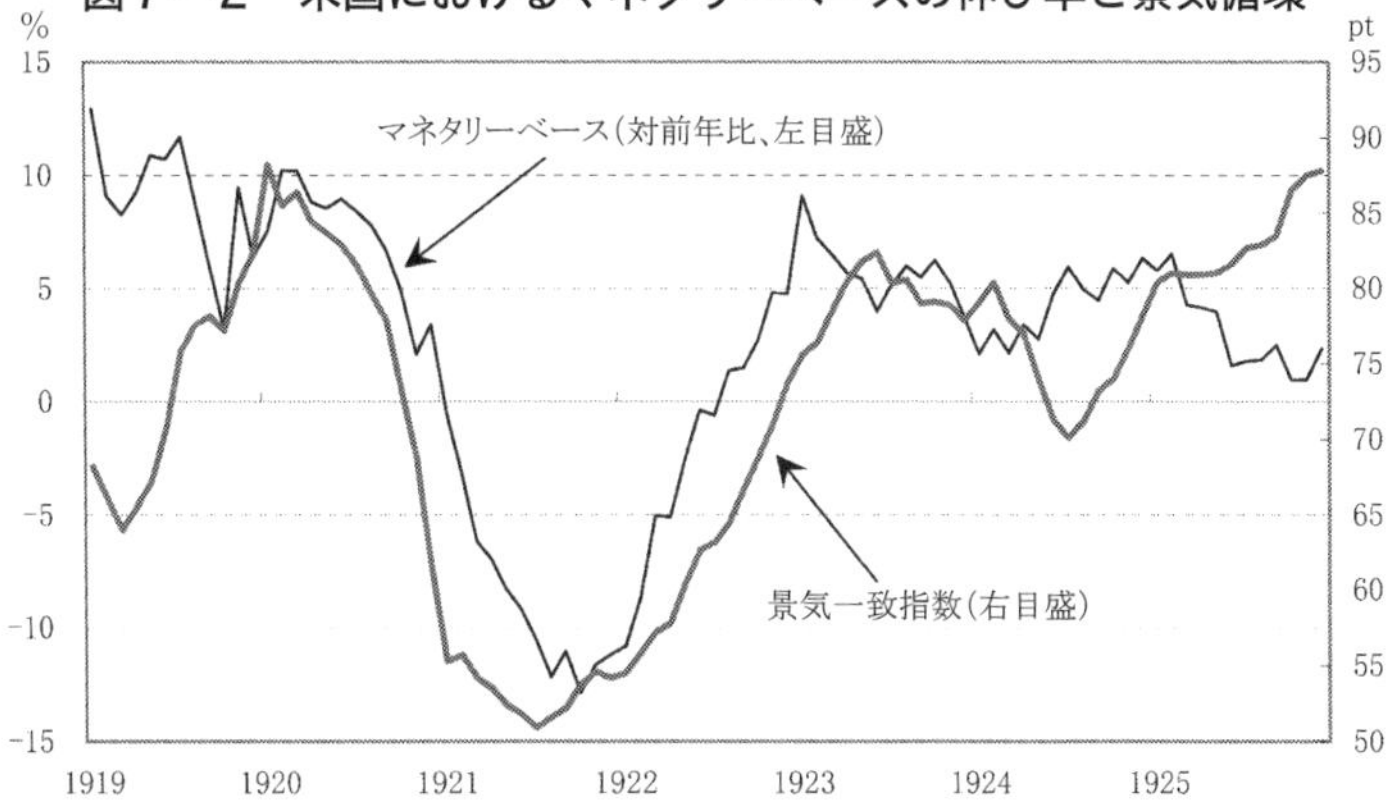

出所：NBER, *Macrohistory*より筆者作成

図についてのインプリケーションは二つある。第一点は、経済の「循環」的な側面を表わす景気動向指数の推移をみると、米国が金本位制復帰を果たし、日本では関東大震災が発生した一九二二年頃までは両国の景気循環は、驚くほど連動していたこと、第二点は、日米とも、マネタリーベースの伸び率が、景気循環と密接に関わっているという点である。

このうち、日米の景気循環の連動性は、両国が、(一)第一次世界大戦の戦場にはならず、戦争による被害はほとんど受けなかったこと、(二)戦場となり生産能力を著しく低下させた欧州に代わって、欧州が需要する諸物資の生産基地となり、欧州向けの輸出を拡大させることで、第一次世界大戦特需を享受したこと、(三)大戦終了後には、一転して、両国ともに第一次世界大戦後の反動不況を経験したこと、で生じた現象であると考えられる。また、マネタリーベースの伸び率と景気動向指数の連動性を見る限りは、当時の景気も、現代の経済同様に金融政策の動向に極めて強い影響を受けていたことを示唆している。一九二〇年から一九二一年にかけて日米両国が経験した不況は、確かに、第一次世界大戦の反動という側面もあったが、両国とも需要の過熱によって、インフレ率が過度に上昇することを警戒した政策当局による過度の金融引き締めが大きく作用している。また、その後の回復局面においては、景気悪化に際して、政策当局が、金融緩和政策を実施したことが大きく影響していると考えられる。

しかし、問題とすべきは、一九二〇年代半ば以降の回復モメンタムの違いである。米国の場合、景気後退に際して、政策当局は、ある程度の伸び率のマネタリーベースを供給したのに対し、この間、日本のマネタリーベースの伸び率はほぼ一貫して前年比でマイナスであった（例外は一九二三年の関東大震災時のモラトリアムである）。そこで、回復局面における金融政策が適切であったか否かを判断するために、「『目標値』として設定された名目GNP（GDP）成長率を達成するためには、どの程度のマネタリーベースの伸び率が必要であるか」を計算する「マッカラムルール」を用いて、実際のマネタリーベース供給残高と最適供給残高を比較してみる。[1] **図7―3**、及び、**図7―4**は、一九二〇年代半ば以降の日米のマネタリーベース残高と、「マッカラムルール」から算出された適正な供給の増加率と実際のマネタリーベース残高を同時にプロットしたものである。これをみると、米国の場合、一九二五年から一九三〇年半ばにかけてのマネタリーベース残高は、ほぼ「適正水準」であった一方、日本の場合は、一九二一年以降、ほぼ一環して、「適正水準」を大きく割り込む状況が続いていたことがわかる。このことから、日本の場合、一九二一

図7—3 「マッカラムルール」による適正金融政策(日本)

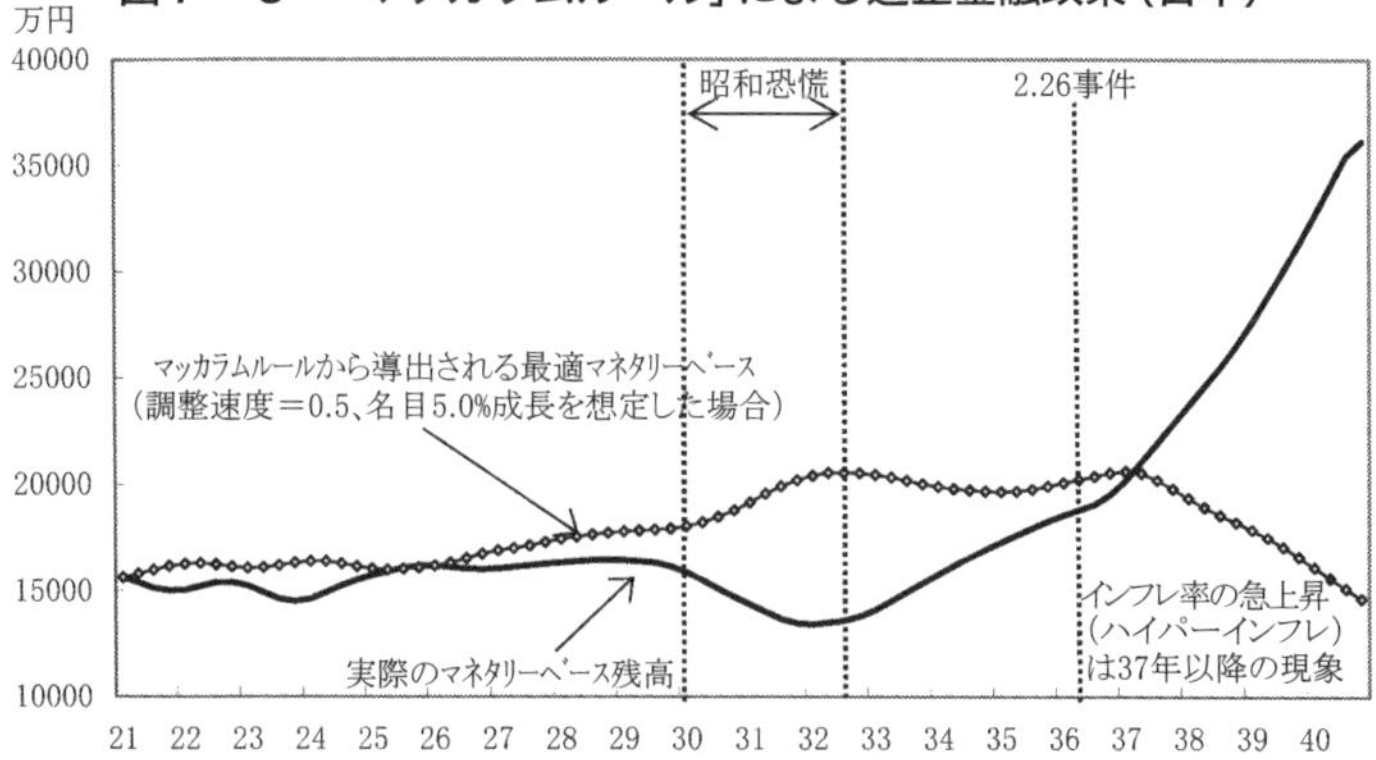

出所:『日本のマネーサプライ』、長期経済統計等より筆者作成

図7—4 「マッカラムルール」による適正金融政策(米国)

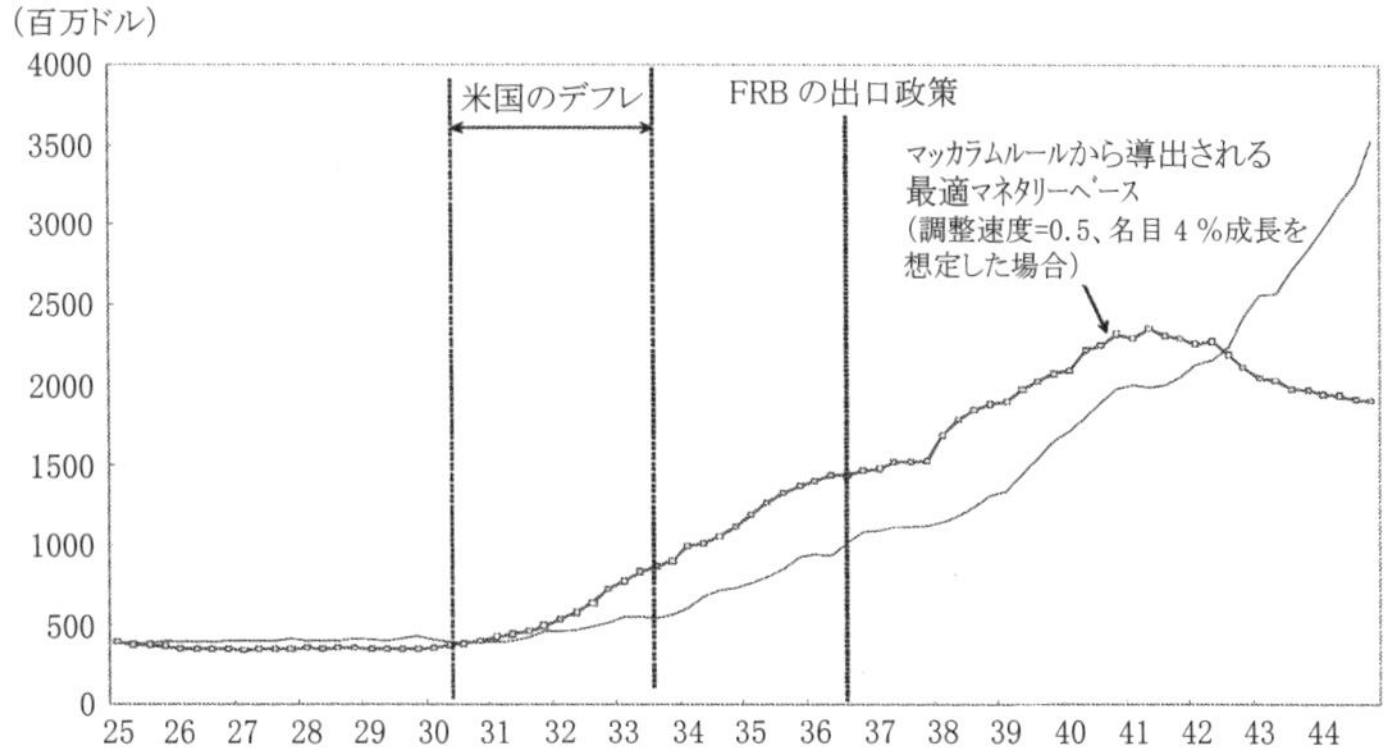

出所: NBER, *A Monetary History of the United States* 等より筆者作成

年以降、金融政策は、ほぼ一環して「引き締め気味」に運営されていた可能性が高いことがわかる。すなわち、大正期以降の日本経済の「行き詰まり」の原因についての一つの有力な仮説としては、金融政策の失敗が経済全体に閉塞感をもたらしたのではないかと考えられるのである。その意味では、濱口民政党の登場以前に既に、金融政策運営の失敗によって、閉塞感が自己実現的に発生していたと考えられるのである。

2　日本の通貨システムが抱えていた「構造的な問題」

このように、約七年から十年というタームでみた日本経済の持続的な高成長と当時の政策当局者、知識人らが共有していた日本経済の「行き詰まり」感という経済認識のギャップは、金融政策の失敗によってもたらされた側面が強いと考えられる。「失われた十三年」と表現されることもある一九二〇年以降の日本経済の状況を考える上で、「金融政策の失敗」とデフレーションの関係を考察することは極めて重要であり、さらに、これは今日のデフレーションの原因、及び、処方箋を考える上でも有益であると考えるが、その中でも特に本質的な問題は、（一）この金融政策の失敗が政策当局の「政策思想」の誤りから生じたものなのか、それとも、（二）何らかの外部的な「制約要因」の元で必然的に発生したものなのか、という点にあるのではないかと思われる。そこで、一九二〇年以降の日本の状況を考えると、その原因は、（一）と（二）の両方の要因が複雑に絡み合った結果であると思われる。それは、当時の金融政策が、日本の対外債務のファイナンス先である米英両国の強い影響下にあった、という意味では、(二)の「制約要因」が影響しており、また、日本が「真の大国」として欧米の主要先進国に認知してもらうためには、「強い円」での金本位制復帰が必要であること、そして、そのためには、国内経済の構造改革を断行しなければならないという当時の政策当局者の考えが政策に色濃く反映され、これが過度の引き締め政策の実施を誘因したという点では、(一)の要因が強く作用していたと考えられるためである。

「金解禁論争」を経て、濱口雄幸首相―井上準之助蔵相によって断行された金解禁と、その結果としての昭和恐慌は、そのような二つの要因が絡み合った結果であったが、その中でも、特に重要であったのは、「再建金本位制」への復帰を「旧平価」という誤った為替レート水準で、しかも、米国の株価暴落によって世界大恐慌が始まった最悪のタイミングで行った点にあると考えられる。濱口民政党が、なぜ、このような失敗をしてしまったかという点については、様々な側面があるが、当時の日本の政策担当者の間には、「ワシントン体制の一員になる」という「大国主義」を実現するためには、再建金本位制に加入することが絶対的な条件であるとの考えがあり、事実、当時の覇権国であったアメリカ、イギリスもそれを望んでいたこと、そして、一旦、金本位制による固定相場制を選択してしまうと、政策当局者は、その固定為替レート水準を遵守することを政策のプライオリティとし、それが、経済危機時における機動的な経済政策発動に対するかなり強い「制約条件」となっていたことが指摘できる(とはいうものの、その制約条件を取り除くという政策オプションももちろん存在したと考えられるのだが)。ここでは、このような大きな「制約条件」となった大正から昭和にかけての通貨システムをやや詳細に考察していきたいと思う。

3 「在外正貨」というシステム制約

日本は、日清戦争の勝利によって受け取った賠償金三八〇八万二八八八ポンドを正貨準備として、一八九七年十月一日に金本位制を導入した。通常、金本位制の下では、金準備を国内の中央銀行勘定に保有するケースがほとんどであったが、日本の場合は、その一部をロンドン（その後はニューヨーク）で保有する「在外正貨」という形態を採った。これは、帝政ロシアを除けば、世界で唯一の例であったとされる特殊な形態であった。[2] その後、日本は、日露戦争の戦費を、ロンドンを中心とする外債発行によって調達することを余儀なくされたが、その際にも起債の条件として、「募集金を一時に本国に回送せざること」が明記されており、その多くはロンドンで保管された。当時の日本は、輸入超過から国際収支赤字の状態にあり、恒常的に対外支払い超過の状態にあった。このため、日本は対外支払いのための正貨が不足した場合には、外債調達に依存せざるを得なかった。これは、自国経済が、イギリス、及びアメリカの経済政策如何で容易に破滅しかねない状況にあることを意味しており、通貨政策当局は、常に「外債政策の行き詰まり」と

「兌換性維持の困難」のリスクにおびえ続けなければならなかった。「在外正貨」の大部分が、イギリスの大蔵省証券、イギリス国債、アメリカの銀行預金、アメリカ国債という形態で保有されていたということは、外債の引き受け先であったイギリスやアメリカが、日本の「国際信用力」に対して懐疑的であり、そのリスク回避の意味から半ば「強制的」に「在外正貨」という形態を採らせ、日本の保有する外貨を自らの支配下におきながら、日本を国際金本位制の一員に迎え入れようとしたことを意味していた。また、このような在外正貨という通貨システムを通じて、日本経済に対するイギリスやアメリカの経済政策の影響力を維持するという政策的意図も十分あったといわれている[3]。

当時の通貨システムのもう一つの特徴としては、通貨・金融政策におけるパワーバランスが大蔵省優位であったという点である。在外正貨は、そもそも、戦争の賠償金や外債発行による外貨獲得によって行われたという点からも明らかであるが、日本銀行保有の在外正貨は、大蔵省との正貨売買を通じて獲得された。そのため、「在外正貨」は、(一)大蔵省所有のもの(対外支払いの準備金としての機能を有する)、(二)日銀の正貨準備の一部(国内の日銀保有正貨準備で、国内の預金支払いと兌換準備の機能を有す)、(三)日銀の正貨準備以外のもの、の三つに分類されていた。そして、この「在外正貨」と国内のマネーサプライの関係をみると、(一)政府が外債募集によって調達した在外正貨は、国内マネーサプライに対して「中立」。(二)民間保有の外貨を政府が買取り、在外正貨とする場合には、政府預金から円貨が民間に放出されるので、マネーサプライ増加要因になる。(三) 日銀保有の在外正貨を政府が買い取る場合には、日銀の在外正貨が減少する代わりに政府預金が減少し、日銀資産としての現金勘定が増加するので、ここまでは「中立」、その後、日銀が資産として保有する日銀券を償却すれば、マネーサプライの減少要因となる。(四) 政府が在外正貨で対外支払いを行う場合は「中立」。(五) 政府が在外正貨を民間に売却する場合には、その対価として円貨が政府に移るので、マネーサプライの減少要因になる。(六) 政府が在外正貨を日本銀行に売却する場合には、日本銀行はその売却円貨を、購入する在外正貨を準備として発行するので、マネーサプライの増加要因になる。(七) 日本銀行が在外正貨を民間に売却すると、円貨を吸収するので、マネーサプライ減少要因となる。このように、「在外正貨」の存在によって、国内のマネーサプライ管理にも大蔵省、ひいては政府の政策スタンスが直接的に反映されるシステムになっていた点が、日本の通貨システムの特徴であった(その後、一九二二年八月に在外正貨を国内の銀行券発行のための正貨準備とすることは禁止されたが、これは、第一次世界大戦後のバブル景気つぶしのための金融引き締め政策への転換を意味していた)。

4　第一次大戦期のマネーサプライ膨張

第一次世界大戦を契機にして、日本の輸出は急速に拡大し、これまでの国際収支赤字が一転、日本は対外黒字国となった。これによって在外正貨の自律的な拡大過程が始まり、日本は兌換性維持の困難から一時的に解放されることになった。さらには、第一次世界大戦の主戦場となった欧州への輸出需要の高まりによって国内景気は一気に拡大した。政府は、この機に乗じて国内産業の一層の発展を画策し、輸出産業支援のための輸出金融拡大を最優先の政策として積極的に行った。より具体的には、外為銀行（横浜正金銀行、台湾銀行、朝鮮銀行）は、当時、米国が金輸出を禁止して以降、輸出超過分見合いの外貨を自らが国内に持ち込み、円貨に交換することはできなかった（それ以前は、米国で一旦、金に兌換し、それを国内へ現送することはできたが不便であった）が、政府（一般会計剰余金、預金部預金、臨時国庫証券収入特別会計等の政府資金）、及び日銀は、その在外資金を新たに発行した銀行券によって積極的に買い取り、融資のための資金をファイナンスした。また、一九二二年八月には、日銀の在外正貨を銀行券発行のための準備とすることは禁止すると共に、政府による対外支払いの機能に特化する方針から、日銀の在外正貨は全て政府に売却されることになった。これらの政策はどちらかといえば、政府主導の通貨拡張であったが、日銀も、それ以前の一九一七年には見返担保品の拡張を行っており、日銀による資金供給の際の適格担保の範囲を拡張させ、資金拡張を容易にするような措置をとっていた。

これらの要因は、いずれも、マネーサプライ急拡大の要因となった（前節での（五）、（六）に相当する効果）。これに加え、偶然の要素も日本のマネーサプライ拡大に寄与した。例えば、（一）一九一七年に金本位制を停止し、金輸出が禁止されていたアメリカが、金本位制に復帰したことから、金輸出が再開され、これをきっかけにアメリカに流入していた金が日本に流入したこと、

図7—5　マネーサプライの伸び率の推移

出所:『景気指数 1888-1940』より筆者作成

(二) 一九二〇年には、在外正貨の一部として保有していたイギリス国債が大量に償還を迎え、これが国内に還流したこと、等の要因である。

これらの様々な要因によって、一九一五年末から一九二〇年半ばにかけて、国内のマネーサプライは激増した。当時の統計によれば、日銀券発行残高は、最大で前年同月比+六〇%以上の伸びを示したこともあった（**図7—5**）。輸出金融中心のマネーサプライ急増は、主に、新興商社や海運業者の手に渡り、彼らの投機的な資産取引が株式市場、商品市場の急騰を招き、「大正バブル」が発生した。なお、柴垣和夫［1965］によれば、当時の株式市場参加者の多くが個人であり、しかも、いわゆる「自作農」が多かったことが指摘されている。彼らは、価格ヘッジの目的で農産物の先物市場を頻繁に利用していたこともあり、資産取引に対する抵抗感がなかったことが想像される。彼らは株式、商品市況の活況によって、負債によるレバレッジを利かせた投機的な資産取引を積極的に行っていたが、金融引き締め政策の実施によって大量の損失を出すばかりか、損失の穴埋めのために担保を差し出すことで、小作農に転落し、農村問題を深刻化させた点に注意する必要がある。

5 通貨システムにおけるアジア主義の萌芽

以上のような積極的な通貨供給策は、確かに高い成長を実現させたが、同時に様々な副作用も生み出した。第一の副作用は円高であった。前述のように、通貨膨張の第一の要因は、「在外正貨」の増加にあった。現在のような変動相場制の下では、通貨膨張は円安要因となるが、「日本の在外正貨というものは、日本の為替相場の上に於いては多大なる影響を及ぼすものでありまして、寧ろ日本の為替相場というものは、在外正貨の在高如何……」という井上準之助の指摘にもあるように、当時の為替（円）レートは在外正貨が増大する局面では、円高になる傾向があった（図7―6）。これに加え、一九一七年のアメリカの金本位制停止によって、円・ドルレートの変動幅は従来よりも拡大していたため、円高への転換幅もこれまでよりは大きいものとなった。[4]

当時、政府・日銀は積極的な正貨蓄積政策を展開していた。これには、いわゆる「勝田構想」が深く関係していた。「勝田構想」とは、寺内正毅内閣（一九一六年十月から一九一八年九月）の蔵相であった勝田主計《しょうだかずえ》とそのブレーンであった西原亀三による金融システム改革構想であった。これは、一九一八年に刊行された西原亀三の『経済立国策』に掲載された、「日本を中心として、満

図7—6　在外正貨と為替レートの関係

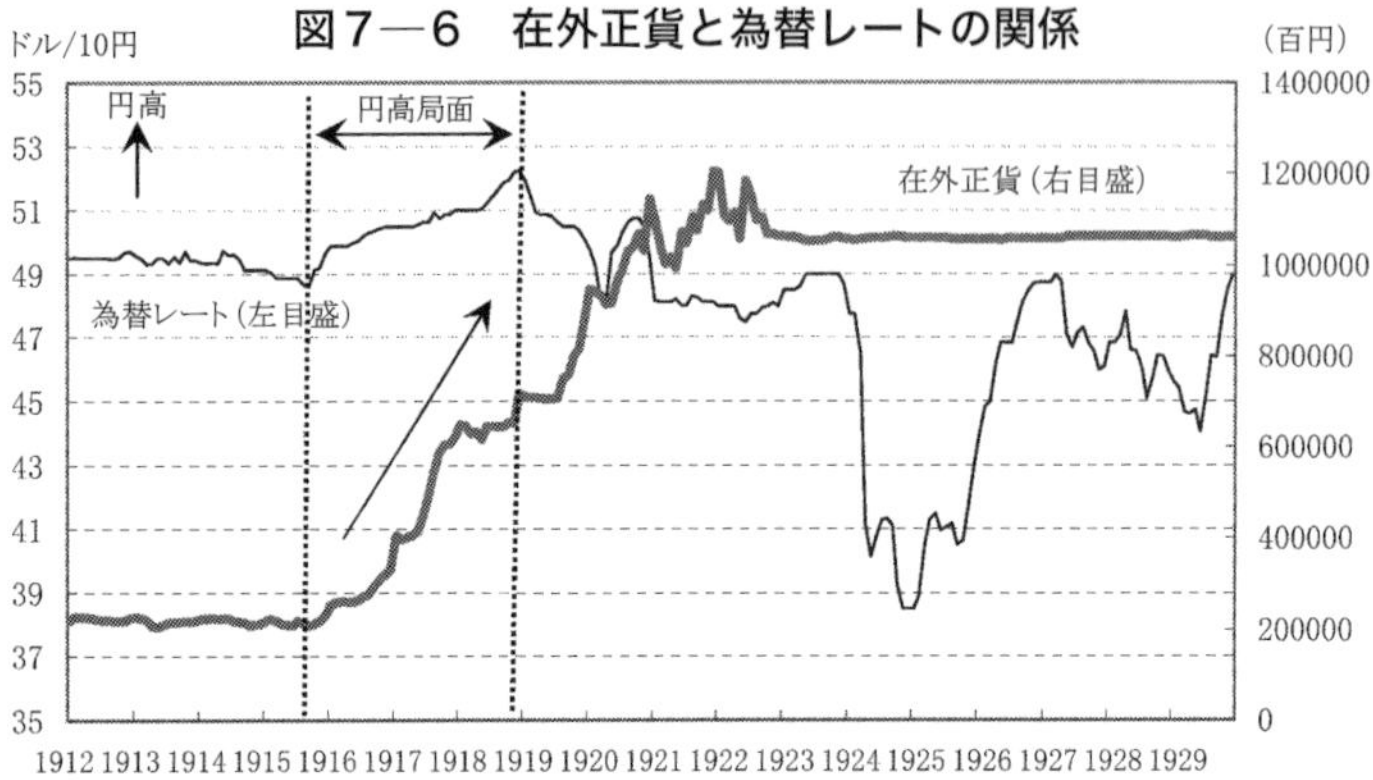

出所:『日本のマネーサプライ』、長期経済統計等より筆者作成

州、支那、朝鮮を其の領域とする一大アウタルキーの構築」を前提とした円為替通貨圏構想を意味していた。

このような構想が現実味を帯びたのは、もちろん、(一)日清・日露両戦争を通じて日本の経済発展が加速し、第一次世界大戦期には、一応先進資本主義国へのテイク・オフを実現させていたことから、「アジアの盟主」たる資格は当然有しているという自負が政府にはあったこと、(二)第一次世界大戦によってイギリスが金本位制を停止したこと、が大きな影響を与えていた。当時のアジアは、ポンド為替通貨圏であり、ポンドの円滑な流通なしには、貿易の決済が不可能な状況であった。そのようなポンド依存通貨システムの下、イギリスが金本位制を離脱したことによって、インド・イギリス間の資金決済が滞るようになってきた。それは、第一次世界大戦によって、イギリスのインド省支払手形の売出が制限されたためであった。これをきっかけにして東南アジア諸国の為替決済が困難になり、またロンドンに在外正貨を置いていた日本の為替決済も困難になってきたという事情があった。これに加え、一九一七年には、アメリカが金本位制を離脱したために、ニューヨーク経由でのドル為替決済システムも機能不全に陥った。これらの理由から日本は、主要な貿易相手国が集中していたアジア地域での独自の為替決済圏構築の必要に迫られたのであったが、同時に、当時の寺内内閣は、依然として大陸進出の野心を有していたことから、これを利用して、一旦は譲歩した大陸進出の足がかりにしようと、この構想を積極的に推し進めたのである。そして、独自の為替決済圏構築のために、横浜正金銀行だけではなく、台湾銀行や朝鮮銀行に対して、積極的な金融支援を行ったのである。

そして、この「勝田構想」が寺内内閣の下で具体化されたものが、一九一七年五月に提出された「帝国財政経済政策並施設概要」であった。そこでは、金融政策について、「正貨処分並ニ金融市場調節問題」において、前述の（一）政府資金による正貨買入れの継続と共に、（二）正貨の運用先として、対外投資、特に対支投資の奨励、が明記されている。また、続く、一九一七年九月に策定された「兌換券縮小方策ニ付テ」、一九一八年七月の「為替資金問題解決方策」においても、正貨運用の手段として対外投資を奨励している。それまでは、在外正貨は欧米先進資本主義国の国債購入に用いられたが、一九一九年の「大戦バブル」の全盛期には、その合計は六億四千万円であった。一方、同時期の横浜正金銀行等の外為銀行を経由した対中国への借款の合計は六億八千万円余りとなっており、既に欧米資本主義列強の国債を上回る規模の対中国借款が行われていた。この対中国投資の多くは、中国での鉄原料の確保と、中国を円為替通貨圏に取り込むことによって独立経済圏を構築しようという意図の下に行われたものであった。

このように、当時、在外正貨蓄積は円高要因となっていたにも拘わらず、対中国投資推進のためには在外正貨蓄積が必要であったことから、政策当局者は、在外正貨蓄積政策を積極的に推し進めたのであった。そして、これがさらに円高を加速させることになった。

第二の副作用は、インフレ率の上昇である。当時のインフレ率は、ほぼマネーサプライの伸び率と平行して急激に上昇した。そこで、ようやく政府はインフレ率の抑制を政策のプライオリティとして位置づけるようになり、市中金利を大幅に引き上げ始めた。

一九二〇年頃から、金融政策は一気に引き締め政策へ転換し始めた。ただ問題は、それが過度であり、かつ急激であったことだった（前掲の**図7―2**参照のこと）。これは、それまでは急激な通貨膨張要因として機能していた様々な要因が一気に通貨収縮要因に転換したことを意味していた。特に、当時の金融政策として重要だったのは、金利上昇によるファイナンス条件の厳格化、という「金利メカニズム」を通じた緩やかな引き締めのメカニズムではなかった。むしろ、「輸出金融」等の名目で供給されてきた通貨量自体が、政策的措置に加え、偶然の理由によって一気に収縮し、各種経済取引における決済資金の流れが途絶したことであった。これによって、途中でファイナンスの途を閉ざされた輸出商社や海運会社に代表されるような新興企業だけではなく、多額の負債を抱える農業部門にも大打撃が与えられた。なぜならば、生糸等の輸出拡大が長期的に続くと見込んでいた農家が、当初は、設備拡充のために調達していた資金を、その後の反動恐慌や中国での日貨排斥問題等による需要激減から、株式や商品市況に投機していたためであった。そして、これによって、株価や商品市況が一斉に大暴落したことは、レバレッジを利かせて投機的取引を行っていた一部の企業や富裕層の経営破綻、破産をもたらした。さらには、それに伴い、それらの企業や個人に積極的な融資を行っていた金融機関が相次いで破綻した(「一九二〇年金融恐慌」)。

これは、「松方デフレ」同様、バーナンキらが提唱している典型的な「ファイナンシャル・アクセラレーター」による不況のメカニズムが当てはまる好例であったと考えられる。「ファイナンシャル・アクセラレーター」とは、金融引き締めがまず、株価や地価といった資産価格の大幅な下落を通じて、借り手の担保価値を著しく低下させ、それが、金融機関の経営の不安定化をもたらすというチャネルを通じて、金融仲介機能を低下させ、不況を深化させるという理論である。(一)大正期の銀行融資の多くが株式担保融資や不動産担保融資であったこと、(二)これらの担保(物件)の価値が第一次大戦期における「大正バブル」によって急激に上昇し、銀行の融資条件が著しく緩和したため、これがバブルを加速させたこと、(三)金融引き締めへの転化、特に、マネーの量の急激な収縮によって、資産価格の暴落が始まり、これが担保価値を著しく毀損させ、金融機関の破綻を招いたこと、等を考えると、これは、典型的な「ファイナンシャル・アクセラレーター」の世界であったと考えられる。

このような「ファイナンシャル・アクセラレーター」理論のもとでの不況脱出の処方箋は、思い切った金融緩和であるが、前述のように、当時のマネタリーベースの供給量を、いわゆる「マッカラムルール」から算出した最適なマネタリーベース残高と比較した場合、それは、ほぼ一貫して低水準で推移しており、「バブル退治」を過度に意識し過ぎた金融引き締め政策が経済成長の足を引っ張り、結果として、日本経済全体に「行き詰まり」感をもたらしたと考えられる。そして、この「行き詰まり」感が、井上財政による清算主義の復活から昭和恐慌へとつながっていく。

6 「旧平価金解禁」の経済学的意味

一九二〇年代後半の政策レジーム間競争は、「金解禁論争」一色であったといっても過言ではないだろう。いわゆる「大正バブル」崩壊後の経済政策では、前述のような要因によっていわば「構造的に」膨張したマネーを、如何に実体経済への影響を最小限にして削減していくか、そして、それによって、一九一〇年代後半に急激に上昇した物価水準を如何に低下させるか、が焦点となった。そもそも、一九一〇年代後半の急激なマネーサプライの拡大、及び、物価水準の上昇は、第一次世界大戦による欧州経済の供給力低下による日本への需要拡大（輸出拡大）が原因であった。日本経済は、明治後半に産業革命を終え、アジアの一後進国からのテイク・オフを果たしていたが、政策当局は、この需要拡大を日本経済の一層の成長を可能にするフロンティアの拡大ととらえ、インフレ容認・産業育成型の積極的な成長通貨供給政策を実施した。しかし、この膨大な通貨供給は、産業育成というよりも、資産への投機的取引需要の拡大を通じて、一層の国内需要の膨張を招き、第一次世界大戦後には、莫大な輸入超とその対外支払いに伴う正貨流出をもたらすこととなった。

また、政府は、ワシントン体制への参加によって、軍事費の削減を中心とした財政削減にも乗り出したが、関東大震災による被害や金融恐慌に伴う救済融資の拡大等で、思ったように財政赤字を削減させることができなかった。そのため、関東大震災のような「外的ショック」による日本経済の供給力の低下はさらに物価上昇を加速させることとなった。このような背景の下、莫大な輸入超過と財政赤字の削減、そして、インフレの終息を実現させるための政策として「金解禁」が俎上に上ったというのが経済学的な説明である。

日本が、「金解禁」によって再建金本位制に復帰すれば、金本位制の自動調節機能によって、国際収支の赤字幅も自動的に調節され、経済は安定化するというのが、古典的な金本位制に対する期待であった。「金本位制」では、一国の通貨量が基本的には、当該国の保有する金保有量によって決定される。また、金本位制の下では、為替レートはある一定範囲に保たれる（為替レート変動の範囲を超えるような対外決済需要の拡大に際しては、金が相手国に現送され、金保有量が変化することによって国内経済と国際収支のバランスが改善される）。

そこで、日本にとっての問題は、実際に金本位制に復帰する際の、（一）為替レート水準と、（二）金保有量と通貨供給量のバランス（保証準備制度）をどのように変更するか、であった。

（一）については、現行の為替レート水準に比べ、設定される為替レートの水準が大きく乖離すれば、その分だけ、為替レートの水準訂正による実体経済面のショックが大きくなること、（二）については、累積的な輸入超過のせいで、当時の日本の正貨準備は、わずか一〇億八七〇〇万円となっており、日本は金本位制復帰と同時にかなりの規模の通貨収縮が要求される状況であったこと、を意味していた。もし、このようなショックを回避しつつ、金本位制に復帰するとすれば、外債発行によって正貨準備を調達するしかなかった。しかし、当時は外債を引き受けてくれる英米両国の金利水準自体も既に高く、外債の発行条件は極めて厳しいものとならざるを得ず、その意味では、発行額は限られていた。すなわち、当時の日本が金本位制を導入する場合には、極端なデフレ政策を採用して、通貨供給量を一気に縮小させるしかない状況であったといえる。このような経済環境下で金本位制を採用するのであれば、ある程度の通貨収縮は避けられない状況であったことから、いっそ、これを利用して国内経済の構造改革を断行しようとしたのが、井上準之助らが採用した「旧平価での金解禁」であった可能性もあながち否定できないのである。

7　政策レジーム間競争としての「金解禁論争」

以上のような井上財政の政策妥当性に関しては、様々な前提条件を考慮して議論すべきである点に注意する必要がある。例えば、保証準備制度の拡充[5]等の措置が国際的に承認され、少ない金保有量でより多くの通貨供給が可能となる制度が構築できれば、その分、デフレーションによる経済へのマイナスの影響は少なくて済むかもしれない。いや、それよりも、そもそも金本位制に参加しなくてもよいのであれば（例えば、中国等の東アジア諸国では依然として銀が決済通貨として使用されていた）、デフレは生じなかったかもしれない。しかし、前述のように、（一）正貨が枯渇しつつある中、日露戦争期に調達した外債の償還期限が近づきつつあり、政府はどうしても借換債発行によって、償還による正貨支払いを回避したかったこと、（二）その外債のファイナンス先であった英米は、日本の金本位制システムへの復帰を条件として借換に応じる可能性があったこと、を考慮すると、もはや金本位制復帰を回避するという選択肢はなかったという考えも可能である。

このような状況の中、国内での「金解禁論争」が、井上準之助が提唱する「旧平価（＝円高）」での金解禁か、それとも、石橋湛山らが提唱する「新平価（＝現行水準、もしくは円安）」での金解禁か、で争ったことは至極当然のことであった[6]。

井上準之助らの「旧平価での金解禁」論は、日本経済の根本的な危機は「正貨枯渇」にあり、これを解決しなければ、例え金保有量と通貨供給量のバランスを変えても問題の先送りになり、危機をさらに増幅させるだけであるとの認識に立っていた。さらにいえば、問題の本質は、金本位制への復帰にあるのではなく、正貨枯渇の危機に陥った日本経済の「構造」そのものにあるという点にあった。日本経済の構造改革を「円高」というショック療法によって一気に進めようというのが「旧平価での金解禁」論の政策思想であったといえる。

一方、石橋湛山らが提唱した「新平価での金解禁」論は、為替レートはなるべく経済に大きな変動を与えないように設定するのが筋であるとして、当時、スウェーデンの経済学者であったカッセルが提唱した「購買力平価」(現段階の物価水準を許容し、その物価水準に見合った為替レートを算出する方法)を新たな平価として金解禁を行うべきであるという主張であった(なお、金保有量と通貨供給量のバランスについては、前述のように保証準備等の制度的対応によって解決可能という立場であった)。また、「旧平価での金解禁」論に対しては、そのデフレ効果が、専ら下層階級(農民、中小商工業者)への被害を拡大させる一方、財閥等の資本家階級へは独占化のメリットを与え、両者の間でいわゆる「階級闘争」的な利害対立が発生し、社会不安のリスクがあることを指摘していた。

「政策レジーム」としての両者の違いは、「旧平価での金解禁」論が、デフレーション誘発による旧来型経済システムの破壊、すなわち「リセット」による新しい経済システムの構築によって、米英を中心とした先進資本主義国の仲間入りを目指すものであるのに対し、「新平価での金解禁」論は、現状の経済秩序を破壊せずに、適切な経済政策運営を通じた自然なマクロ経済調節に任せて経済状況を好転させようとするものであったといえる。このことを考えると、両者の論争は、まさに政策レジーム間競争の過程に他ならなかったといえるのである。

8 「グローバル・スタンダード」の強制力

もう一つの重要な点は、金解禁によって「再建金本位制」という通貨システムを採用することが、当時の欧米先進資本主義国にとって、通貨システムの「グローバル・スタンダード」であったという点である。すなわち、ワシントン体制への仲間入りを志向し、米英との国際協調を志向する民政党の政権担当者には、ロンドン、ニューヨークの二大金融センターを中心とした資金決済システムに参加しなければ、ワシントン体制からもはずされ、国際競争に敗れてしまうのではないか、そして、これまで築き上げてきた「大国」という地位を失ってしまうのではないか、という一種の強迫観念が働いたのではないかと考えられる。その証拠として、米国が金本位制に復帰した一九一九年や、一九二二年のジェノア会議以降、一九二五年のオーストラリア、イギリス、オランダの復帰段階まででは、日本では金解禁論は全く盛り上がりをみせなかったが、欧米先進資本主義国では最後となったフランスが参加した一九二六年以降に、金解禁論がにわかに盛り上がったのである。

第一次世界大戦後、急速に新しい覇権国としての地位を高めてきた米国にとって、日本の金本位制復帰は、かなり早い段階から関心がもたれていた。これは、(一)中国(特に満州)の日米の共同開発を進める上で、日本が米国と同様の通貨システムを採用しているということは、投資家に為替レート変動というリスクを負わせなくても済む、(二)これまで引き受けてきた日本の対外債務の価格変動リスクをなるべく抑えたい、という理由のためであった。例えば、一九二二年以降、既にFRB内部では、日本の金本位制復帰に関する調査がなされており、[7] 一九二七年十月には、モルガン商会のラモントが来日し、「例え、デフレーションに陥ったとしても、金本位制に復帰すべき[8]」ことを明言している。[9] また、一九二八年には、「日本が国際的な信認を得るためには金本位制への復帰は不可欠であり、そのためには、日銀とFRBが金解禁の具体的な条件を詰めるための直接交渉を行うべきである」との提言もなされている。さらには、一九二九年二月のヤング委員会で決定された「国際決済銀行」への参加条件として「金本位制への参加」が盛り込まれており、日本が先進資本主義国の一員として認知されるためには、金解禁の断行は不可避な状況になっていた。

また、それに加え、前述のように、残されていた唯一の正貨充当策は外債発行であり、しかも、英米という二大基軸通貨圏による外債の引受であった。さらには、日露戦争時に大量に調達した外債の償還も迫っており、借換をしなければ日本はデフォルトし、これ以上の資金調達を行えないどころか、正貨枯渇から、海外との貿易が一切遮断してしまう可能性があった。当時の日本経済はまさに英米引受を前提とした外債発行による資金調達によって、かろうじて対外決済を行っている状況であった。そして、その重要な外債引受先である英米が、そろって、日本に金本位制への復帰を促しており、金本位制復帰が外債引受の条件となっていた。また、(一)金解禁発表の直前に、英米によって金本位制復帰による金流出に備える目的で、緊急の際には、英米中央銀行が日本に対して最大一億円の借款を拠出するというクレジットが設定されたこと、(二)日本の金解禁に対して自国の投資家に対しての道義的説得（投資に対する信認を与える）等のモーラルサポートをFRBやイングランド銀行が与えていたこと[10]、も英米両国が日本の金本位制復帰を強く望んでいたことの証拠であると思われる。

また、民政党下では数少ない経済成長要因となった都市部のインフラ整備のためのファイナンスとして当時、主流であったのは、アメリカの機関投資家による外債引受であった点も無視できないと思われる。当時の財政赤字の状況等を考えると、日本が発行する債券の格付けは極めて低く、そのため、金利負担は大きかったが、それが円滑に償還されれば、投資家にとっては莫大な利子収入が得られる魅力的な債券であった。その意味では、アメリカにとっては、日本が再建金本位制の一員となり、アメリカを中心とする国際資金フローの中にいるということは、投資対象としての日本の安全性、安定性という意味からは、極めて重要なことであった。また、これは日本（民政党）の側からみても、構造改革による新しい日本経済の成長経路を、政友会では実行できない都市基盤の整備によって推し進めるためには、米国からの資金援助は是非とも必要なものであったと考えられる。

その上、当時の日本経済は、過度に輸出、特に対米輸出に依存しており、日本経済の将来はアメリカとの協調を如何に維持するかにかかっていた。例えば、一九二〇年代の日本の輸出全体に占める米国のシェアは三八・八%、また、輸入全体に占める米国のシェアは三一・四%、貿易総量に対する米国の割合は三四・五%であった。主要貿易パートナーであった米国との経済取引の安定をはかる意味からも、早期の金解禁は必要な政策であった。

9 「円の足枷」と「ワシントン・レジーム」の崩壊

以上のような濱口民政党による国際協調・国内経済緊縮路線である「ワシントン・レジーム」は、日本経済を昭和恐慌に陥れることによって見事に崩壊した。これには確かに不運な側面があったことは否定できない。「ワシントン・レジーム」下で、日本がようやく参加した再建金本位制は、米国発の世界大恐慌によって世界的なデフレの連鎖をもたらすことになってしまった。日本が再建金本位制に参加した一九二九年にニューヨークでの株価暴落が始まり、それ以降、米国を中心に世界大恐慌が発生することを考えると、「タイミングが悪い」というより他はないとの見方もあるだろう。しかし、井上準之助が抱いていた清算主義的な思想から考えると、ニューヨークの株価暴落による世界恐慌が日本に伝播するということは、国内の「不良企業」の淘汰がそれだけ進むことを意味しているとも考えられないだろうか。井上準之助が、世界経済の環境が悪化し、もはや、金本位制に対する国民の支持を得られなくなった状況下でもかたくなに金本位制維持にこだわり続けたことを考えると、井上準之助の清算主義思想の信念の強さに驚くより他はないだろう。その意味では、「ワシントン・レジーム」の結果はアメリカ経済の崩壊が重なったという不運の結果ではなく必然であったともいえる。民政党政権に取って代わった犬養政友会は、即日に金輸出再禁止を断行し、五・一五事件で犬養が暗殺された後の高橋財政では、日銀による国債引受という量的金融緩和政策を採用することで、日本経済は、世界の中でいち早くデフレを克服することになる。

そこで、考えるべきは、「金解禁論争」で、「ワシントン・レジーム」に敗れた「新平価解禁」派の動向である。犬養政友会発足以後のいわゆる「リフレーション政策」は、「新平価解禁」派の政策提言がほぼ完全に採用されたものといってもよいが、この「新平価解禁」派の政策レジーム構想を外交政策と経済政策の組み合わせで考えてみる。

この「新平価解禁」派の政策レジームを、筆者は「小日本主義レジーム」と名づけた。これは、「新平価解禁」派の論客の一人である石橋湛山らの主張にちなんだものである。「小日本主義」とは、日本が軍事力を行使して、中国や満蒙に進出し、そこでの利権や領土を拡大するという対外強硬的な政策、もしくは、東アジアの権益を独占しないまでも、「列強資本主義諸国の一員」として、米英との共同管理体制で実質的に分割統治するという「大国主義」を捨て、東アジア諸民族の独立を広く支持し、東アジアの自由な資本主義的発展を日本がサポートすることが、ひいては、通商関係の充実を通じて日本に莫大な利益をもたらすという「自由主義」的な発想である。

日露戦争後の条約改正によって、もはや日本は完全に独立しており、第一次世界大戦までの世界的な活躍で、後進国という地位からはもはやテイク・オフを果たしている。東アジアの先進資本主義国である日本は、今や、世界経済の中で極めてユニークな立場にある。「大国主義」的な発想を捨てれば、「大国」維持のコスト削減効果から、十分日本経済は回復できるというのが基本的な主張である。「ワシントン・レジーム」での「旧平価金解禁」を円高によるデフレーションと考えると、「ワシントン・レジーム」という政策レジームは、まさに、中国権益を巡る英米からの対外ファイナンス圧力に屈したことによる経済大停滞という「円の足枷」[11]そのものであることが窺える。このレジームからの転換は、(一)大国主義的発想からの解放、(二)金本位制からの離脱、にあった。くしくも、晩年の犬養毅は、同様の政策思想を持っていたし、前述の高橋是清らの対中経済提携論もほぼ同様の発想であった。その意味では、犬養政友会への政権交代から高橋財政までの過程は、まさに「ワシントン・レジーム」から「小日本主義レジーム」への転換と呼ぶにふさわしいかのように思われる。

しかし、残念ながらそれは誤りであった。「小日本主義レジーム」は五・一五事件による犬養の暗殺と、二・二六事件による高橋の暗殺によって、無残に終わることになる。そして、新たな政策レジームとして「大東亜共栄圏レジーム」が登場することになる。

注

(1)「マッカラムルール」では、目標となる「適正名目成長率」を何%程度に設定するかが問題となる。本論文では、過去からのトレンド等を考慮して、米国の場合四%、日本の場合五%と設定した。

（2）深井英五［1928］による。
（3）例えば、森七郎［1986］参照のこと。
（4）井上準之助［1926］参照のこと。
（5）国内のマネーサプライ供給量と正貨準備の関係は必ずしも一対一（正貨準備と同額のマネーしか供給できない）ではなく、正貨準備を担保として、正貨準備額のある一定倍の通貨を供給できる制度になっていた。
（6）いわゆる「金解禁論争」の経済学者、マスコミを含めた論争の顛末については、岩田規久男編［2004］第一部、及び中村宗悦［2005］に詳述されている。
（7）伊藤正直[1989]第二章のニューヨーク連銀総裁ストロングがヒューズ国務長官に宛てた私信を参照のこと。
（8）“The bank of Japan would naturally need to be free of political interference. That means simply, and with all proper qualifications and reserves, freedom to raise the discount rate to protect its gold from fading away as the Government's gold has faded, even though the consequence be deflation” とある。
（9）ラモントが一九二七年十月に来日する際に米国大使館から取り寄せた日本経済に関する報告書には、（一）為替レートが不安定であることが社会不安の起因になっていること、（二）インフレーション政策が日本経済の構造改革の遅れにつながり、財政赤字を拡大させていること、（三）よって、出来るだけ早く金本位制に復帰すべきであること、が詳述されている。ＮＨＫ〝ドキュメント昭和〟取材班［1986］参照のこと。
（10）伊藤正直［1989］参照のこと。
（11）「円の足枷」とは、覇権国（当時は米国）の圧力によって、為替レートが円高水準で推移することを余儀なくされ、これによって国内経済がデフレーションに陥ってしまうことを指す。

第八章　「〃擬似〃小日本主義レジーム」への転換と昭和恐慌からの脱出

「マクロ経済政策」という観点からは、犬養毅・高橋是清の採った政策レジームは、世界のデフレーション史上、燦然と輝く成功例であったと考えられる。なぜなら、世界大恐慌の渦中にいた当時の主要資本主義列強の中でいち早く、しかも約半年という短期間でデフレを克服すると共に、その後、再びデフレを経験することはなかったからである。そこで、本章では、この犬養・高橋の採った政策レジーム転換のマクロ経済的な効果についての通貨システム面での評価を行う。なお、本書では、先述のように彼らが採用した政策レジームを「〃擬似〃小日本主義レジーム」と名づけることにする。これは、マクロ経済政策という観点では、確かに、石橋湛山らが提唱していた政策提案にほぼ沿った形でリフレーション政策が採られたものの、第四章で考察したように、外交政策的には、後の「大東亜共栄圏レジーム」台頭のきっかけとなる対満州積極政策を容認し、石橋らが提唱した「小日本主義」とは全く異なる外交政策レジームを採用したと考えられるためである。

このレジームを、第一部の政策レジームの定式化で考えると、石橋らの「小日本主義レジーム」では、このパラメーターβは限りなくゼロ、すなわち、通貨システムの選択は、政策レジームを形成する変数ではなかったのではないかと考えられる。なぜならば、本来の「小日本主義レジーム」の通貨システムは、変動相場制で、市場メカニズムに任せた自由な為替レート変動を認めており、為替レートは政策変数に入ってこないためである。すなわち、「小日本主義レジーム」には、「為替レートを政府が設定した適正水準に誘導する」という発想はないと考えられる。[1]

犬養・高橋レジームでの通貨システム面の対応をより具体的にみると、一九三一年十二月十五日の金輸出再禁止からデフレから脱却する一九三二年頃までは、為替レートの下落を放置し、為替市場で自由に決まる円安を容認する姿勢をみせており、「小日本主義レジーム」に近い政策レジームであったといえるが、一九三三年以降は、横浜正金銀行を中心とした外為銀行による金買い支え政策によって、為替レートを円高方向に修正した後（一〇〇円＝二〇ドル程度から一〇〇円＝三〇ドル程度まで引き上げている）に、ドルペッグからポンドペッグに変更、一円＝二シリング一ペンス程度でペッグするという通貨安定政策への切り替えを行っている。自国通貨圏を形成する場合には、自国通貨を高くするケースが多いことから、これは、当時、中国大陸で勢力を着々と拡大させていた軍部主導による円通貨圏形成に向けた一種の政策協調の可能性が高い。その意味では、通貨システムの選択という側面をみても、犬養・高橋らによる「小日本主義レジーム」は「擬似的」であったといえよう。

1 犬養・高橋による「二段階政策レジーム」の転換プロセス

本章では、犬養・高橋による濱口民政党政権による「ワシントン・レジーム」からの政策レジーム転換の過程を、一九三一年十二月十三日の金本位制離脱から一九三二年十一月二十五日の日銀による国債引受実施までの約一年間の政策決定プロセスから考察してみる（当時、検討、実施された政策メニューについては**図8―1**参照のこと）。

ここでは、二つの論点が存在する。まず、第一の論点は、政策当局者が政策対応の必要性を認識するタイミングである。例えば、昭和恐慌当時の政策当局者は、一九三一年十二月十三日の金本位制離脱による急激な円安をきっかけに、鉱工業生産指数、インフレ率や株価が急激に上昇したことから、経済の先行きを楽観視していた。高橋是清蔵相も就任当初は緊縮財政である井上財政を踏襲することを表明していたし、政府公債非公募方針の堅持や所得税の増税などの財政再建策を提示し、大蔵省もそれを了承していた。しかし、国内景気は、一九三二年一月をピークに早

図8－1　高橋財政の政策メニュー

31年	12/13	政友会犬養毅内閣発足
		蔵相高橋是清、民政党の緊縮財政を当面継続していくことを表明
32年	1/4	内務省首脳会議において民政党の「失業救済事業」の事業範囲の拡大方針を決定
		ただし、32年度予算の追加措置は見送り
	2/16	高橋蔵相、政府公債非公募を表明
	2/26	政府債券発行限度を1億円拡大し、3億5千万円とする
	3/12	日銀第1次利下げ実施
	4/12	犬養内閣、閣議において追加予算額の合計を3560万円(失業救済と産業開発の合計)とすることを決定
	4/21	大蔵省、税制改正で増税方針を決定
	4/25	高橋蔵相、日本経済連盟にて日銀券発券制度の改正や不動産資金化を提唱
	4/28	日銀、国債担保貸出基準の緩和実施
	5/2	大蔵省、日銀券の保証準備発行限度を10億円に拡張する等、日銀諸制度の改正案を提出
	5/4	大蔵省、国債優遇法案提出を決定(時価評価から簿価評価へ)
	5/15	「5.15事件」で犬養毅首相暗殺さる。
	5/16	特別金融制度調査会、日銀発券制度改正に関する大蔵原案を可決
	5/22	斎藤実内閣発足、閣議で資本逃避防止法案承認
	5/30	内務省会議で失業救済事業の必要性を確認
		日銀第2次利下げ実施
	6/8	政友会、臨時幹部会開催、為替平価切下げ、金融緩和措置(通貨膨張策)等について話し合う
	6/11	内務省土木局、農村救済措置として3.5億円の土木事業を計画
	6/13	第62回帝国議会で農村救済決議案(時局匡救予算)可決されるも、失業救済事業の増額見送り
	6/15	農村救済5省次官会議開催
	6/27	内務省、土木事業の大綱を作成、第4回次官会議に提出
		32年度の土木事業の追加予算額は9700万円に止まる)
	7/1	資本逃避防止法実施される
	7/7	農林省、32年度事業規模2.8億円で追加予算要求案提出
	7/10	農林省、7日提出の予算案の追加要求額の国庫負担分を減額(国庫負担を1.5億円から1.1億円へ減額修正)
	7/19	5相会議で時局匡救事業の根本方針が審議、合意に至る
		事業規模は公債発行限度額から逆算し、2億円程度に抑える方針が決定される
	8/16	政府予算案決定、事業総規模は、内務、農林合計で1.4億円程度となる
	8/17	日銀、第3次利下げ実施
	8/23	第63回帝国議会召集
	9/2	追加予算案可決
	9/26	日銀、大蔵省証券5千億円を引受
	10/14	日銀、大蔵省証券5千億円を引受
	11/26	日銀による国債引受開始

出所：加瀬和俊『戦前日本の失業対策』(日本経済評論社)、「日本経済年報」9～11号(東洋経済新報社)より筆者作成
注：アミ部分が金融政策に関連する項目

くも悪化し始めており（前掲図7―4、7―5参照）、三月には、再びデフレスパイラルが始まる兆候が見え始めていた。

政策当局者の楽観ムードが一変したのが「五・一五事件」であった。「五・一五事件」は、当時の陸軍、海軍の青年将校達がその多数の出身地である農村部の深刻な不況とそれに対する政府の無策に憤慨し、犬養毅首相らを暗殺したクーデター未遂事件であったが、これによって農村部を中心とした国民生活の困窮が明らかになり、政府や議会内で追加的な政策発動が真剣に議論されるようになったのである。

第二の論点は政策手段の選択である。より具体的にいうと、リフレーション政策として有効なのは、財政政策か金融政策かという論点である。昭和恐慌当時、「金本位制の離脱」と変動相場制への移行（及びその結果としての円安と輸出拡大）で政策的には「やるべきことはすべてやった」との認識が強かったと考えられる。(2) そのため、政友会内閣は、追加的な政策を実施するということについて極めて消極的であった。つまり、補正予算等による極めて小規模な財政出動のみを想定していたのである。これは、（一）各省内（公共事業関連でいえば、内務省、農林省の省内会議）で計画された事業規模が大蔵省との折衝の過程で削減されて、結局、当初見込みをはるかに下回る規模に削減されてしまったこと、（二）大蔵省は、財政赤字の拡大を最小限に防ぐため、初めに公債発行限度額を策定し、これにあわせて歳出規模を決定したこと、からうかがえる。

また、前述のような経済指標全般にみられた停滞色は、追加的な政策発動がなければ、再びデ

図8―2　日銀保有国債残高の推移

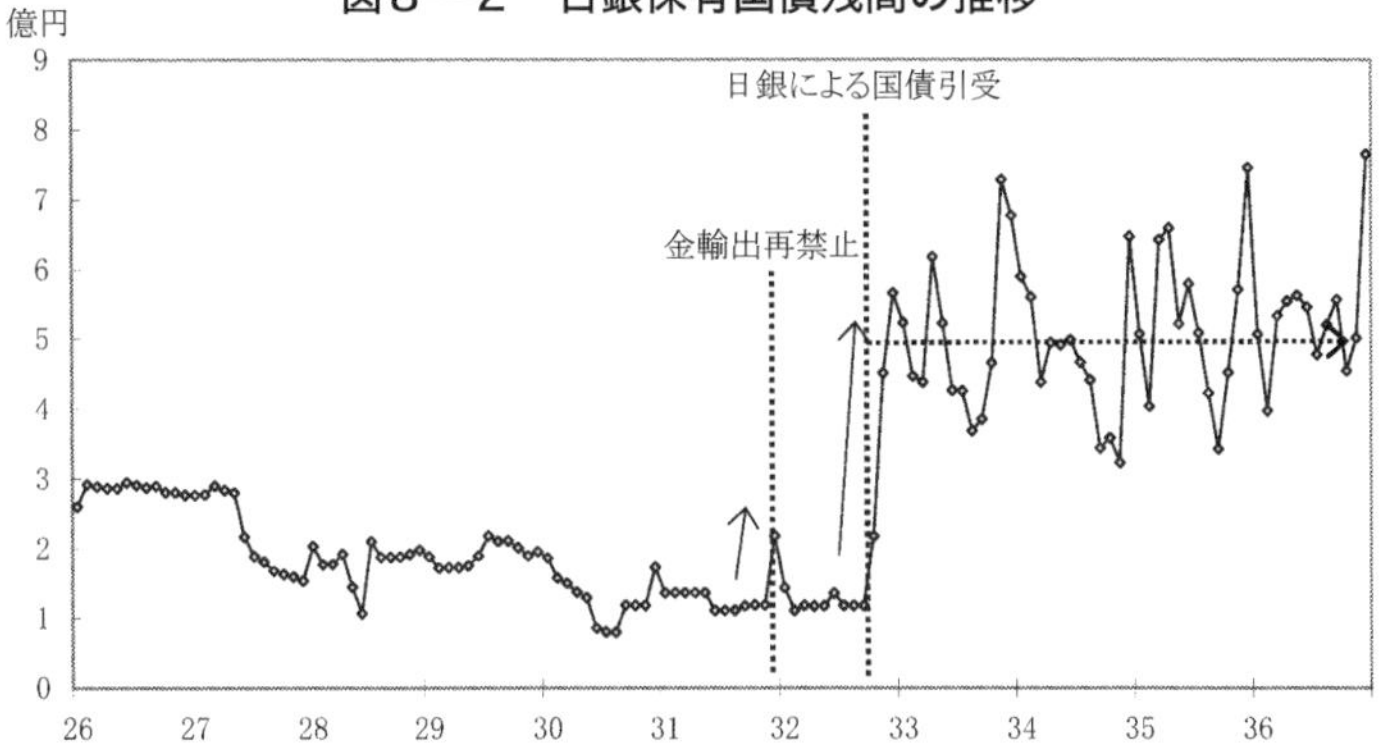

出所:『日本経済年報』各号より筆者作成

フレーション局面に戻ってしまう可能性が高いということを示唆していた。これは、（一）円安による輸出環境の好転だけではデフレーションの完全治癒は不可能であり、（二）「金本位制からの離脱」というのは為替レートに束縛されない自由な金融政策を可能にする環境が整ったということを意味するいわば「必要条件」にすぎず、実際に積極的な金融緩和が実施されなければデフレ脱却の十分条件が満たされないという意味では、金本位制離脱の効果はなかったと思われるためである。

そこで、当時の金融政策のスタンスをみると、日銀のバランスシートにおける国債残高の推移は、金本位制を離脱した後も、一九三二年九月末まではほぼ残高一定で推移しており（**図8―2**）、それまでは、日銀の積極的な金融緩和が行われなかったことがわかる。[3] この理由としては、通貨当局者の間に、（一）金本位制を離脱したにも拘わらず、「積極的な金融緩和を実施すれば、急激な資本流出が発生し、かえってデフレーションを助長しかねない」という「金本位制」(旧レジーム)的な考えが残っていたこと(この間、日銀は段階的に三回にわたる利下げを実施しているが、これは、「小出し」の金融緩和であったことを意味している)、(二)追加的な金融緩和を行ったとしても、金融機関に供給されたマネーは国債購入に回ってしまい、実体経済部門へは流入しないという考えが根強く残っていたためだと考えられる。[4] そして、ようやく本格的緩和が実施され始めたのは一九三二年九月二十六日と同年十月十四日の大蔵省証券計一億円の引受からであった。[5] 一九三二年当時の大蔵省証券の発行上限が三億五千万円であったことを考えると、この二回で発行上限額の約三割が日銀によって購入されたことになり、かなりの量的緩和効果があったと考えられる。そして、同年十一月二十五日から長期国債に関しても引受が開始され、これをきっかけに株式市場は再び大きく反転、上昇し、各種経済統計も改善に向かったのである。

この「〝擬似〟小日本主義レジーム」におけるマクロ経済政策メニューを考えた場合、当時の政策当局者は、「二段階」で政策レジームの転換を実現したと考えられる。[6] それは、(一)犬養政友会内閣下での「金輸出再禁止」のプロセス(一九三一年十一月三十日)と、(二)五・一五事件後の斉藤実内閣下での高橋財政(日銀による国債引受)のプロセスが、時間的なラグを伴って実施されたことから推測できる。しかも、これらの政策は、当初から、政策を二つに分割して、その効果を見極めながら二回に分けて実施するという「分割案」があった訳ではなく、当時の政策担当者の経済政策の効果に対する認識ギャップゆえに、最初の政策発動から一定期間を経た後になってようやく、一回目の政策変更（金本位制の離脱による為替レートの自由な変動の許容）だけでは政策効果が不十分であることが、政策担当者によって意識され、その後、追加的な措置が採られた点に注意する必要がある。つまり、当時犬養首相は、一九三一年十一月三十日に実施した金輸出再禁止で、為替レートが円安水準に戻れば、円安効果による輸出ドライブによって、デフレーションは克服可能であり、追加的な政策的な措置は必要ないという楽観的な認識を有していたのである。しかし、実際の経済状況は、一九三二年の三月頃から再び悪化の様相を呈していた。そして五・一五事件で犬養首相が暗殺された後に、ようやく政策当局者の間で危機が改めて共有され、追加的な政策発動が検討され、一九三二年十一月二十六日の日銀による国債引受という金融緩和措置（プラス財政政策発動）が実施され、日本は世界の他の資本主義国に先駆けて、デフレを克服したのであった。

このような「二段階の政策レジーム転換」は、日本特有の現象ではなく、デフレーションを克服した他の国でも、経験されたことであった。実は、この二段階での政策レジーム転換を実現させた国は、デフレーションを克服した一方、これを実現させなかった国は、なかなかデフレーションを克服することができなかったという歴史的事実がある。[7] それでは、両者の違いはなぜ、生じたのかを考えてみよう。

当時、先進資本主義国が採用した「再建金本位制」の最大の欠点は、米国に大量の金が集中し、しかも、米国当局は、その金を「経済戦略上、必要不可欠なもの」であると考えていたことにあった。米国は、金の流入によって、国内のマネーサプライの源泉となる金ストックが拡大する局面に際しては、財務省による不胎化政策の発動によって、金を退蔵させ、国内のマネーサプライに影響が出ないようにしていた。一般的な金本位制では、ある国に金が流入した場合、それに伴って国内のマネーサプライが拡大し、それが国内景気好調→輸入拡大→物価上昇→金利上昇→国内景気の鈍化→……というプロセスを通じて最終的には一旦流入した金が再び流出し、結果として平衡が保たれるというのが前提条件であった。しかし、この「再建金本位制」の下では、金流入国である米国が国内マネーサプライを抑制させる行動をとったために、グローバルな金を媒介した資金仲介機能が麻痺し、他国で金の流出によるデフレーションがもたらされたのに加え、金の移動による物価の自動調節作用が機能しなくなったことから、世界中の先進資本主義国（特に金が流出した国）が軒並みデフレに陥ることになったのであった。

ところが、金本位制を離脱すると、自国の為替レートは自由な変動が許容されることになる。前述の例でいえば、金が流出している国が、金の移動を止め、その代わりに為替レート変動によって経済調整を実施しようとすると、為替レートは下落することになる。為替レートの下落は直接的に輸入物価の上昇を意味するため、インフレ率の計算上は、押し上げ効果が働き、デフレ率は低下する。また、通貨安は輸出に有利に働くため、輸出の拡大が景気にプラスに働く。

世界大恐慌からの脱出プロセスを国際比較という視点から考えるバリー・アイケングリーンやベン・バーナンキらの「国際学派」は、「金の足枷（Golden Fetters）」を如何にして早く取り払うかが、デフレーション脱出の決め手になった点を強調している。しかし、筆者は、これは、あくまでも「第一段階」の効果に過ぎないと考えている。輸入物価上昇による国内物価の上昇は、多くの場合、企業マージンを縮小させることになるため、円安による輸出採算性の好転があったとしても、国内産業はますます業務縮小に動くため、その効果は相殺されてしまう（また、輸出増加は、通貨安だけではなく、相手国の需要拡大、すなわち景気状況にも大きく依存している）。すなわち、国内経済におけるデフレーション圧力の解消のためには、国内経済主体全体にデフレ解消の直接的影響がいきわたるようにしなければならない。経済政策メニューでこれが可能なのは、金融政策である。すなわち、金融緩和の実施が、「第二段階」の政策ということになる。

この第一段階のマクロ経済効果と第二段階のマクロ経済効果の相対的な大きさは各国の経済構造によって大きく異なることが想定される。価格優位な輸出セクターが経済を主導している国については、当然、第一段階の効果が大きくなることが想定される。生糸や紡績といった労働集約的な軽工業に比較優位を持つ日本の場合、まさにこれが妥当すると思われる。しかし、デフレーション解消期における為替レートの円安効果は、極めて短期で終了する。その分、経済にとって、為替レート調整の効果は一過性のものに過ぎないといえる。持続的にデフレ解消による「経済蘇生」を達成するためには、金融政策の変更を伴った政策のレジーム転換が必要であると考えられるのである。

また、これに関連してもう一つ重要な点がある。それは、政策当局者にとっての「為替レート変動」の意味合いである。そもそも、(イデオロギー的な観点はともかく)再建金本位制構築のきっかけは、過度な為替レート変動を抑えるという点にあった。もし、政策当局者が、為替レートの「変動」に対する嫌悪感を持ち続けていたとすれば、金本位制離脱後も何らかの手段を用いて為替レート変動を抑える(場合によっては、固定為替相場制を維持しようとする)はずである。しかし、これは、金融政策をデフレーションの解消ではなく、為替レート維持に割り当てることを意味することから、結局、デフレーション解消という本来の金融緩和の機能を麻痺させる可能性もある。これは、国際マクロ経済学では、「不整合な三角形 (Inconsistent triangle)」と呼ばれており[8]、独立した金融政策、為替レートの安定、資本移動の自由化という三つの目標のうち、同時に達成することができるのは二つだけであり、残る一つの目標を達成することを放棄しなければならないことを意味するものである。すなわち、大恐慌発生のメカニズムとその処方箋を「不整合な三角形」という側面から考えると、資本移動の自由化を与件とした場合、「再建金本位制」では、独立した金融政策(によるインフレ率の誘導)を放棄する代わりに、為替レートの安定が政策として選択されたが、これを維持する限りは、一国で発生したデフレーションが世界各国に伝播してしまう。デフレーションを克服するためには、為替レートの安定を放棄して、金融緩和政策を採用する必要があるということになる[9]。

以上のようなデフレーション局面における「不整合な三角形」と「二段階での政策レジーム転換」の考え方の正しさを証明する格好のケーススタディが、失敗例としての米国と成功例として

図8—3　大恐慌期の米国マネタリーベース伸び率と為替介入の寄与度

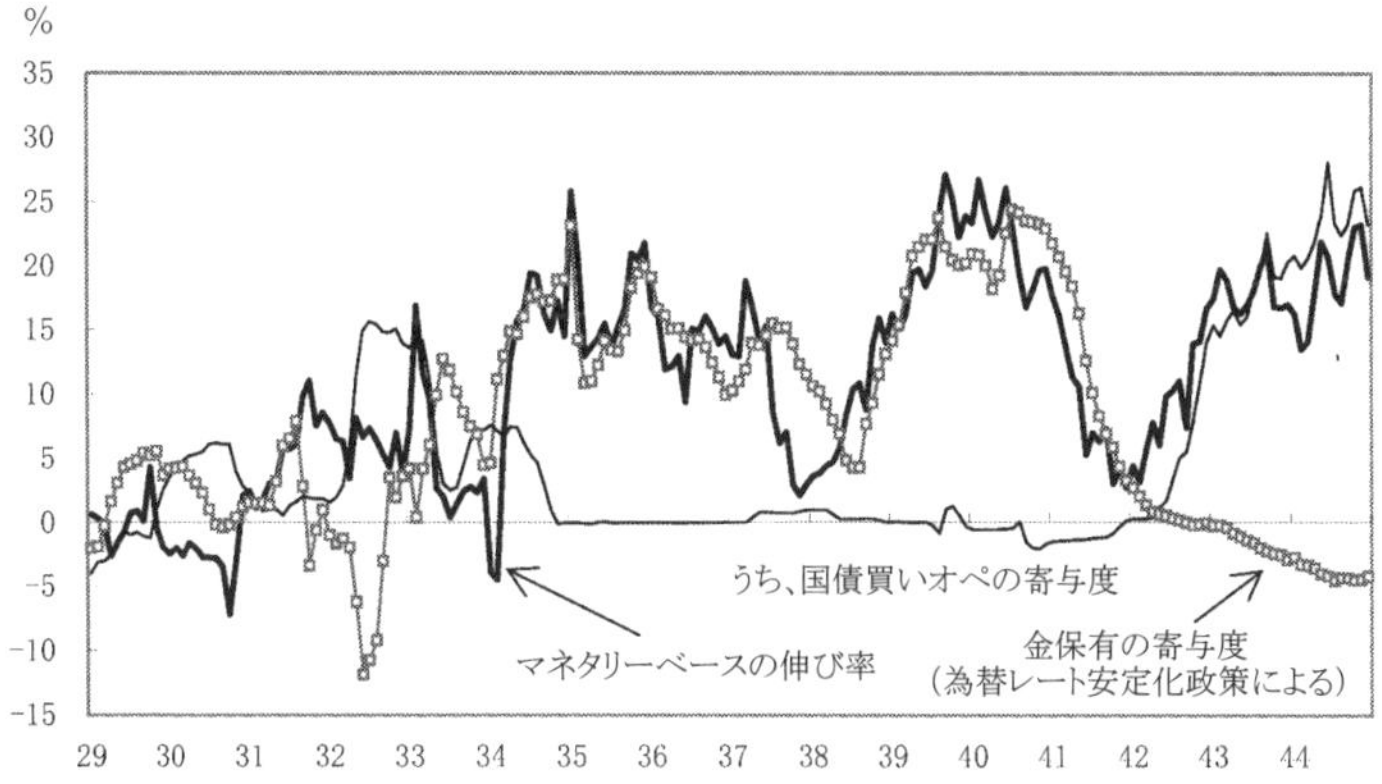

出所：*A Monetary History of the United States* より筆者作成

のアルゼンチンである。当時の米国の政策責任者（財務省のモーゲンソーら）は、「為替レートの安定化」という再建金本位制の政策レジームから抜け出すことができなかった。米国の場合、金本位制離脱が遅れたことから、（例えば、ドル・円レートでいえば）為替レートは、ドル高気味に推移していた。当時の米国の政策当局は、リフレーション政策として金融政策（例えば、債券買い切りオペの増額など）を用いることはせず、為替平衡基金や公的年金を用いてのドル売り介入とその非不胎化政策を用いた。当時の米国のマネタリーベースの伸び率を要因分解すると、国債の買いオペレーション等の金融緩和政策はほとんど実施されておらず、マネタリーベース増加に寄与しているのは、為替レートのドル安誘導のための介入資金だけであった（当時の文脈でいえば、金の購入）（**図8—3**）。ドル安誘導政策は、確かにリフレーション政策の一つであるが、デフレーション克服のためのリフレーション政策を継続させるためには、国債買いオペレーション等の金融政策主導の金融緩和を実施する必要があった。しかし、米国政策当局は、為替レート変動を招きかねない追加的な金融緩和を敢えて実施しようとしなかった。

また、「経済政策のレジーム転換」という側面では、財政政策スタンスも重要である。その意味では、当時の米大統領であったルーズベルトの財政政策に対する政策思想を振り返る必要がある。一般的な教科書的解釈では、民主党のルーズベルト大統領は、前任者の均衡財政主義者であった共和党フーバー大統領と異なり、積極財政政策を導入し、これが、米国が大恐慌から脱出した主因であるとの見方がなされている。しかし、実際は、ルーズベルトもフーバーに劣らない、「均衡財政主義者」であった。これは、デフレーションの真最中だった一九三二年の民主党大会での大統領候補の指名演説で、「赤字を止めよう。（中略）どんな政府でも、その家庭と同じように、収入を上回るような支出の持続は救貧院行きを意味することは諸君も私も知るとおりである」と、政府の赤字は家計の赤字と全く同じ意味を持つといった財政観を披露していることからも明らかであろう。また、選挙演説でも、「私は連邦支出の削減をこの選挙戦のもっとも重要な手段の一つとしてみている」と語り、緊縮財政論者としての立場を明確にしているのである。さらには、大統領就任七日目の一九三三年三月十日に議会に提出した特別教書では、「リベラルな政府がその放漫な財政政策ゆえに破滅した例はあまりにも多い。われわれはこの危険を避けなければならない。われわれがこれまでみてきた景気の上昇が続いていくためには、現在への確信と将来の信頼の土台を築くことが必要である。この土台の基石となるのは政府の良好な信用である」と述べ、「節約法（Economy Act）」の早急な制定による均衡財政への復帰を要求したのであった。

このようなルーズベルトの均衡財政主義への傾斜は、米国経済のデフレーションからの脱出の可能性が高まるにつれて、さらに強くなった。デフレーションの時期には、思ったほど税収があがらないこと、もしくは、失業者や貧困者らの救済のための財政支出が拡大せざるを得なかったことから、結果として財政赤字は拡大したものの、ルーズベルト政権は、なるべく追加的な支出拡大を抑え、様々な増税策を打ち出すことによって、財政赤字の圧縮に努めた。そして、デフレーションが底を打つと急激に、救済的な性格を有する財政支出を大幅に削減し、本格的な財政均衡政策へと舵を切ったのである。[10]

このように、当時の米国における経済政策の変遷をみると、米国では、「政策レジームの転換」が実現していなかったことがわかる。これが米国のデフレーション解消過程が、「中途半端」に終わり、一九三七年以降、再び米国経済がデフレーションに襲われる遠因になったと考えられる。[11]

これと対照的な事例が大恐慌期のアルゼンチンであった。[12] アルゼンチンも日本同様、一九三一年三月に、最初に金本位制を離脱することによって、為替レート変動を許容した後、それだけではデフレーションを十分に克服することができなかったことから、追加的に一九三五年に金融緩和を実施し、それでようやくデフレーション克服に成功した。アルゼンチンの場合、このデフレーション以前の一八九九年に金本位制を採用するに当たり、ゲゼルのアドバイスによって、旧平価

（金一オンス＝一ペソ）ではなく、それよりも減価した水準を採用し、デフレーションを回避したという「過去の教訓」を生かすことが可能であった点が大きかった。一九二〇年代後半以降のデフレーションの局面においては、一八〇〇年代後半にデフレーションを非難したゲゼルの著作等の再評価がなされたことが、リフレーション政策への「政策レジームの転換」につながった。

さらにいえば、アルゼンチンは、日本同様、「二段階での政策レジーム転換」に成功した事例でもあった。アルゼンチンは、穀物等の輸出に比較優位があったため、為替レートの安定化は、自国の経済発展に必要不可欠な要素であるとの認識が強かった。一九三一年の金本位制離脱の目的は、輸出の回復上、割高であった為替レートの水準訂正の意味合いが強かったが、通貨安による輸出拡大効果だけでデフレーションを克服できなかったことから、はじめて、政策当局が、デフレーションの克服を政策目標として意識し、一九三五年に、「為替レートの安定」という政策レジームを転換させ、デフレーションからの脱出に成功したのであった。

アルゼンチンのデフレーション脱出のケースには、大きく分けて、二つのインプリケーションがあると考えられる。第一点は、いわゆる「レジーム転換」の発想が、政策当局者によって共有されていたという点である。Paolera & Taylor［2000］によれば、アルゼンチンのリフレーション政策の優れていた点は、デフレスパイラルに陥ることを防ぐために「正しい政策」を如何に早く採るかが重要であるという点を政策当局者が認識していたことであった[13]。また、さらには、政策対応が早ければ早いほど、実際に発動される政策の「程度」は小さくて済むことも認識していた。

これは、アルゼンチンにおけるマネタリーベースの実際の増加率は、米国や英国と比べ、それほど大きくなかったことに表れている。それでは、当時のアルゼンチンの政策当局者は、政策のレジーム転換の効果をどのように見極めたのだろうか。これについては、Paolera & Taylor [2000] に極めて興味深い記述がある。それは、アルゼンチンの政策当局者が、政策のレジーム転換を決める際に問題視したのは、金本位制を離脱した後も、アルゼンチンの為替レートが、「購買力平価の天井」という制約条件の存在の前に、なかなか通貨安を実現できなかったという事実であったことである。すなわち、当時のアルゼンチンの政策当局者は、デフレーション克服のために必要な金融緩和の程度を「購買力平価」という為替レート水準との関係から判断しようというスタンスをとり、「購買力平価」を突破するような通貨安が実現するくらいの金融緩和を実施しなければ、デフレーション・レジームからインフレーション・レジームへの転換は達成できないとみなしていたと考えられるのである(14)。

第二点は、「期待」に働きかけるルートの重要性である。Paolera&Taylor [2000] は、この期待に働きかけるルートを「マンデル効果」と呼んでおり、クレジットチャネルや実体経済を通じた一般的な金融政策の波及ルート(15)(「ケインズ効果」)とは明確に区別している。

それでは、犬養・高橋レジームの場合はどうだったのであろうか。当時の日本についても、主要輸出品目であった生糸産業を始めとして、経済パフォーマンスが商品市況に左右される側面が強かったという点では、アルゼンチンと同様の経済構造であったといえる。そのため、アルゼンチンの「教訓」がそのまま当てはまる可能性が極めて高い。それは、高橋が為替レート変動についてては、なるべく市場メカニズムに任せるほうがよいという政策スタンスをとっていたためである。その意味では、犬養・高橋の為替レートに対する政策は、政策レジームの転換にふさわしいと考えられる。

ここで、再度、犬養・高橋によるリフレーション政策の歴史的な展開について簡単に言及しておく（前掲図8―1参照）。一九三一年十二月十三日に政友会犬養毅内閣が発足し、即日、金輸出の再禁止が実施された。元来、地方に政権基盤を持つ政友会は農村を中心とした失業対策の拡充方針を決定するものの、高橋蔵相らは、既に決定していた翌年度（一九三二年度）予算での追加的な支出計上は見送るなど、危機感を欠いた対応をとった。その後、四月に入り、高橋蔵相は、失業救済のための追加支出の方針を固めるが、その資金調達手段として新たに増税方針を打ち出すなど財政政策の対応は「小出し」であった。その間、金融政策では、三月十二日に第一次の利下げを実施した後、四月末以降は、日銀券発行制度の制度変更についての議論が活発化した。そして、五月二日には、大蔵省によって、日銀の保証準備発行枠の大幅拡大（一億五千万円から一〇億円）が国会に提出され、五月十六日に可決された。その間、五・一五事件で犬養毅首相が暗殺されると状況は一変した。それ以前においても労働争議や暴動といった社会不安の台頭は見られたが、金輸出再禁止による円安効果による景気の反転で、政策当局者の間には日本経済について楽観的な見方が大勢を占めていた。しかし、五・一五事件後の六月以降の国会では、財政出動による時局匡救事業推進についての議論が高まっていった。財政拡大方針が決定された八月以降になると、日銀による利下げが実施され、その後、日銀は、九月二十六日に大蔵省証券の引受を行い、十一月二十六日に国債の直接引受に踏み切ったのであった。

2 政策レジーム転換の経済学的成功例としての「〝擬似〟小日本主義レジーム」

第一部で詳述したように、「政策レジーム転換」とは、「民間経済主体の経済行動パターンの変化をもたらす経済政策の枠組みの変更」を意味する。この場合、民間経済主体は、どのようにして経済政策の枠組みが変更されたことを認識するのであろうか、という政策変更の認知の問題が浮かび上がってくる。

多くの民間経済主体が、政策内容を知るには、メディアや政治家の言動等を通じるより他はないと考えられる。メディアや政治家は、多くの場合、その政策が実際に発動される以前にその内容の多くを何らかの媒体によって伝えるケースが多い。よって、政策レジーム転換の成否は、メディアや政治家による民間経済主体への伝達能力にかかっている。[16] そして、民間経済主体が、政策レジーム転換の兆候を事前に把握することができれば、民間経済主体は、実際の政策発動に先行して何らかの変化を起こすはずである。このように、実は、経済学的に効果のある政策レジームの転換は、実際に法案が成立すること等によって、政策レジーム転換が正式に決定され、実際

図8—4　昭和恐慌期における期待インフレ率の推計

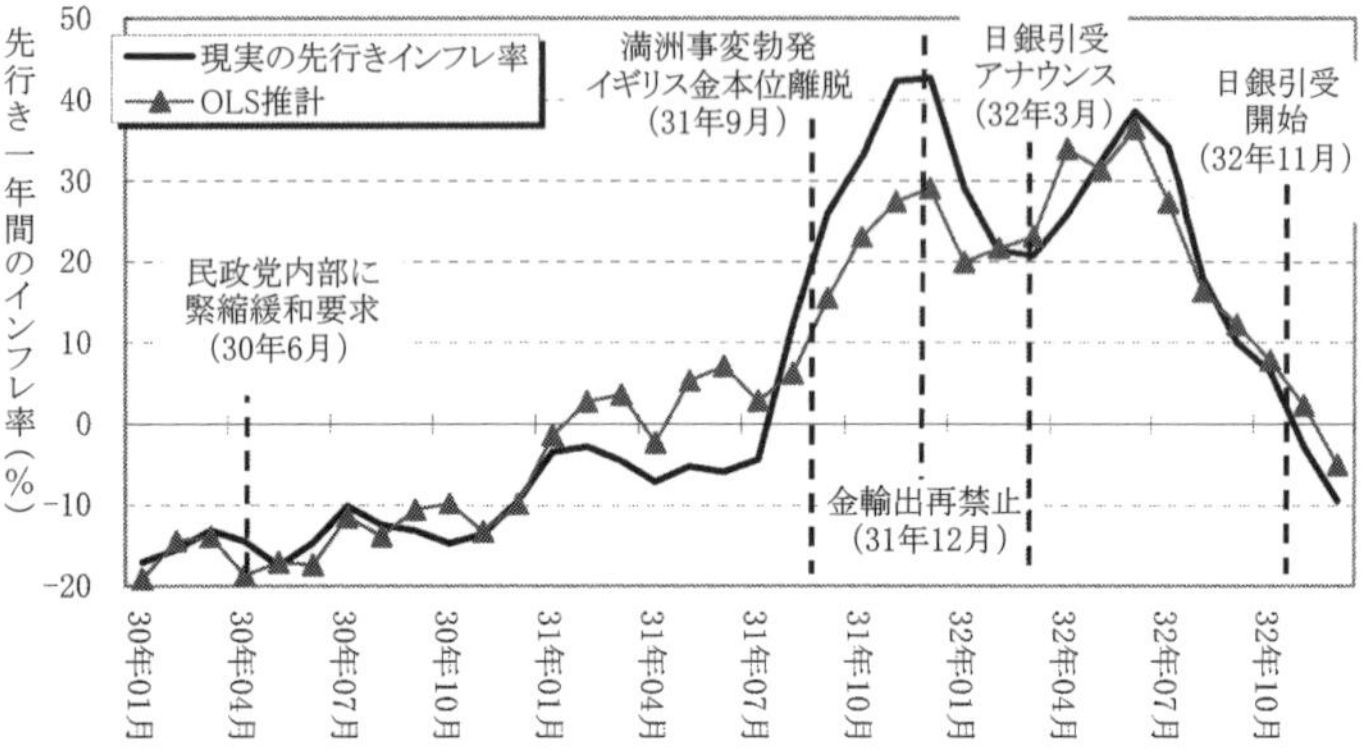

出所：岩田規久男［2004］第6章図6-8

にアナウンスされる以前にすでに始まっていたケースが多い。[17] 言い換えれば、民間経済主体の先行きの経済状況に関する「期待」が転換した時点こそが、「政策レジーム」の転換点となりうる。これをデフレの解消にあてはめると、デフレ解消とは、実際のインフレ率がマイナスからプラスに転じた時期というよりはむしろ、「『期待インフレ率』の反転がいつ、どのようなタイミングで実現したのか」ということが重要になる。

そこで、問題になるのは、「期待」ベースのインフレ率が観察不可能であるということである。ここでは、この「期待インフレ率」の転換点を判断するための二つの方法を紹介する。最初のアプローチは、当時においても「合理的期待形成仮説」が成立したと仮定し、実際の金利とインフレデータから期待インフレ率を推計する方法である。この方法を昭和恐慌期の日本に応用した岡田・飯田[18]［2004］によると、戦前期の日本において期待インフレ率が明確に反転したのは、一九三一年八月から九月にかけてと、一九三二年三月から四月にかけての二回であったとされる（図8―4）。この期待インフレ率反転のタイミングに起こった経済的なイベントとしては、前者はイギリスの金本位制離脱の時期であり、後者は、高橋是清が金融業者に対する国債の日銀引受のアナウンスを行い、これがマスメディアによって公表された時期に当たる[19]。

日本の金本位制離脱は、イギリスよりも遅れたが、先に実施されたイギリスの金本位制離脱によって、金融界では日本の金本位制離脱も近いとの思惑が急速に台頭し、財閥や金融機関による「円売り投機」が活発化した。後者に関しては、正式な日銀による国債引受方針のアナウンスは一九三二年十月であった。犬養毅や高橋是清は、金輸出再禁止を決めた当初、リフレーション政策はこれで十分であると考えており、特段の追加的な政策発動は特に考えていなかったといわれている（高橋亀吉［1965］）。確かに一九三一年十一月に金輸出再禁止は実施されたが、イギリスが金本位制を離脱した九月あたりから経済指標は底打ちの兆しを見せ始めており、十二月の日本の金輸出再禁止によって、これが加速した感がある。政策当局者が追加的なリフレーション政策を実施するインセンティブには欠けていたのはもっともなことかもしれない。だが、一九三二年二月頃から、国内景気は再び鈍化の様相を呈し始める。この三月に高橋蔵相が、追加的なリフレーション政策の構想を持ち始めたとしても不思議ではない。そして、さらには、これがメディアによって大々的に報道されたことによって、民間経済主体が、近い将来における追加的な金融緩和によるデフレーション脱出を確信したとしても不思議ではない。その意味で、この「期待インフ

図8—5　昭和恐慌克服期における株価動向

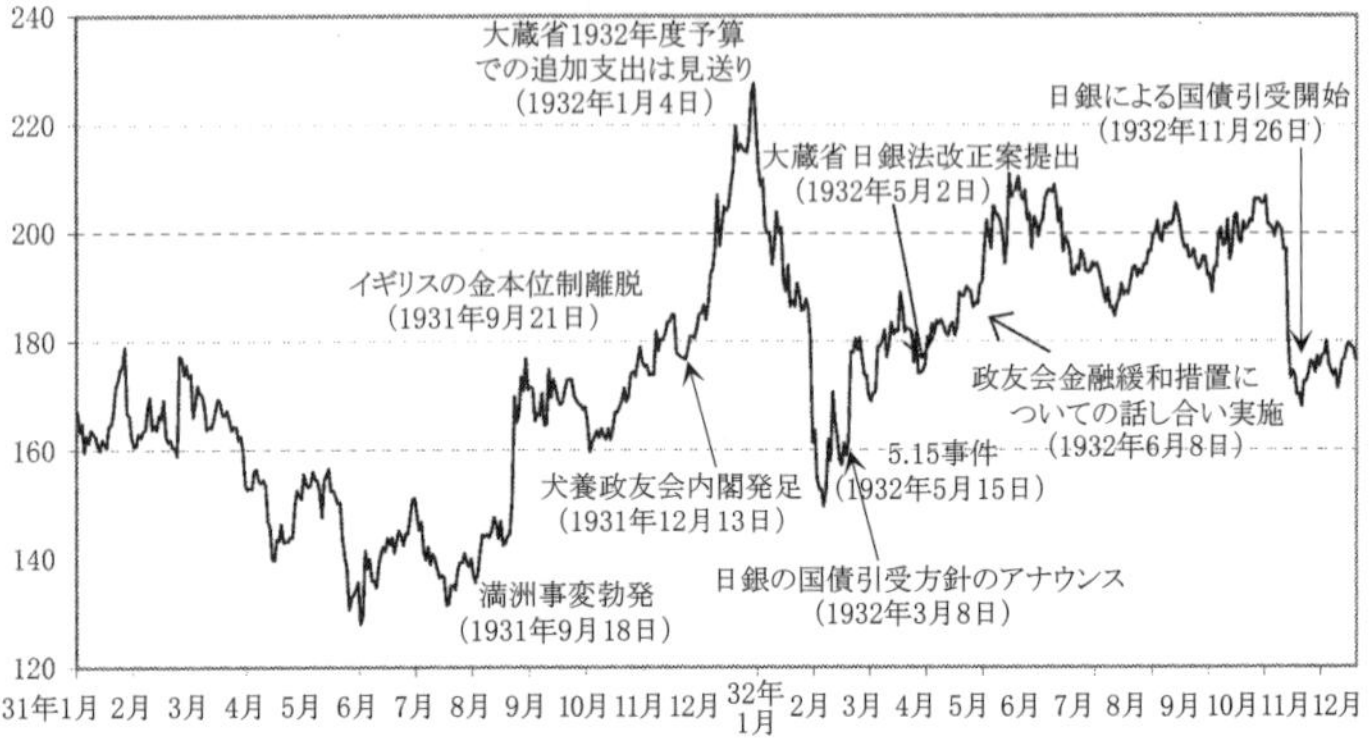

出所：東京証券取引所資料等より筆者作成

レ率」の推計値は、イベントスタディ的にもある程度は妥当なものであるといえよう。そして、二度にわたる「期待インフレ率」の反転・上昇は、このデフレーション解消局面での「政策レジーム転換」成功を示す有力な証拠であると評価できる。

　ところで、最近のマクロ経済学の成果をデフレーション脱出のメカニズムに適用した場合、鍵となるのは、「デフレーション予想のマイルドインフレーション予想への反転」であった。これを、米国の大恐慌期の事例[20]や実際の経済環境に則して考えると、この予想の変化が最も先鋭的に現れるのは、株式市場（特に先物市場）であるケースが多い。株式市場では、日々の経済ニュースを材料として投機的な取引が活発になされているが、「サプライズ」が大きいニュースが発表されると、それをきっかけにして株価トレンドが大きく転換する状況が多々観測される。そこで、昭和恐慌からの脱出局面（一九三二年）の東京証券取引所の東株指数先物価格の日次推移を示したものが**図8―5**である。この東株指数先物価格の推移に、デフレーション脱出に関する主要なイベントの日時を重ね合せると、前述の「合理的期待」に基づく予想インフレ率の推計値が歴史的事実と照らし合わせても極めて妥当であることが確認できる。

これによると、東株指数の先物価格が最初に大きく反転したのは、一九三一年九月十八日の満州事変の日であり、その三日後にイギリスの金本位制離脱が発表されている。このタイミングでは、(一)満州への進出「期待」から、当時の株式投資家が、緊縮財政路線の放棄と軍事支出拡大路線への転換を予想したこと、及び、(二)イギリス経済の惨状から、イギリスが金本位制を離脱せざるを得なくなれば、日本も金本位制を放棄する可能性が高くなること、を予想したことが読み取れる。その後、株価は一進一退で推移したが、一九三一年十二月十三日に政権が民政党から政友会が移行し、金輸出が再禁止されると、株価はこれをきっかけに急騰する。しかし、翌年、大蔵省が一九三二年度予算における追加的財政支出見送り声明を出すと、犬養政友会内閣も、濱口民政党同様、緊縮財政路線を採るとの予想から株価は急落する。しかし、一九三一年三月八日に、高橋蔵相によって積極財政への転換の意向が市場に伝わると、株価は、それをきっかけに明確に上昇トレンドに転換することになる。その後、一九三二年五月二日の大蔵省による日銀法改正法案提出(日銀券の制限外発行額の引上げを含む金融緩和措置の拡大)や、一九三二年六月八日の政友会による追加的な金融緩和措置の検討等を材料にして、株価は上昇基調を維持したのであった(実際の日銀による国債引受実施は、既に株価に「織り込み済」となっており、株価上昇の材料にはならなかった)。

このように、犬養・高橋の政友会内閣の下での「〝擬似〟小日本主義レジーム」では、まず、第一段階として、金本位制からの離脱と管理通貨制度の導入によって「金の足枷」を解き、第二段階として、大胆な量的緩和政策(を財政支出のマネタリゼーション付きで)を実施したことによって、期待インフレ率が大きく反転したことが、約半年という極めて短期間でのデフレーションの克服を可能にしたと考えられる。この経済政策の「二段階レジーム転換」は、現代マクロ経済学のフレームワークの中でどの程度の妥当性を有するのであろうか。例えば、ラルス・スヴェンソン[2003]は、「流動性の罠」[21]に陥った場合の脱出方法の処方箋として、円安政策の実施(一旦、大胆な金融緩和で円安誘導し、その後、その円安水準でデフレーション解消までペッグするというコミットメントを政策当局が行う)を提唱している。もちろん、円安政策の実施のためには、為替レートの変動が必要なのは言うまでもない。これを当時の金融政策の文脈で表現すると、まさに「金の足枷を解く」ことに他ならないだろう。また、自由な為替レート変動を前提とした場合に、デフレーション脱出に重要なファクターは、「将来にわたっての金融緩和継続についてのコミットメント」である。すなわち、デフレーションが完全に解消するまで金融緩和スタンスを維持するという中央銀行の約束が、期待インフレ率の反転にもたらす効果が強調されているのである。とはいえ、ただ単なる「口約束」だけではいけないのはもちろんである。いわゆる「ニューケインジアン」のマクロ経済モデルでは、この中央銀行のコミットメントは、将来にわたって、マネタリーベースの伸びを適正水準に維持し続ける政策スタンスを取り続けることが定式化されているのである。その意味では、デフレーションの克服のために重要なのは、中央銀行に、如何にして将来時点までにわたっての金融緩和継続のコミットメントを担保させるかにかかっているといえよう。

なお、当時のマクロ経済指標を用いて、前述の「マッカラムルール」によって、当時の最適名目経済成長率(各国比較から約五%程度が適正値であると想定した)を実現させるために必要なマネタリーベースの供給量を計算すると、二・二六事件のあった一九三六年第1四半期の適正マネタリーベース残高は、約二億円であり、実際の値(一億九千億円)は、これにかなり近い数字となっていた(第七章の**図7―3**参照)。仮に、高橋財政がそのまま継続されていたと仮定すると、その適正値に到達するのは一九三七年半ばであると推測されることから、二・二六事件で凶弾に倒れる直前の、リフレーション政策としての高橋財政は、ほぼ最終局面まで来ていたと考えられる。

以上から、日本におけるデフレーションの深化とその克服過程をまとめると、第一次世界大戦後の「在外正貨」制度を梃子とした受動的なマネーサプライ供給によるバブル経済の発生と、その後の急激な金融引き締めによる「ファイナンシャル・アクセラレーター」効果が不良債権問題を深化させ、デフレ圧力をますます強めたことに加え、「旧平価」という、当時のインフレ率水準から比較すると約二〇%もの円高水準で金本位制に参加したことによる、金融政策、財政政策両方の引き締めバイアスというデフレーション誘導的なポリシーミックスが、デフレを深化させた。

そして、このデフレーションに対する処方箋は、デフレーション克服に対するコミットメントの強化と大胆な金融（量的）緩和による期待インフレ率の引き上げであり、犬養・高橋は、まさにこれを実行したと考えられる。一九三二年以降の日本のデフレ解消過程は、まさに「経済学の教科書」通りの展開であった。この意味では、犬養・高橋による「〝擬似〟小日本主義レジーム」における経済政策レジームは、経済学的合理性を有していたといえる。これは、大正期以降の「日本資本主義の行き詰まり」という当時の知識人の認識も誤りであったことを証明している。高橋是清は、二・二六事件によって暗殺される直前、マクロ経済はほぼ正常化を達成したと考え、財政再建に着手しようとしていた。当然、財政再建の中には、軍事費の削減も含まれていた。しかし、高橋の誤算は、かれらの採用していた政策レジームに、アジア主義の色彩が色濃く反映されていたという点であった（「〝擬似〟小日本主義レジーム」）。マクロ経済的なアプローチでは、一連のリフレーション政策が成功したことは否定すべくもないが、「日本資本主義が行き詰まっている」という「反」経済学的な認識をもつ一般大衆、特に農村階層にとっては、ほぼ同時期に関東軍によって展開された満州事変の成功の方が、領土拡大の期待から閉塞感を打破する政策として認知されたのである。(22)

注

（1）石橋湛山らは、「新平価」での金解禁を主張したが、これはあくまでも、金解禁によって固定相場制に戻ることを前提とした議論であったと考えられる。

（2）蔵相に就任した直後に、金輸出再禁止を断行した高橋是清であったが、財政政策については、井上準之助が策定し、既に議会を通過していた緊縮財政を大型補正予算の策定なしにそのまま実行しようとしていた。詳細は高橋亀吉［1964］下巻を参照のこと。

（3）ただし、一九三二年四月四日の国債優遇措置では、商法の規定に拘わらず国債の価格評価は取得時点の時価を越えない限り帳簿価格とされ、所有者は評価損を計上する必要がなくなった。さらには、一九三二年五月二日の保証準備発行限度の十億円への引き上げ、国債担保貸出基準の緩和など、将来の金融緩和に向けたインフラ整備が一九三二年前半から着実に進められていたこともまた事実である。

（4）一九三二年四月十八日の支店長会議で、当時の日銀総裁であった土方久徴は「仮に日本銀行が無理に公債を買ってもそれはやはり他の有価証券に消え金を欲しがっている者に行かない」うえ、「政府が色々な土木事業や其の他の事業を興して購買力が生ずる迄は日本銀行が今の様な方法を採っても効果がない」と述べている。

（5）一九三二年十一月二十五日の日銀の国債引受に先立ち、一九三二年三月から大蔵省証券の日銀引受が開始されるようになった。

（6）これについては、岩田規久男編［2004］第二部を参照のこと。

（7）この二段階での政策レジーム転換が実現しなかった国では、その代替策として、ソ連やナチスドイツの採用した「統制経済」的なスキームが指向された。これらの国は、デフレーションを経験しなかったか、もしくは早期にデフレーションを克服していたことから、これが、今日、デフレーションを解消するには、戦争か、統制経済を実施する以外には解決策がないという誤った歴史認識を生み出したと考えられる。

（8）「不整合な三角形」については、野口旭［2002］に詳述されている。

（9）これは、いわゆる「円の足枷」という現代の政策に対するインプリケーションを考える上でも重要な考え方である。

（10）ルーズベルトが「均衡財政主義」を放棄したのは、一九三七年に再度始まる大不況以後のことであった。

（11）また、同時に、ルーズベルト大統領は、基本的には「均衡財政」主義者であり、デフレーション克服後は、なるべく早く、財政収支が黒字化するような政策へ転換すべきと考えており、その結果、財政緊縮への転換が早すぎたとの指摘もある。詳しくは土生芳人［1989］を参照のこと。

(12) アルゼンチンのリフレーション政策の事例については、Paolera, Gerardo della and Alan M. Taylor［1998］が詳しい。本論文の記述も、これに全面的に依存している。

(13) 政策当局者の多くが、前述のゲゼルの教訓から既にレジーム転換の重要性を学んでいたと考えられる。

(14) この点については、いわゆる「円の足枷」問題として、政策レジーム転換論に深く関わってくる。「円の足枷」については、第十章を参照のこと。

(15) 金融緩和によって、名目金利が低下し、これが借入コストの低下等の効果を通じて、設備投資等の投資需要拡大をもたらすという通常のインフレ経済下での金融政策の波及経路を意味する。

(16) 昭和恐慌期におけるメディアの報道姿勢については、高橋文利［1998］、中村宗悦［2005］に詳しく言及されている。

(17) 米国の大恐慌期におけるデフレーション解消のプロセスについては、Cecchetti［1992］参照のこと。Cecchetti［1989］においても、実際のデフレーション解消に先行して、期待インフレ率が大きく反転、上昇し、それに続き、株価の大幅上昇、実体経済（実質GDP成長率）の回復が実現したことが指摘されている。

(18) 岩田規久男編［2004］第六章「昭和恐慌と予想インフレ率の推計」参照のこと。

(19) 高橋是清蔵相は、一九三二年三月八日に金融業者を個別に招き、積極財政への転換、及び満州事変の戦費調達のために、国債の日銀引受を実施する準備がある旨を伝えたとされている。そして、これは、同年三月九日の『東京朝日新聞』で「ついにインフレーション政策へ」という見出し記事となった。詳しくは、中村宗悦［2005］参照のこと。

(20) Cecchetti［1992］の実証分析では、明示的なイベントスタディ分析は行われていないが、期待インフレ率反転のタイミングは、大恐慌克服にとって重要な経済イベントのタイミングとほぼ一致している。例えば、米国における株価反転のタイミングは、緊縮財政推進派であったフーバー大統領が大統領選で、積極財政推進派と目されていたルーズベルトに敗れたことがきっかけとなって実現した。

(21) 「流動性の罠」とは、デフレーションによって、金利がゼロ近傍まで低下した状況では、金融資産として現金を保有していれば、無リスクで物価下落分だけ現金の価値が増えることから、金融緩和を実施しても、その分現金がますます滞留し、マネーが流通せず、経済活動が停滞したままの状態が続くことをさす。

(22) 伊藤隆［1969］は、これまでは都市部のインテリ層の間で購読されていた新聞が、満州事変での関東軍の活躍を契機に一気に農村部にまで広がったことを指摘している。

第九章　「大東亜共栄圏レジーム」への転換過程における通貨システム選択の失敗

第七章で言及した「勝田構想」は、日清、日露、第一次世界大戦での実質的な勝利によって、日本がアジアの盟主になったとの自負と領土拡張の野望から、初めて円通貨圏の建設を構想したものであった。これは、「富国強兵」によって日本を世界の列強諸国の地位まで押し上げるという「松方レジーム」の残光であったといえよう。[1]このようなアジア主義的な通貨システム構想が、二・二六事件後、「大東亜共栄圏レジーム」への転換と共に、遂に表舞台に登場することとなった。金解禁における旧平価解禁論が、前期松方財政の負の遺産であるとするならば、この円通貨圏構想は後期松方財政の負の遺産であるといえる。全く異なる政策レジームであるかのように思える「ワシントン・レジーム」と「大東亜共栄圏レジーム」が、その出自を同じくするという意味では、近代日本の政策レジーム間競争における松方財政の「呪縛」は極めて根深いといわざるを得ない。

ところで、「大東亜共栄圏レジーム」への転換過程においても、通貨システムの選択問題が深く関わっていたと考えられる。それは、植民地における「円元パー」構想を巡るレジーム間競争である。

日中戦争が華北から華中へ拡大する中で、占領地の通貨制度をどのように変革するかが重要な問題となってきた。当時、構想された通貨制度としては、第一に、当時の中国国民政府（蒋介石政権）が採用していた「法幣」をベースとして、英国との協調によって新たな国際通貨を創出するという構想があり、これは、前述の「池田路線」によって支持されていた（第五章参照）。第二の通貨制度構想は、満州における満州中央銀行のような発券銀行を設立し、新発券銀行が発行する貨幣と円を等価とする「円元パー」構想であり、これは、主に対中強硬派の軍部や中国に生産拠点を持つ大紡績資本等によって支持されていた。

前者については、当時の日本の経済力と将来における対ソ連戦を考慮した場合、これ以上の対中国戦争は維持不可能であるとの判断に基づいたものであった。そして、日本の中国における経済ブロックを満州と華北に限定し、既に欧米諸国資本が流入し経済活動を行っている華中経済圏を欧米諸国による国際共同管理下に置くことで、欧米諸国の仲介によって日中戦争を早期終結させ、経済資源を、満州を中心とした大陸経営（将来の対ソ連の準備を含む）に注力させようとするものであった。これは、いわば、日本経済のキャパシティに見合った経済ブロックを構築すると共に、華中権益を分割する代わりに既存の権益を欧米諸国に承認してもらおうという考えであった。(2) 実は、この構想は「池田路線」以前も、蒋介石政権の英国財政顧問であったリース・ロスによって一九三五年十一月に提案されており、英国による満州国承認と引き換えに、中国の幣制改革を日英共同借款で実施し、中国における日英協調路線を確立するという構想であったが、結局、軍部の反対によって挫折した。(3)

一方、後者は、あくまでも中国全土を日本の占領地とし、経済ブロックの一部に組み入れようとする構想であった。占領地通貨を日本円と等価でリンクさせることができれば、中国は日本の経済圏に完全に組み込まれるばかりか、場合によっては、行政権も完全に日本の支配下に置かれることになる。これによって、その地域における主権・行政・経済に対する日本の支配力が飛躍的に高まることになる。

この後者の構想は、満州国での幣制改革の成功体験に基づくものであったと考えられる。満州国では、一九三二年六月に満州中央銀行が設立され、銀を基準とする不換紙幣を発行していたが、同年八月には旧貨幣が九七・二％もの高率で回収され、わずか三ヶ月程度で、新通貨体制にスムーズに移行できたのである。そして、一九三五年十一月には、満州銀行券と日本円を等価とする「円元パー」が実現した。その後、朝鮮銀行と満州中央銀行の業務提携によって、朝鮮にも実質的には「円元パー」が適用されることとなった。その後、日本による満州国や朝鮮の直接的支配が比較的成功裏に行われたことを考えると、幣制統一の経済・主権支配効果の高さがこれらの成功体験によって実証されたと考えたのも無理はない。

このような「成功体験」から、軍部は、華北地域に対しても満州等と同様のプロセスで「円圏」化を実現しようとした。そして、北支那方面軍特務部主導で、華北に中国連合準備銀行が、新たな発券銀行（「連合銀行券」の発行）として設立されることになった。連合銀行券は、日本円とリンクし、「円元パー」の実現が最終目標とされ、これによって、法幣を短期間で駆逐できるはずであった。しかし、この日本による法幣駆逐の試みは完全に失敗した。蒋介石国民党政府は一九三五年十一月に法幣による幣制統一を宣言すると共に、通貨防衛のために華北の銀行が所有する銀を封印し、銀が日本へ流出しなかったことが、中国国民政府による幣制改革成功の理由であった。これによって、中国連合準備銀行の資本金は当初計画の八千万円には遠く及ばない、わずか一〇七〇万円でスタートせざるを得なくなり、資本不足は否めなかった。そのため、一九三九年三月時点においても回収率はわずか九%に過ぎず、法幣駆逐には完全に失敗したのであった。

この理由は、米国をはじめとする欧米諸国が国民政府による中国統一化を不可避のものであると考え、国民政府の幣制統一プランの実行に積極的に協力したためであった。例えば、諸外国の民間銀行は日系銀行を除くと、すべて一九三六年一月十日までに手持ちの銀を法幣に換えて、国民政府の銀国有化に協力した。また、米国政府は、財務省のモーゲンソーの助言もあって、一九三五年十一月と一九三六年五月と二度にわたって中国国民政府と銀協定[4]を締結した。これによって、国民政府は、政府所有の銀を米国に売却する代わりに、その代金を法幣安定化基金として米国銀行勘定に保有し、これを自国の通貨安定化のために利用することが可能となった。[5]結局、米国は、協定を締結する以前の一九三四年から一九四〇年までの七年間で、五億七一〇八万オンス、買入総額にして二億六二六六万ドルの銀を中国から購入し、中国の通貨防衛資金をファイナンスした。[6]欧米諸国は当初、満州国については基本的には承認の方向ながら、華北地域については、その権益を共同管理する意向であり、日本に対し協力的な態度で臨んでいた。しかし、日本が華北へと軍事的行動を拡大するに従って、次第に蒋介石国民政府支持へ傾いていったのである。そして、このような欧米諸国の協調政策によって、蒋介石国民政府の法幣は、華北において、極めて強固な通貨制度となっていた。

そこで、次に日本は、華中の「円ブロック化」を構想したが、華中経済圏は、上海等の国際経済都市を含んでおり、華北と比較して、国民政府発行の法幣の流通がより活発であったことから、満州等のような法幣を回収する形での幣制改革は、同時に経済活動自体を縮小させてしまうリスクが高く、華北以上に困難であった。日本は、「軍票」の発行によって、物資の現地調達を行おうとした。このような「擬似的な」日本円を華中地域に流通させることによって、実質的な「円ブロック化」を実現しようとしたのである。[7]日中戦争が激化すると、日本は戦費調達のために、華北での流通量が多かった朝鮮銀行券を活用するようになった。これに対抗して、国民政府は、モラトリアム令を公布して中国側銀行の預金引き出しに制限を加える一方、法幣を華南へ移送することによって、華北における法幣流通量を削減した。この政策によって、上海における法幣の相場は上昇、朝鮮銀行券の相場は急激に低下し、一九三七年八月には百円につき法幣七十一元となった。一九三五年十一月の幣制統一時点では、法幣相場は、百円につき法幣九十七円であったので、「円元パー」を基準とする限り、朝鮮銀行券は約二六・八％下落したことになる。日中戦争が上海へ波及するに及び、華中では、日本円（日銀券）が軍用通貨として使用されていたが、華中での朝鮮銀行券の暴落によって、朝鮮銀行券を華北から上海に運んで日銀券に交換し、これで法幣を購入、これを華北に現送して朝鮮銀行券に換えるという「鞘取り」が横行した。これに加え、一九三八年三月に国民政府が外貨割当制を実施すると、法幣の対外相場が下落する一方、華北では、前述の中国連合銀行が発足し、連合銀行券と法幣、日本円の間で「円元パー」政策が採用されたため、これを利用して「鞘取り」がますます激しさを増した。田中鉄三郎による「通貨に関する図表」の「上海を中心としたる日貨米貨法幣軍票の為替価値を悪用したる不法利鞘取表」（図9－1）によると、最初、日本円で百円を取得した者が五回の鞘取りによって二〇四八円七三銭を取得する結果となっていたことが示されている。この影響は、日本からの円建輸出が上海で割安な相場で購入された円紙幣によって決済される事態をもたらし、その分、日本への外貨の流入を減少させることとなった。これは、幕末から明治初期の由利財政期にかけての金銀比価の違いを利用した鞘取りと全く同じメカニズムで発生した現象であったことはいうまでもない。このように、

図9—1　上海を中心としたる日貨米貨法幣軍票の為替価値を悪用したる不法利鞘取表

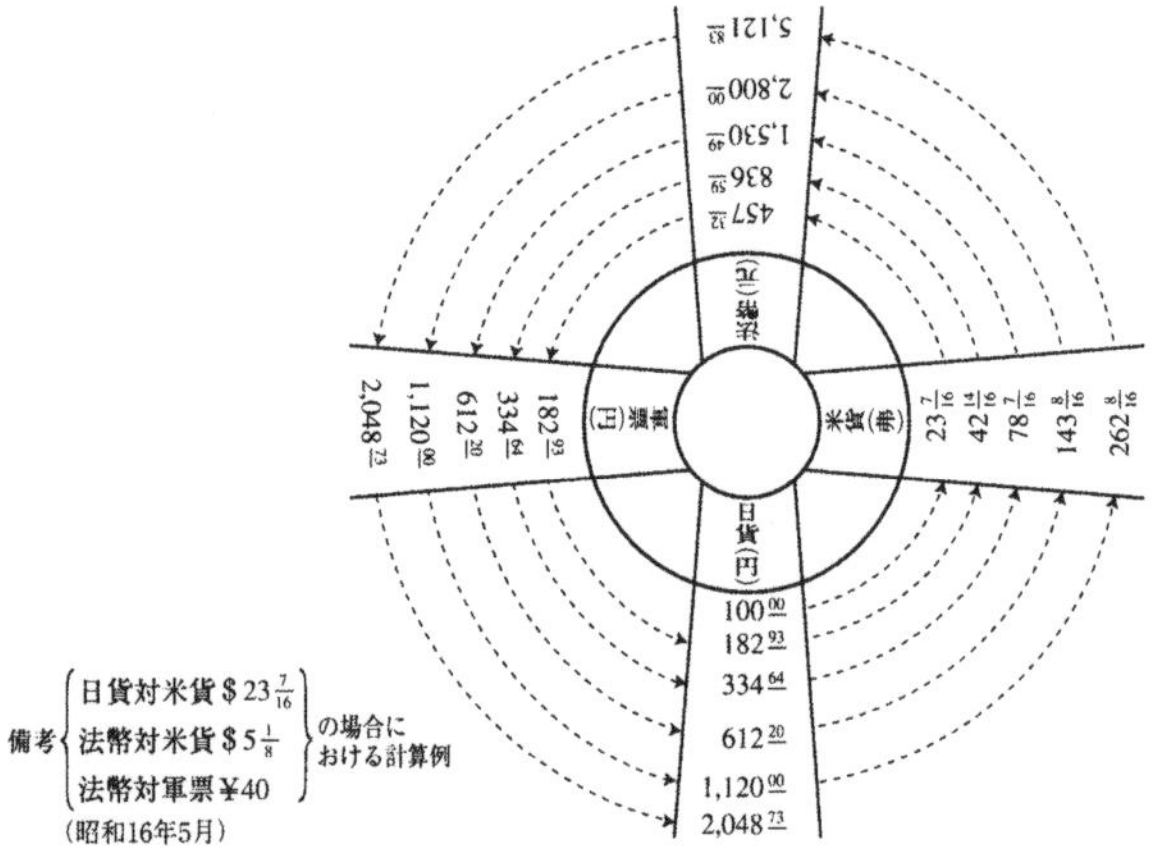

出所：多田井喜生［2002］より転載

以上のような正貨不足は、日本の政策当局による通貨政策の失敗という側面もあったといえる。

さらには、「大東亜共栄圏レジーム」における通貨制度要因では、再び、固定相場制を採用するという失敗を犯している点も看過することができない。前述のように、「〝擬似〟小日本主義レジーム」では、一九三一年十二月十五日の金輸出再禁止からデフレから脱却する一九三二年頃までは、為替レートの下落を放置し、為替市場で自由に決まる円安を容認する姿勢をみせていたが、一九三三年以降は、横浜正金銀行を中心とした外為銀行による買い支え政策によって、為替レートを円高方向に修正した後（一〇〇円＝二〇ドル程度から一〇〇円＝三〇ドル程度まで引き上げている）に、ドルペッグからポンドペッグに変更し、事実上、為替レートを一円＝二シリング一ペンス程度でペッグするという通貨安定政策への切り替えを行った。このような円高への修正後の固定為替レート採用という政策選択は、旧平価での金本位制採用に近いものであった。その上、一九三七年以降は、日銀が保有している金準備の円換算は、「新平価」ではなく、「旧平価」の値（一匁五円）で計算されていた。当時のロンドン市場での金相場を基準とすれば、金一匁は一六円以上になるはずであった。当時、日本の貿易収支は赤字であったことを考えると、これは、正貨換算の不備によって、その分、多くの正貨が国外へ流出していたことを意味していた。もし、金準備の円換算値を切り下げていれば、正貨準備の評価益が捻出でき、その分、正貨流出の影響は緩和されていたかもしれないのである。[8]

自国通貨圏を形成する場合には、自国通貨を高くするケースが多いことから、これは、円通貨圏形成に向けた意図的な円高志向の政策転換の可能性が否定できない。その意味では、通貨システムの選択という側面をみても、犬養・高橋らによる「小日本主義レジーム」は「擬似的」であったかもしれない。

以上の点からいえることは、日本の政策当局者は、この明治初期から昭和初期に至るまでの通貨政策失敗の教訓から何も学んでおらず、「金本位制度が厳然と作用していた時代の頭で対策を講じていた」[9]ことを意味している。これは、石原莞爾の「遺憾ながら経済戦は全く立ち遅れているらしい。原因については、通貨の問題が非常に大きな作用をしている」[10]という指摘からも明らかであろう。

このような外貨の流入減、及び正貨の流出は、当然、円の下落をもたらす。そして、円の下落は、莫大な対外負債を抱えていた当時の日本経済にとっては、対外債務のファイナンス問題の台頭から、国家経済の崩壊を招きかねないものであった。この円下落のもう一つの理由は、日本円や連合銀行券、軍票等を増発する一方、インフレーションを抑制するために、貨幣発行量に見合った物資を日本から輸入したことにあった。この場合、日本国内から円ブロックへの貿易収支は大幅な黒字となるが、第三国向け貿易収支は大幅赤字となり、正貨はますます流出し、対外ファイナンスの危機は増幅されることになる。その一方、当時、華北地域で外貨準備を管理していた蒋介石政権にとっては、外貨の節約となり、その分海外からの武器の調達が容易となる。すなわち、華北地域を強制的に円ブロックとすることは、日本経済にとっては、その維持コストを考えると、大きなマイナス要因であったと考えられる。

以上から、結局、華北地域は、円ブロックから切り離されることになった。ここに、軍部主導の「円圏」路線は挫折し、「池田路線」による「円の対ポンド相場の安定・国際協調による日中戦争早期終結」が新たな政策レジームとして台頭したのである。

「池田路線」では、「円圏」構想による植民地の経済資源開発に代わって、植民地以外の第三国向け輸出の拡大による外貨獲得が最優先の経済政策となった。そのため、満州、朝鮮、華北といった円ブロック向けの輸出は、輸出入リンク制や輸出組合の自主規制等によって政策的に制限されると共に、第三国向け輸出価格の意図的な引き下げや第三国向け輸出のための輸出資金前貸損失保証制度の創設等の優遇措置を講じることで、輸出数量を飛躍的に拡大させ、貿易収支を黒字化し、外貨を獲得しようとした。そして、円ブロック向け輸出に関しては、輸出割当を実施すると共に、輸出価格も引き上げることで、円ブロック内でのインフレーションを促進させ、円ブロックから日本国内への所得移転効果をねらった。特に紡績業に関しては、輸出数量の割り当てによって円ブロックが極端な物資不足とインフレーションに見舞われたことで、在華紡は空前の利益を上げた[11]。また、通貨システムとしては、英国との協調によって、法幣をベースとした新たな国際通貨を創設する構想が提案され、英国もその構想に合流する意向を示していた。この時点では、「池田路線」が政策レジームの勝者となりつつあった。

しかし、前述のように、一九三八年十月二十五日の漢口陥落によって、「池田路線」は大きな転換点を迎えることになる。第一の転換点は、一九三九年六月の北支那方面軍による天津租界封鎖という対英強硬路線の復活であり、第二の転換点は、一九三九年七月の米国による日米通商航海条約の破棄通告であった。華北では、「池田路線」下でも、連合準備銀行によって水面下で通貨統一が模索されていた。しかし、連合準備銀行は正貨準備を持たない銀行であり、通貨統一のためには、軍事力による華北経済圏の支配を背景に厳格な貿易管理・通貨管理を実施する以外に有効な手段はなかった。陸軍の武力による華北制圧と、それを背景とした一九三九年三月の法幣流通の強制的な禁止、華北重要輸出品十二品目の輸出入為替の連合銀行による一元管理実施は、英米を中心とした欧米諸国の強い反発を招いた。一九三九年一月六日、ワシントンの英国大使館において、英米首脳が会談し、「英国と米国は、中国の通貨システムが日本軍によって崩壊の危機に晒されている」との認識で一致した。そして、一九三九年三月八日に、英国サイモン外相による法幣安定基金設置法案の議会提出、同年三月二十九日の成立によって、英国が中国通貨安定のための資金を拠出することとなり、英米中の通貨防衛における協調路線が確定した。それに伴い、「池田路線」が目指した英米協調路線は、破綻することになった。[12]

このように、中国占領地における通貨システムの選択は、「大東亜共栄圏」の範囲（どこまでを経済的に支配するのか）や日中戦争継続の是非、また、（これが通貨発行量の変動と密接に関わるという意味で）占領地における経済開発の度合いを決定づける、政策レジームの重要問題であったと考えられる。華北や華中で繰り広げられた日本と英米中の間の「通貨戦争」の顛末は、当時の日本が、華北や華中を「大東亜共栄圏」＝円通貨圏に組み込むだけの資本力がなかったこと、すなわち、「大東亜共栄圏」に組み込みうる範囲はせいぜい、満州と朝鮮半島程度であったことを露呈したに過ぎないと考えられる。そのことは、（一）中国国民政府側の通貨防衛策に対抗するだけの資本を日本側の国策銀行（連合準備銀行の資本不足がその代表例であろう）が保有していなかったこと、（二）軍票等の無理な通貨スキームが逆に「鞘取り」を誘発させたことによって、大きな損失を被ってしまったこと、等に端的に表れている。その意味では、「池田路線」が、その後の米国との「無理な戦争」を回避する「最後の妥協点」であった可能性が高い。その後、日本は、米国による経済封鎖によって窮地に陥り、「円通貨圏」を南方に拡大していく。しかしその経済的な手法は、軍票を利用した華中での「失敗例」をそのまま踏襲したものであった。[13] ここでも日本の政策当局は、通貨システムについて無理解のままで、失敗に学ぼうとしなかったのである。

注

(1) このことは、当時の寺内正毅内閣は、シベリア出兵を断行し、極東地域の武力支配を目論んでいたことからも明らかであろう。

(2) これは第一部の政策レジームの定式化に沿って考えると、これまで指摘してきた三つの政策レジームとは異なる政策レジームであるかもしれない。なぜなら、(一) 明らかに目標とする経済規模(もしくは成長率)がいずれの政策レジームとも異なり、「小日本主義レジーム」と「大東亜共栄圏レジーム」の中間に位置していると考えられることや、(二) 通貨制度に関しては、華北・華中地域に限定されるため、日本国の政策レジームとして定式化するのは、困難な側面があるが、新たな通貨を国際協調で創設するという点では、全く新しい政策レジームであると考えられるためである。

(3) 当時の蔵相であった高橋是清は、個人的にはリース・ロス案を支持していた。また、幣制改革は英国単独で実施されるが、その成功から英国協調体制の模索が吉田茂らによって継続されていたが、実現には至らなかった。詳細は松浦正孝 [1995] を参照のこと。

(4) モーゲンソーの業績は、後に "became profoundly convinced that this help making China strong enough to resist Japan, would, in historical perspective, be the most important thing he did as Secretary of the Treasury" と評価された。Kirshner, Jonathan [1995] 五五頁脚注参照のこと。

(5) 米国では一八七三年以降、ほぼ一貫して銀本位制の復活を主張する「シルバーメン」といわれるロビイストが一大勢力を有していた。一九三四年の金準備法ピットマン条項や銀買上法によって、米国は諸外国から積極的に銀を購入した。そのため、銀価格が高騰し、当時、銀本位制を採用していた中国は激しい金融恐慌に見舞われると共に、中国から米国へ大量の銀が流出した。その結果、中国は一九三五年十一月三日に銀本位制を放棄し、米ドルと英ポンドとリンクする「中国ドル」を新たな通貨システムとした。

(6) Kirshner, Jonathan [1995] 五五頁からの引用による。

(7) 華中における軍票の流通と中国国民政府の抵抗については、小林英夫 [1993] 四八—六五頁を参照のこと。

(8) 高橋亀吉 [1937] 一〇五—一一二頁の指摘による。高橋亀吉は、この評価益によって、日銀保有国債の償却なども可能であったことから、財政危機も同様に緩和されたのではないかと指摘している。

（9）高橋亀吉［1936］二〇頁からの引用。

（10）石原莞爾［2001］を参照のこと。

（11）オイルショック時の欧米諸国から中東諸国への所得移転を考えれば理解しやすいが、インフレを通じた中国民衆からの搾取という観点でみると、中国民衆の経済的な厚生は、軍部による植民地支配とそれほど大きな違いはなかったと考えられる。また、この一連の輸出制限措置は、在華紡を抱える大企業にとっては極めて有利な制度であったが、従来円ブロック向け輸出を中心に行ってきた中小商工業者や雑貨業者の被害は甚大なものであり、彼らは円ブロック向け輸出制限緩和運動や円ブロック自給圏確立のため、軍部支持に傾いた。松浦正孝［1995］参照。

（12）ただし、英国は既に一九三八年十二月十五日に対中経済援助実施を発表していた。

（13）南方の幣制については、小林英夫［1993］Ⅱ、Ⅲ章が詳しい。

第四部　「レジーム間競争」の歴史の教訓から何を学ぶか？
——現代日本へのインプリケーション

第十章　「円の足枷」と平成大停滞

1　繰り返される「近代」

敗戦によって、経済に壊滅的なダメージを受けた日本は、戦後、米国中心の自由主義体制の傘下に入ることで、一九六〇年代には高度経済成長を実現、世界一流の経済大国となった。しかし、一九八五年九月二十二日のプラザ合意による米国の通貨政策の大転換をきっかけに、「バブル景気」に見舞われ、バブル崩壊後は「失われた十年」といわれる長期的な低迷局面に陥った。そして、遂には先進国では戦後唯一のデフレーション経験国となってしまった。このような「栄光と挫折」の歴史は、「近代化」の名のもとにレジーム間競争を繰り広げてきた、かつての日本の姿をほうふつとさせる。本書の冒頭で言及した「近代の超克」論は、当時の日本思想界が戦時体制に協力したという点で歴史的批判を浴びることはあっても、現代的課題として再検討されることはなかった。しかし、二つの時代の「栄光と挫折の経済史」を比較し、その類似性に思いを馳せた時、現代の日本の政策思想がいまだに「近代」のまま停滞している事実に愕然とする。この先、日本経済には、どのような未来が待っているのか。本章では、明治維新期以降の「政策レジーム間競争」の歴史の現代的なインプリケーションについて考察していきたい。

2　デフレーション・レジームと、受け継がれる「松方デフレ神話」

本書における重要な論点の一つは、明治期以降の政策レジーム転換において、通貨システム選択の重要性があまりにも軽視されたという点である。政策当局は、通貨システムの選択が経済全体に与える影響について余りにも無頓着であるどころか、通貨システムの適切な選択次第では十分回避可能であった無用なデフレーションを、構造改革の名の下に正当化した。これは、「松方デフレ」以来、日本の経済政策がいまだに「超克」できない桎梏であると筆者は考える。

筆者は、ここまで示してきた通りその出発点が前期松方財政期にあると考えているが、その当事者である松方正義の抱いていた経済政策思想について、室山義正［2005］が興味深い指摘をしている。それは、松方正義がその政策思想を形成していく過程において、最も影響を受けた経済学者は新井白石だったという点である。新井白石の採った経済政策もまさに、貨幣改鋳によるデフレーション政策であったことは言うまでもないが、前期松方財政におけるデフレーション政策は、実は、新井白石の経済政策を踏襲したものであったといえる。よって、ここで、新井白石のデフレーション政策が登場した背景について歴史を遡ってみるのも無駄な作業ではないだろう。

江戸幕府の貨幣制度は金、銀、銅の混合本位制であったが、新井白石が登場する元禄期は、江戸前期の新田開発ブームによる高成長局面が低成長の成熟局面に移行するまさに経済の過渡期であった。当時、貨幣に使用される貴金属の総産出量の増加率が経済成長の速度に追いつかなくなったことに加え、オランダ、中国からの物資輸入の決済のため、金銀が慢性的に海外へ流出していたことから、幕府経済は通貨不足に陥りつつあった。そして、これが江戸時代の経済成長を下方屈折させる要因となっていた。このような経済危機に際して、経済政策における新井白石の前任者であった荻原重秀は、当時流通していた慶長金貨・銀貨の品位（貴金属の含有量）を落とし、節約した貴金属で新たに貨幣を増発するという貨幣の改鋳を行い、通貨供給量を拡大させた。これは、「近世版」リフレーション政策に他ならなかった。これによって、江戸経済は再び高度成長路線に戻ったが、やがて、生産能力が需要に追いつかなくなるという高度経済成長末期特有の現象が生じ、今度は、「潜在成長率の壁」によるインフレーション圧力が高まっていった。このような経済環境の中で新井白石は歴史の表舞台に登場したのであった。

新井白石は、インフレーションの原因を荻原重秀の貨幣改鋳に求め、貨幣の品位を再び慶長金貨・銀貨時代に戻すというデフレーション政策を断行した。さらに、新井白石は金銀の流出を防ぐために長崎での貿易を制限（「長崎新令」）するなどして総需要を抑制しようとした。新井白石のデフレーション政策は経済成長を無理やり押し下げる政策であったことから、幕府経済は深刻なデフレーションに陥った。当時、新井白石は、将軍の進講役を務める当代最高の儒学者であったが、彼の朱子学を基礎とした政策の基本思想では、（一）武士を中心とした幕府の身分秩序の維持のためには徹底的に奢侈を排した倹約が必要であること、（二）貨幣の活発な流通に「寄生」する形で急速に発展しつつあった商業は「虚業」に過ぎず、農業を中心とした「実業」を重視すべきであること、が謳われていた。その意味では、新井白石も意図的なデフレーション政策による経済規模の縮小が必要であるとの考えを有していたといえよう。

松方正義が、新井白石の経済政策思考をその範にしていたこと、さらには、新井白石が嫌悪していた荻原重秀のリフレーション政策は、ある意味、政府自らが金銀相場という「虚業」に直接参加して、金銀比価を引き下げるものであったことを考え合わせると、松方正義が、金銀比価の引き下げを実施せず、敢えてデフレーション政策を採った思想的な背景も理解できるのではないだろうか。[1]

以上の点は、現代のデフレーションを考える際にも適用可能であると思われる。平成大停滞局面の前後にも、資産価格の上昇を過剰消費すなわち奢侈につながる「虚業」として過剰に罪悪視する道徳主義的な主張が、多くの論者によってなされていた。このような主張は、「実業」としての農業を重視する一方、「虚業」としての商業を軽視した江戸期の経済思想に酷似しており、これが、政策担当者をして、「清算主義」的なマクロ政策発動を誘導させ、そのような政策が、マクロ経済全体を深刻なデフレーションへ陥れたとすれば、平成のデフレーションもまた、江戸時代から松方財政の明治期に受け継がれた朱子学の「神話」がもたらしたものに他ならないだろう。

その一方で、松方財政におけるもう一つの問題点である為替レートの問題も、現代のデフレーションを考える場合に忘れてはならない重要な論点である。今回のデフレーション局面では、政策当局が、政策決定プロセスにおいて、為替レートの重要性を過小評価する一方、通貨システム自体が、政策当局者にとっての「足枷」となって、リフレーション政策の発動が遅れたことが、今回の日本経済の長期低迷をもたらしたのではないかと考えられるのである。(2) 本書では、これを「円の足枷」と呼ぶことにする。

3 「円の足枷」と「円高シンドローム」論

実は、この「円の足枷」とほぼ同様の議論が、ロナルド・マッキノン米スタンフォード大学教授、及び、大野健一政策研究大学院教授が提唱した「円高シンドローム」論によって展開されている。これは、プラザ合意以後の円・ドルレートの長期的な円高トレンドを分析したものであるであるが、この「円高シンドローム」論では三つのことが指摘されている。（一）円・ドルレートは、日米両国の金融政策スタンスの違いや景況感の違いによって、事後的に決定される「内生変数」ではなく、むしろ、何らかの要因から円・ドルレートが先に決定され、日本の金融政策は先に決定された円・ドルレートに従うような政策運営を強いられていることを考えると、円・ドルレートは「強制変数」である。（二）これは、米国の経常収支赤字が累積する過程で、日米貿易摩擦を背景とする米国の対日通商圧力が強まっていったことがきっかけで起こったものであるが、特に一九八五年九月二十二日のプラザ合意以降の長期的な円高トレンドを決定づける要因となったものである。すなわち、従来は、個別品目の貿易交渉や業界の自主規制[3]によって対処されてきた日米通商摩擦が、一九八五年九月のプラザ合意以降、為替レートというマクロ経済の問題に転換されたことによって発生した現象である。（三）マクロ経済的には、円高によって国内経済のデフレーションの懸念が高まる局面で、金融緩和が発動され、デフレーションが回避されるというパターンが本来の姿であるが、この「円高シンドローム」が発生した経緯（日米間の貿易摩擦）を考えると、日本の政策当局は、例え金融緩和の実施とその結果としての円安がデフレーション回避のために必要であることがわかっていたとしても、実際には、暗黙の政治的圧力（もしくは、圧力がかかるのではないかという自縛）から、そのような緩和政策が実行されない。

この「円高シンドローム」論は、米国の政局当局者による日本の政策当局者に対する政治的圧力が長期的な円高期待をもたらしているというものである。確かに、プラザ合意後の円・ドルレートの動きを考えてみると、半導体や携帯電話に代表されるような日米間の通商問題が日米の政策当局者の間に重要な政策課題として浮かび上がってくると、為替レートは円高トレンドに転換するというある種の規則性がみられた。

しかし、「円高シンドローム」論は、その実証分析の期間を一九八〇年代後半から一九九五年までとしているように、日本でデフレーションが本格化した一九九六年以降の議論にそのまま援用することはできない。なぜならば、一九九五年以降の第二期クリントン政権の通貨政策は、ルービン財務長官とこれを引き継いだサマーズ財務長官によって「強いドル」[4]政策に転換したといわれているためである。この米国の通貨政策の転換は、以下のような理由によるものだと考えられる。

第一点は、米国の経常収支・貿易収支赤字が、対日収支赤字の拡大以外の理由で拡大する一方、日本による対外赤字ファイナンスへの依存度が高まっている点である。経常収支赤字は、マクロ経済的には国内の貯蓄投資バランスに等しく、米国の場合、国内の貯蓄投資バランスは明らかに家計消費の堅調による貯蓄率の低下によってもたらされているものであり、この結果生じた経常収支赤字はその相手国がどこであるかに拘わらず必ずファイナンスされる。その意味では、マネーフロー統計上は経常収支バランスとそのファイナンス額は必ず一致する。しかし、現時点で、米国の経常収支赤字は対GDP比で約七%、ネットの対外債務は約六五%に達しつつあり[5]、一九八二年にクルーグマンによって警告された双子の赤字の「サスティナビリティ問題」よりも事態は深刻化している。その上、日本は米国の対外債務の約三〇%を保有している。二〇〇三年四月の段階で、もし、日本がこれ以上のデフレスパイラルの危機に陥ってしまった場合、不良債権問題は深刻化し、終には日本の金融機関が保有している米国債を大量に売却しなくてはならなくなる。これは事後的には、他の保有者によって保有され、米国の対外赤字は結局ファイナンスされることになるが、その間の価格調整（米国長期債の下落・金利急騰とドル暴落）は米国経済だけではなく、世界経済全体にかなりの影響を与えるだろう。[6] 最悪の場合、米国経済が深刻なデフレーションに陥ることにより、国内の貯蓄投資バランスの赤字が急速に黒字化することで調整されるかもしれない。このような超悲観シナリオは、これまでは「仮定の話」に過ぎないとして一笑に付されることが多かったが、二〇〇一年以降のITブームの崩壊に、「九・一一同時多発テロ」が米国経済の先行き不透明感に追い討ちをかけ、米国内でデフレーションの懸念が台頭してきた二〇〇三年前半の米国にとっては、このような悲観シナリオは決して絵空事ではなくなっていた。そのような意味では、日本経済が「円の足枷」を克服するということは、自国のデフレーションを回避したい米国にとっても十分メリットがあったと考えられることから、従来の意味での「円高シンドローム論」は成立しない。

第二点は、対日貿易赤字問題が、米国の通商政策にとってマイナーな問題になってしまった可能性である。今や、対米貿易赤字の主役は中国だからである。米国産業界にとっては、貿易上の問題は、政策的に低位に安定した人民元レートの下で「不正」に輸出を拡大している中国との貿易に焦点が移っている感がある。その意味では、米国が、通商問題への対処という側面で通貨政

図10—1　購買力平価と現実の為替レート(1)～円ドルレート～

出所：米商務省、日本銀行、FRB等より筆者作成

策を使うとすれば、これは、日本に対してではなく、むしろ、中国に対してであり、その意味では、円高よりも元高（人民元の切り上げ）の方が今後の通商政策上の優先課題になっている可能性が高いはずである。(7)

このように考えると、米国の通商政策と日本の経済政策の関係を基に構築された大野＝マッキノン流の「円高シンドローム」論は、その妥当性を既に終えてしまった可能性が高い。

4　いまだに継続する「円の足枷」

ここで、あらためて、円・ドルレートの長期的なトレンドをみると、プラザ合意以降、国内企業物価ベースの購買力平価がほぼ円安の天井となっていること、二〇〇三年以降、実際の円・ドルレートはほぼこの購買力平価に近い水準で推移しているものの、現時点（二〇〇六年一月時点）において、購買力平価の水準をブレイクするに至っていないことがわかる（図10―1）。購買力平価とは、ある年[8]を基準として、二国間の物価が等しくなるような為替レートの値であるが、一般的に、購買力平価は実際の為替レート変動の長期的なトレンド値となり、実際の為替レートは購買力平価を中心値として上下動するケースが多い。購買力平価が実際の為替レートの天井となるケースは、ドルと他国通貨間の為替レートでは見られない、円・ドルレート特有の現象である（図10―2、10―3）。

また、「失われた十年」といわれた一九九〇年以降、日銀による金融緩和によって、何度か円・ドルレートがこの円安の天井を突破しかけたが、いずれのケースも結局天井を突き抜けることはできず、その後は一転して円高となるケースが多くみられた。もし、このまま金融緩和が継続されていれば、この購買力平価の天井を大きく突破するような円安が進行し、やがてはデフレ圧力が緩和されたはずである。[9]しかし、現実は、この天井に到達した後の局面では、国内の景気動向とは特に関係がなく金融政策が引き締め気味に転換されることが多かった。このことは、購買力平価と実際の円・ドルレートの乖離率と日本のマネタリーベースの伸び率の関係をみた場合、円・ドルレートが、購買力平価の天井をブレイクしかけるとマネタリーベース伸び率が低下していることからも明らかである[10]（図10―4）。

以上から、日本の金融政策の決定関数の中には、名目為替レート（特に円・ドルレート）が購買力平価を超えるような円安水準を回避するという政策判断の基準が、暗黙のうちにビルトインされていたと考えられる。これこそが、筆者が主張する「円の足枷」に他ならない。

図10―2　購買力平価と現実の為替レート(2)～ドル・ユーロレート～

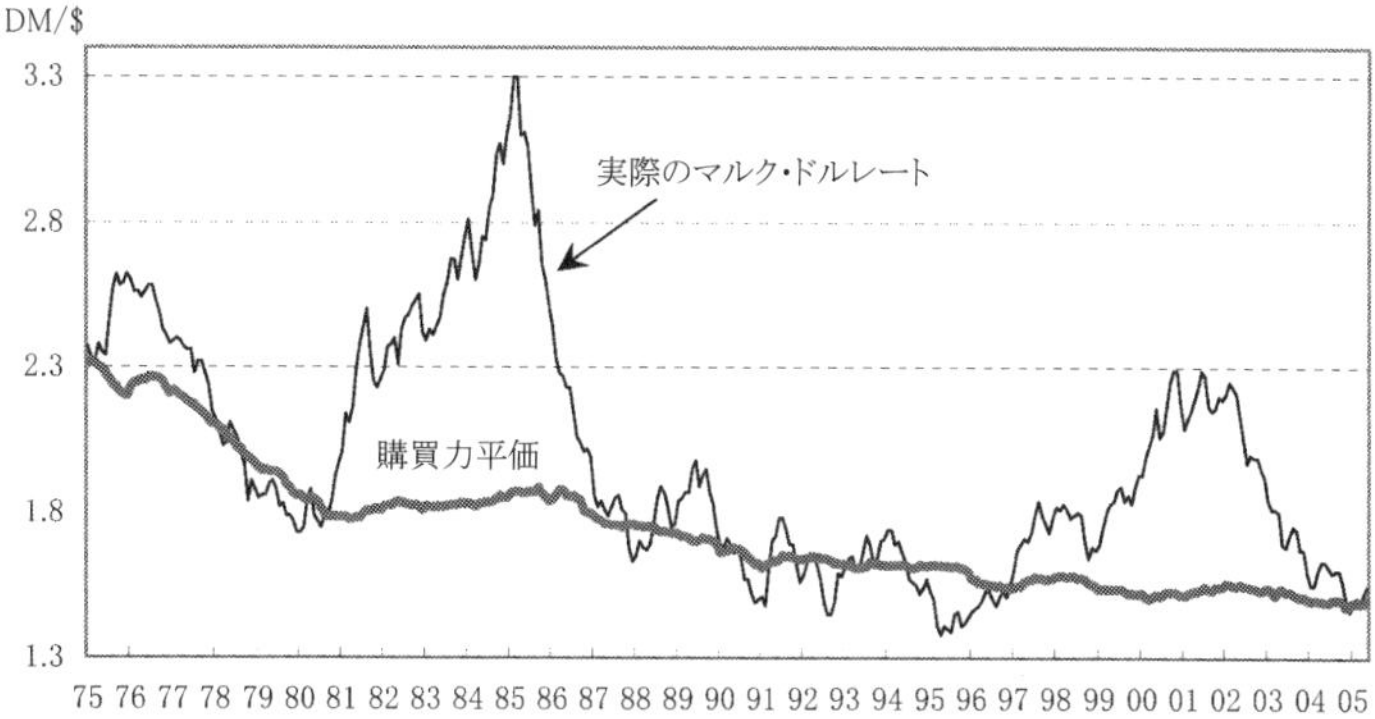

注: 1999年1月以降は、ユーロをマルクに換算
出所: データストリーム、FRB等より筆者作成

図10―3　購買力平価と現実の為替レート(3)～ドル・ポンドレート～

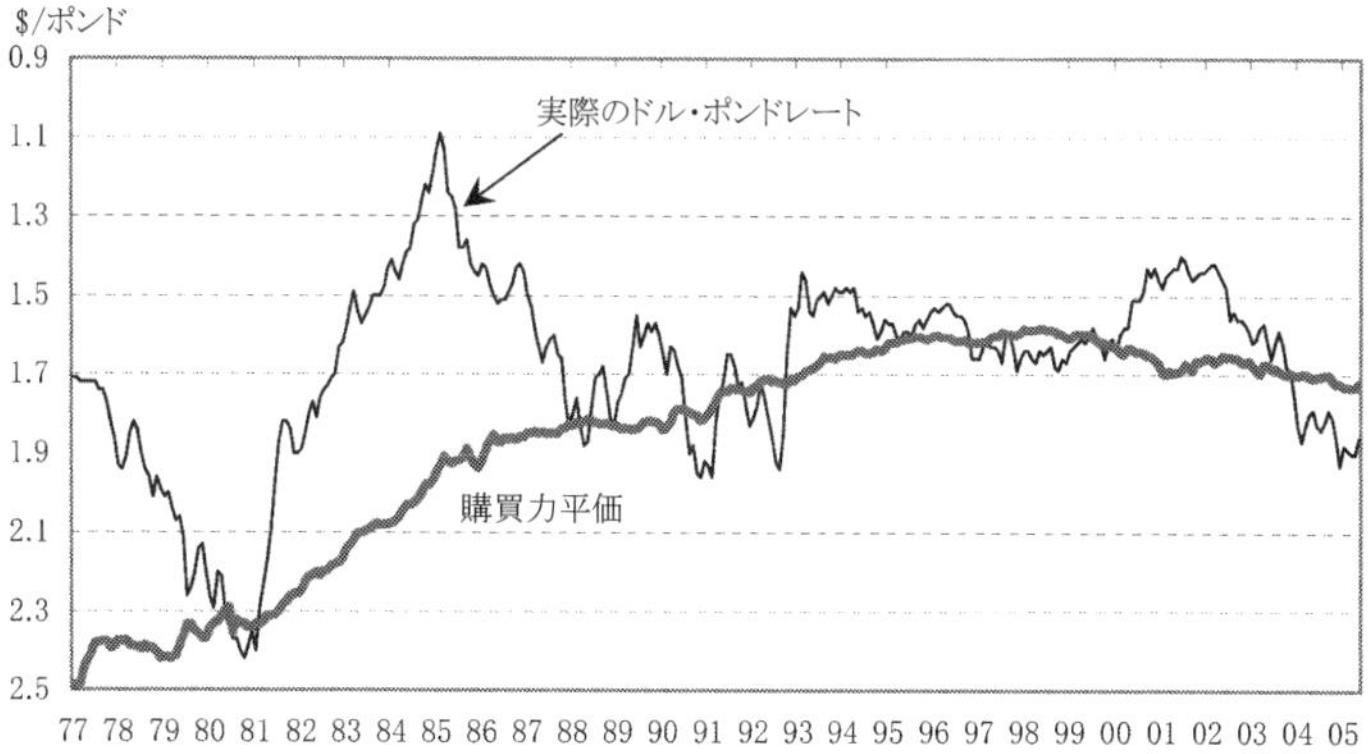

出所: データストリーム、FRB等より筆者作成

図 10—4　購買力平価と実際の為替レートの乖離率と金融政策の関係

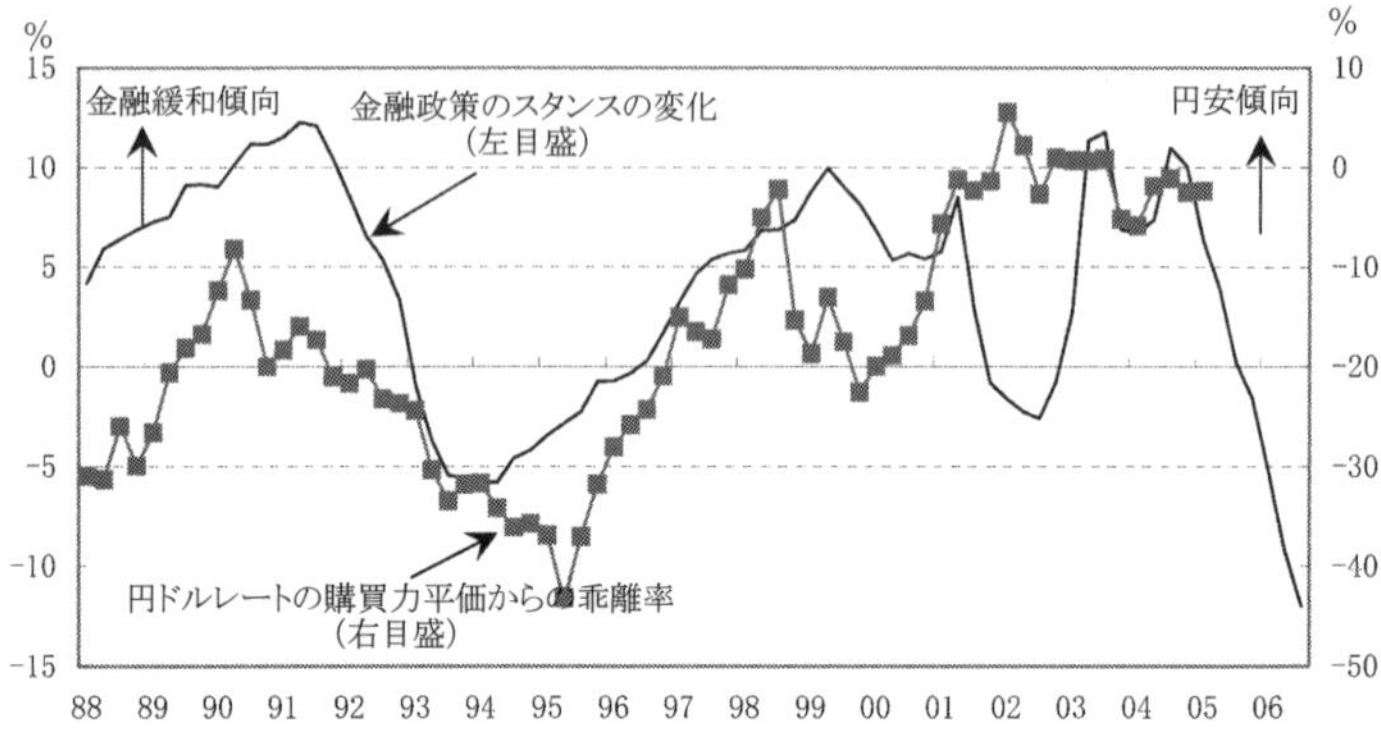

注：「金融政策スタンスの変化は、「McCallum Rule（名目２％成長を前提）」で算出した最適マネタリーベース残高と実際のマネタリーベース残高の乖離率
出所：FRB、日銀、米商務省より筆者作成

図 10—5　マッカラムルールからみた現代日本の適正マネタリーベース

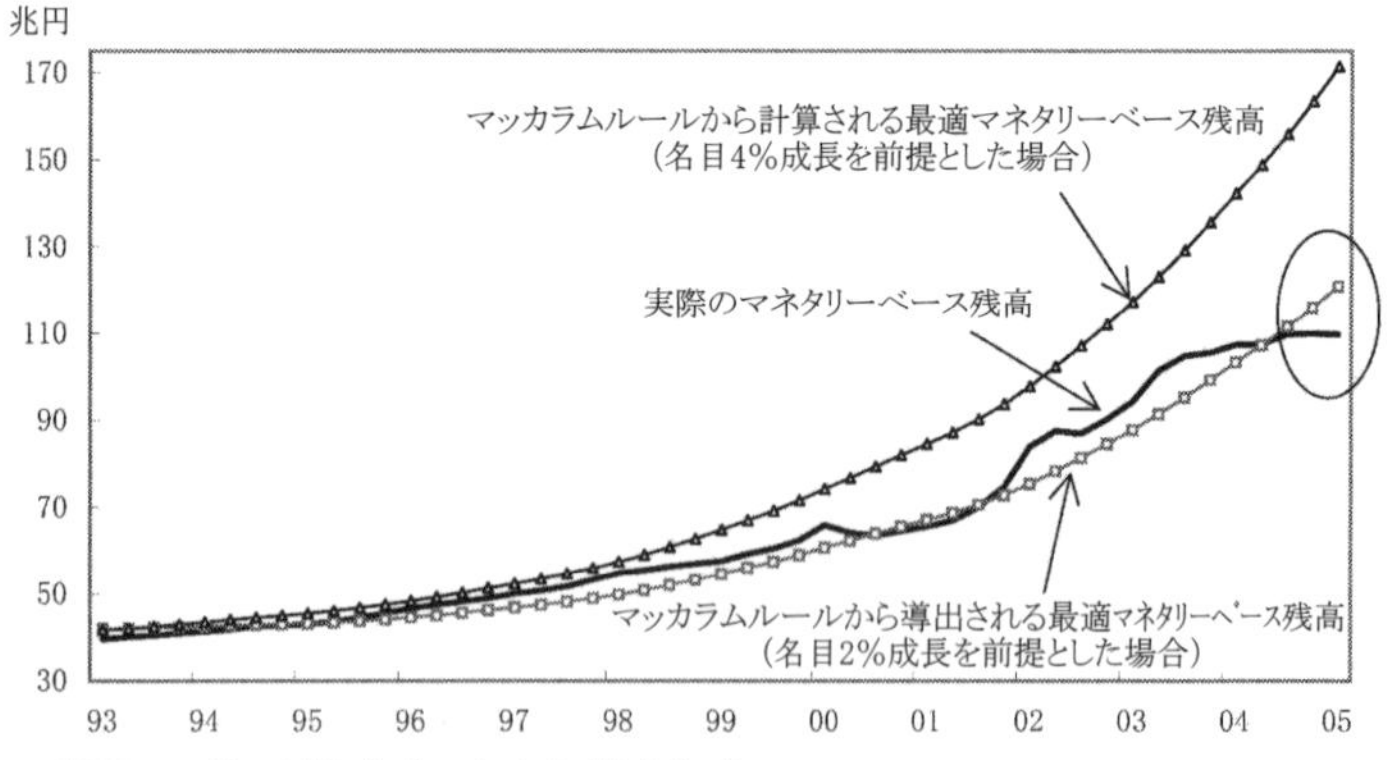

出所：日銀、内閣府データより筆者作成

政策担当者が、このような「不況レジーム」を現在も採用していることは、これまでの日本銀行の金融政策スタンスにも表れている。例えば、一九九〇年代後半のマネタリーベースの残高は、目標名目GDP成長率に換算すると、わずか二%程度の低い成長率を前提としたものであった（**図10―5**）。現状の日本の実質潜在成長率を二%程度と仮定し、最適なインフレ率を諸外国との比較から一・五―二・〇%程度だと想定すると、目標名目成長率は最低でも三・五―四・〇%程度はなければいけない。政策当局が想定している名目成長率がわずか二%程度ということは、「日本経済は成熟段階に入っており、もはや名目成長率の上昇は見込めない」ことを政策当局が認めていることを意味する。しかし、諸外国の名目経済成長率は、OECD加盟国平均で四・八%であることを考えるならば、日本が四%程度の名目成長を実現できないはずはない。「日本の名目成長率はせいぜい二%程度で、それ以上を望むべきではない」という考え方は、昭和初期の「日本資本主義経済の行き詰まり」論に近い考え方である。日銀の金融政策は、独立性を確保しているとはいえ、ある程度は政府との政策のコーディネーションがはかられているとすると、このマネタリーベース供給量の少なさは、日銀だけではなく、財政当局も含めた「統合政府」ベースでの政策担当者の誤った「低成長志向」に基づいたものである可能性を示唆している。

さらに、注意すべきは、現在の日本のデフレ解消経路が、一九三〇年代半ばの大恐慌期米国のケースと類似している点である。「一般物価デフレーション」、「資産デフレーション」両面の状況を比較するために、消費者物価指数と株価の動向を当時の米国と比較すると、ほぼ同様に回復パ

図 10—6　世界大恐慌期の米国との類似性 (1) ～物価水準～

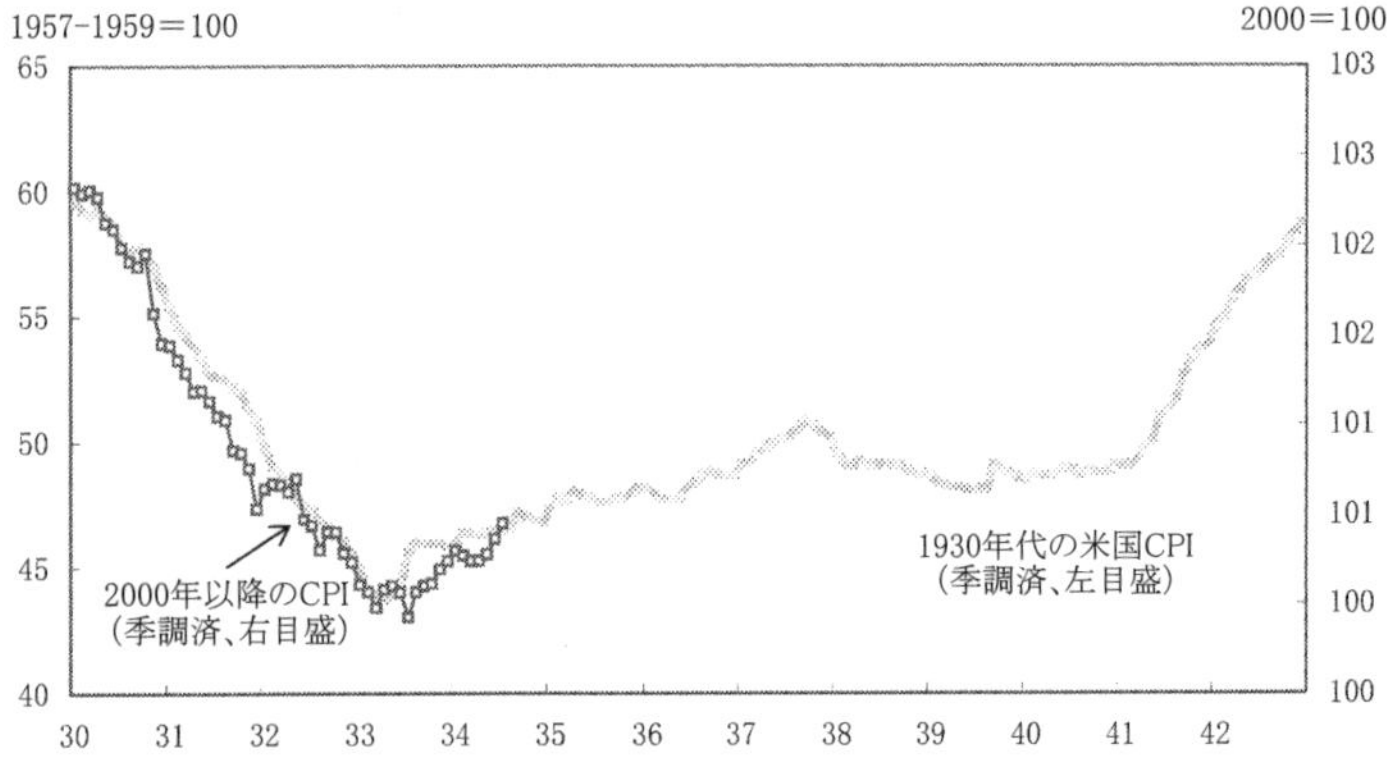

出所: 日銀、NBER より筆者作成

図 10—7　世界大恐慌期の米国との類似性 (2) ～株価～

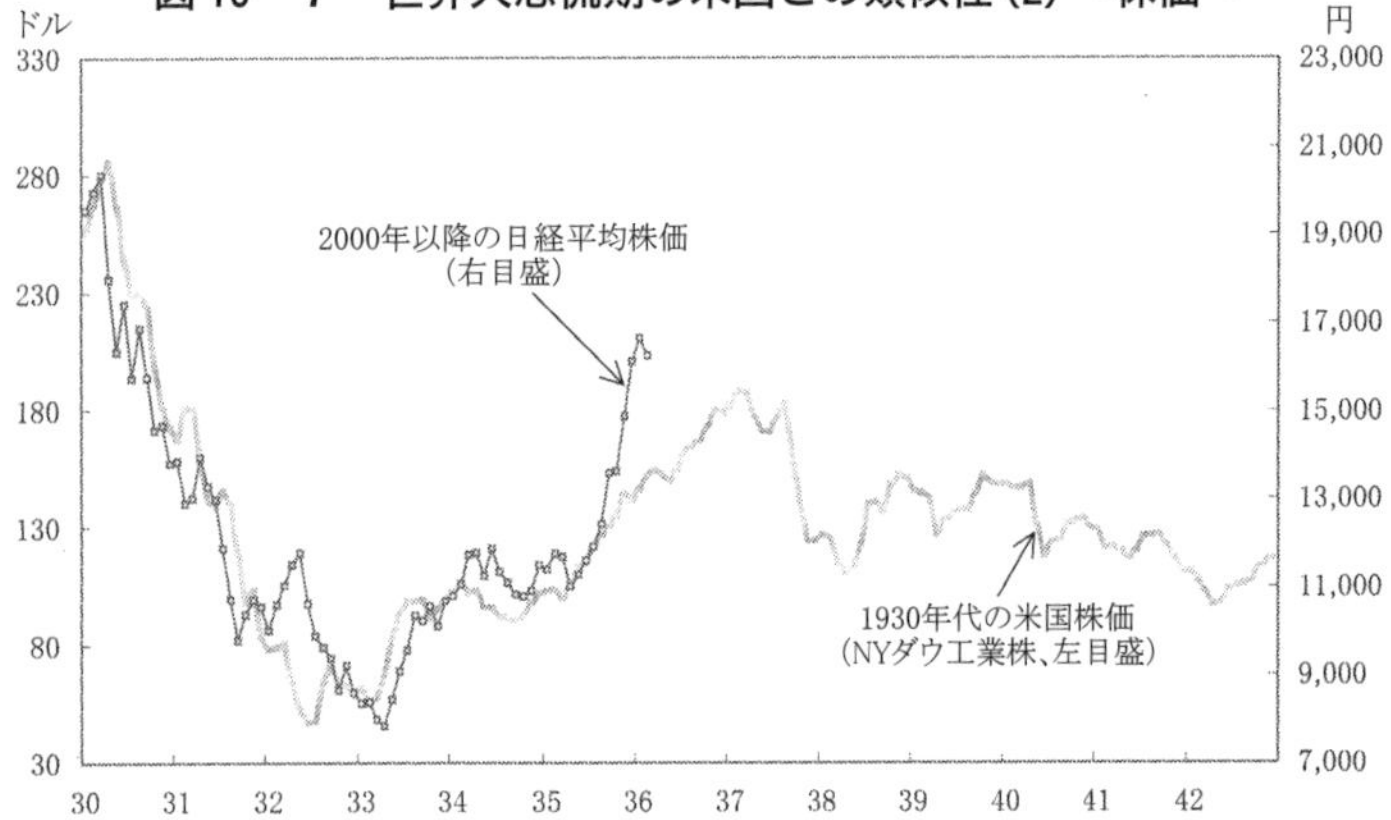

出所: 日銀、NBER より筆者作成

図10—8　マネタリーベース伸び率の寄与度分解

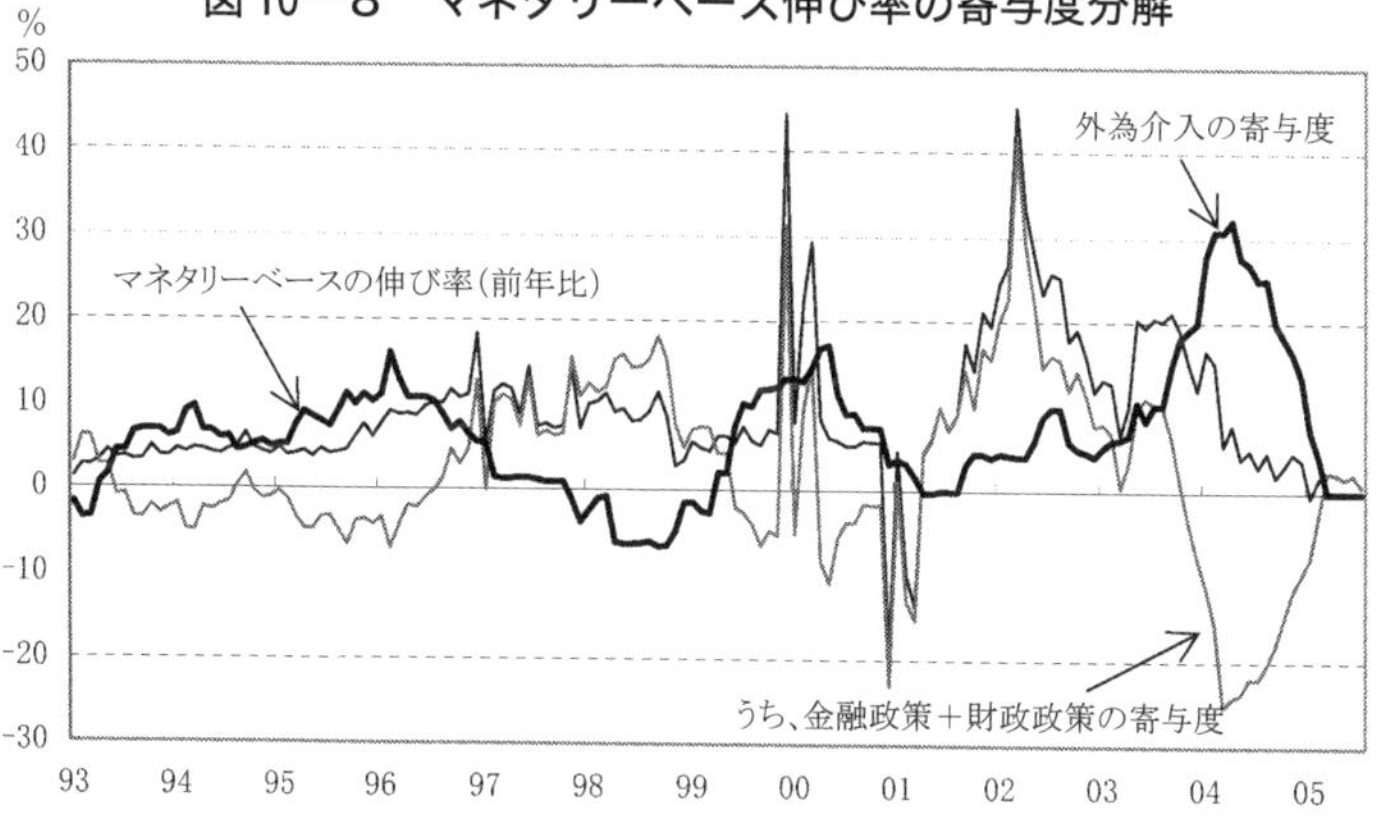

出所：日銀データより筆者作成

ターンを辿っている（図10―6、10―7）。ここで重要な点は、当時の米国における「政策レジーム」が必ずしもデフレーションからの脱出を意図したものではなかったという点である。これは、既に第三部でも指摘した通り、（一）当時の米国大統領であったルーズベルトは「均衡財政主義」をほぼ一貫して維持していたという点、及び、（二）当時のFRBもデフレーションに対する認識が甘く、なるべく早く（当時のFRBも採用していた）「ゼロ金利＋量的緩和」の状況から金利政策への復帰を望んでいたという点から推測可能である。当時の米国は、財務省による積極的な金購入によるマネーの放出とFRBによる非不胎化政策によって、事後的には量的緩和によって、一旦はデフレ解消を実現したものの、デフレーションの解消と経済の正常化に向けた「政策レジーム」の転換はなされておらず、その結果、一九三七年に再びデフレに陥ってしまうことになった。そして、ようやく、その後、ルー

ズベルト大統領は、デフレーション克服のために本格的に「ニューディール」政策に着手することとなったのである。(11)

これを現在の日本のケースと比較すると、(一)デフレーションの圧力の低下のきっかけは、日銀主導の量的緩和ではなく、財務省による積極的な円売りドル買い介入であり、日銀はこれを事後的に非不胎化したに過ぎないこと(図10―8)、(二)増税をはじめとして、財務省は財政赤字削減に向けた緊縮財政政策を策定しつつあること、(三)日銀も消費者物価指数が前年比で「安定的にゼロ」になり次第、量的緩和解除に向けた動きを開始する意欲を見せている、という点で、当時の米国の政策当局と同様の動きをみせている。すなわち、日本の現状を考えると、大恐慌期以後の米国同様、デフレを完全に克服する前に「金融政策引き締め・財政政策引き締め」の誤ったポリシーミックスに転換する可能性が極めて高いと考えられるのである。

このように、政府の低成長志向と引き締め方向のポリシーミックスの可能性を想定する限り、現在の日本の政策当局者の「不況レジーム」志向は現時点でいまだに転換されていないと考えられるのである。

5 「東アジア共同体」は有効なレジーム転換になりうるか

そこで、「円の足枷」を克服する政策レジームとして最近注目されているのが、「東アジア共同体構想」である。「東アジア共同体構想」は、米国、ヨーロッパに対抗する第三のリージョンとして、政治経済的なアジアのプレゼンスを高めるべく、通貨統合（アジア通貨単位ACUの創設）を含めた、より高いレベルの経済統合を視野に入れた将来ビジョンである。このような構想が生まれた背景としては、中国経済が今や世界経済に大きな影響を与えるほどの高成長を実現させているることから、日中を含めた東アジアが政治経済的に連携すれば、アジアが、米、ユーロを凌ぐポリティカルパワーを保有することができると共に、そのイニシアティブを日本がとることができれば、日本の外交上の利益にもなるという目算があると考えられる。さらには、中国の高成長は、国際分業による日本企業の最適生産立地の可能性という側面からも、また、日本企業にとっての市場としてのポテンシャルという側面からも、日本経済の救世主になりうるとの考えもあるだろう。なぜなら、日本経済の将来は、少子高齢化社会到来による潜在成長率の低下で有効フロンティアが枯渇しているという考えが、政界、財界のコンセンサスになっているからである。さらには、東アジア共同体構想が、一九九七年のアジア通貨危機における反グローバリズムの動き、言い換えれば、ＩＭＦ・世界銀行主導の改革プログラムを通じた実質的な米国の世界経済支配に対する反発をきっかけに台頭したという側面も無視できない。今や、「東アジア共同体構想」は、様々な利害関係や思想的背景の違いを超えて幅広い支持を集めている。そして、「円の足枷」が、日本の経済政策の対米追随的な側面から発生しているとするならば、米国に匹敵する、世界経済の「第三の核」となりうる「東アジア共同体構想」は、これを克服するための有効な政策レジーム転換になりうると考えるのもある意味可能であろう。[12]

しかし、この「東アジア共同体構想」が、長期低迷にあえいできた日本経済を救う有効なレジーム転換になるという考えはいささか楽観的過ぎると考える。これは以下の三つの理由による。

第一の理由は、「東アジア共同体構想」の底流にある歴史観である。これは、日本が第二次大戦中に行った韓国や中国に対する侵略行為を指すのではない。中国では、これまで長い間に培ってきた中華思想という文明的伝統に加え、共産党体制維持のための政策的な民族主義観、国家主義観の高揚が混成する形で反日感情が高まっている。古田博司［2005］によれば、元来、中華思想では、「東夷倭人」日本に対する儒教思想的、文明論的な優位思考がある上、現在の中国政府は、共産党支配体制を維持したまま沿岸部偏在の輸出志向型高成長を維持する必要性から、内陸部の不満を対日感情に転嫁するスキームとして、「靖国問題」や「教科書問題」を取り上げている側面が強いとされている。これは、欧州が、独仏間に長い間の戦争の歴史があるとはいえ、キリスト教的な文明観を共有していたこと、そして、ほぼ均質の政治体制を有していることを考えると、ユーロ圏の統合とは全く異なる状況であることは確かであろう。東アジア共同体が有効に機能するためには、過去の日中関係の歴史を、侵略史だけではなく、文明史的にも「止揚」しなければならない。[13] これは、例え実現可能であるとしても、なお長い年月を要するだろう。単に首相が靖国神社参拝を中止すればよいという単純な問題ではない。

第二の理由は、現在の世界経済の状況が東アジア共同体の成立を許容するか否かという問題である。中国は今や、米国を核とするグローバルな資本市場の主要参加者になっているという事実を軽視すべきではない。膨大な額に上る米国の対外赤字を主にファイナンスしているのは、日本と中国、及びNIES等の東アジア諸国である。つまり、東アジア共同体の存在と競合するはずの米国中心のグローバル経済システムを東アジア諸国の膨大な経常収支黒字が支えており、東アジア共同体の成立は、現在の世界経済システムの構図を大きく変える可能性を秘めているのである。これには二つの側面がある。

第一の側面は、中国に代表されるように、この経常収支黒字の大部分が米国への資本輸出として米国に流入している点である。現在、米国は大量消費国として、単独で世界経済を牽引している。その莫大な需要拡大が、米国の経常収支赤字となる一方、東アジア諸国の経常収支黒字となり、それが、グローバルに統一された資本市場を通じた資本移動によって米国に還流するという構図になっている。

第二点は、経常収支の動向は、国内の貯蓄投資バランスで決定されているという点である。従来、輸出基地として先進国からの海外投資を積極的に受け入れてきた東南アジア諸国は、その間、経常収支赤字国であったが、アジア通貨危機以降、海外からの投資の減少から経常収支黒字国に転換している（中国は、その後も積極的に海外からの直接投資を受け入れているが経常収支は黒字である）。これは、ある意味、東南アジア諸国への投資の縮小が米国の経常収支赤字を支える構図になっているともとれる。この構図の鍵を握るのは、中国人民元である。現在、中国人民元は、一ドル＝八元強であり、これは、一九八七年卸売物価ベースの購買力平価を基準とすると、約一九％元安の水準で固定されている。この元安水準での固定レートが、中国の輸出産業における競争条件を有利にし、中国の莫大な外貨準備蓄積に連関している。「東アジア共同体構想」を実現させようとする場合には、将来的な通貨統合をも視野に入れていることから、中国人民元が現状の対ドル固定相場という状況を脱却する必要があるだろう。(14) この場合、人民元のレートは現在のドルペッグ制ではなく、変動相場制になる可能性が高いが、現時点での元レートを前提とすると、人民元が変動通貨制へ移行する場合には、対ドルで大幅に切り上がることが想定される。これは、当然、中国の輸出を大幅に削減させることにつながる。中国の通貨制度を変更する権限が中国政府にある以上、中国政府が輸出を犠牲にする人民元切り上げ、もしくは変動相場制への変更が、簡単に実現するとは思えない。もし、これを許容する場合は、中国政府が意図的に中国経済の成長のドライバーを外需から内需に転換する場合、すなわち、現行の沿岸部における外資導入による輸出基地化の成長戦略を放棄し、元高がもたらす交易条件好転を利用した内需拡大型の成長戦略に切り替える場合に他ならない。この場合、輸出の減少と国内での投資の拡大から中国の貯蓄投資バランスの急速な悪化の可能性が出てくる。この影響は中国だけに止まらない。ＮＩＥＳ諸国の経常収支黒字は、中国とＮＩＥＳ諸国の産業構造、貿易構造が酷似すると共に、為替レート面で中国の競争条件が有利であること、言い換えれば、ＮＩＥＳ諸国の輸出産業が中国の輸出産業に食われている状況に陥っていることを考慮する必要がある。つまり、中国の内需主導型成長への転換は、アジア内での生産拠点のシフトという効果を通じて、NIES諸国での投資拡大、ひいてはNIES諸国の経常収支黒字の縮小にもつながる。この両者の貯蓄投資バランスの変化が、原油をはじめとする国際商品市況にどのように影響するかはいちがいには判断しにくい[15]が、部分均衡的に考える限り、中国人民元の変動相場制への移行と東アジア共同体創設をにらんだ動きは、中国、NIESを中心とした東南アジア諸国の経常収支黒字を減少させ、米国への資本流入の減少を意味することになる。

このような状況になると、グローバルな貯蓄投資バランス上、どうしても米国の経常収支赤字が大きく減少することを想定せざるを得ない。この場合、現在の米国の経済成長経路（実質GDP成長率で三・五％程度）が維持不可能になることから、米国経済の低成長路線への調整、もしくは、ドルレートの大幅な切り下げが必至となり、米国は極めて深刻なデフレーションに陥る可能性が高くなる。そう考えると、「東アジア共同体構想」の実現に向けた具体的な動きは、米国にとって好ましくないものであると考えられる。

第三の理由は、「東アジア共同体構想」の目的として、アジア共通通貨単位（ACU）の導入による為替レート安定が視野に入っている点である。しかし、注意すべき点は、この場合、日本政府が日本円に、主要国通貨のバスケットとなる可能性が高いアジア共通通貨単位の中心的な役割を担わせたいと考えている点だ。この場合、政策当局としては、それまでに国際的な取引通貨として「強い円」政策を取り、東アジア通貨の中での主導権を握りたいという思惑が台頭してくる可能性がある。これは、一九八〇年代後半にみられたいわゆる「円圏構想」の際にみられたものであるが、現在の日本経済の状況にこれをあてはめると、まさに、「円の足枷」の裏返しに過ぎないということになる。

以上のように考えていくと、東アジア共同体は、将来的な目標、もしくは、アジアの理想とはいえ、現段階では、その理念だけが先行していると思われる。共同体成立のためには、政治的、文化的な親和性が求められる。そして、この政治的、文化的な親和性を軍事力によって強制的に実現しようとしたのが、近代日本における「大東亜共栄圏構想」であったとするならば、性急すぎる「東アジア共同体構想」の推進は、かえって、他の東アジア諸国の反発を招くだけだろう。当面は、FTA（自由貿易協定）を梃子に経済的な協力関係を地道に築いていくことが重要ではないだろうか。よって、これは、現在の日本経済の長期低迷を覆すような政策レジームの転換にはならないと考えられる。

注

（1）その意味では、現代の日本の経済政策は「近代」どころか、「近世」さえも超克していないのかもしれない。

（2）もちろん、もう一つの政策思想としては、半ば意図的なデフレーションの発生によって、バブル経済によって水膨れした部分を清算しようとする意識もあっただろう。

（3）かつての日米繊維交渉、自動車交渉、半導体交渉等を想定すればよい。

（4）ドルの実効為替レートは、二〇〇〇年のITバブル崩壊までは上昇しており、確かに全世界ベースでは「強いドル政策」が実施されていた可能性を示唆している。しかし、対円レートでは、一九九八年以降はドル安トレンドに転換しており、「強いドル政策」を実施していたからといって、「円高シンドローム」論が成立しないという考え方も適切ではないと思われる。

（5）OECD、*Economic Outlook*, No. 77による。

（6）「円の足枷」によるデフレーション圧力が最も高かったのはクリントン政権の時代であったが、当時は「双子の赤字」は縮小傾向、特に、財政収支は黒字化し、長期国債の発行量が減少するような状況にあったことから、もし仮に邦銀による米国債売却があったとしても、金融市場に与える影響はそれほど大きくなかっただろう。

（7）もっとも、人民元が切り上げられれば、それに伴って、円も増価するケースも想定されるが、人民元切り上げが円高を誘発する経路は「マーケットセンチメント」以外では、それほど自明ではないため、本稿では考慮の対象外としたい。

（8）一般的には、二国間の貿易収支、もしくは経常収支がゼロに近い年が選択されることが多い。

（9）Svensson, Lars E. O. [2003] では、デフレーションを脱出するために最も簡単な方法は通貨安の誘導（とその水準でのペッグ）であることが言及されている。

（10）また、田中秀臣・安達誠司 [2003] 一一九頁では、一九九一年以降、金融政策決定関数における為替レートの説明力が飛躍的に高まったことが定量的に示されている。

（11）いわゆる「一九三七年恐慌」以降の米国の経済政策を「統制経済」の一類型とみなす考え方もある。また、財政赤字累積による長期金利上昇圧力に対処するために、一九四二年以降、「国債価格維持制度」(Bond Price Pegging) が採用され、長期金利は事実上、固定された。

（12）それゆえ、「東アジア共同体構想」は、リフレーション政策の必要性を主張する経済学者からも、構造改革を主張する経済学者からも支持される側面を持つ。

（13）田中明彦 [1996] における「新しい中世」モデルを援用すれば、これは、日中両国における「近代の超克」に他ならないだろう。

（14）そうしなければ、東アジア共通通貨単位（ACU）がドルペッグとなってしまう。

（15）現在の中国での輸出基地建設がそのまま東南アジアへシフトすれば、商品市場への需給に影響を与えないが、現在、中国が抱える輸出セクターの資本ストックが世界市場における中国製品の需要を満たせるだけの規模に達していたとすれば、東南アジア諸国への投資額は限界的なものに止まる。この場合には、商品市況の下落が想定され、産油国の経常収支黒字も大きく減少することになる。

おわりに――「政策レジーム」転換の必要性

戦前期の日本は、膨大な対外債務を抱え、しかも、これを欧米先進資本主義諸国（特に、当時の世界の覇権国家であった英国、米国）からの資本輸入によってファイナンスしていたこともあり、対外要因が適切な政策レジームの転換を妨げる重大な制約要因だったこともあった。

例えば、井上財政に代表される「ワシントン・レジーム」は、もちろん、政策当事者であった井上準之助らの政策思想に影響された側面が強いが、対外債務の最大の引き受け手であった米国の意向が強く反映されていた。一方、「円の足枷」の存在を前提とする限りは、現在の日本の経済政策も、「先導者」たる米国の経済政策レジームに追随するのが、暗黙の「ゲームのルール」であり[1]、これが「リフレーション政策」への転換を遅らせた制約要因であった可能性が高いと考えられる。しかし、先に指摘したように、米国を取り巻く経済環境を考慮すると、現時点では、米国が日本に対し、「円の足枷」を維持するようなインセンティブはそれほど高くないのではないかと思われる。すなわち、外部的な制約条件が緩和、もしくは剥落しつつある今、日本の政策当局が政策レジームの転換に取り組む絶好の機会が到来したと考えられる。

それでは、ありうべき「政策レジーム」の姿とはどのようなものであろうか。それは、もちろん、リフレーション政策の継続によって、デフレーションを完全に治癒することである。現在、確かに景気は回復基調にあり、インフレ率のマイナス幅は着実に縮小している。しかし、先に指摘したように、現在の回復パターンは、一九三〇年代半ば以降の米国に酷似している。当時の米国は、デフレーションの完全治癒の道半ばにして、リフレーション政策を放棄してしまうという誤りを犯した。(2)この失敗の教訓を踏まえて、デフレーションを完全に治癒するために必要な点は、『デフレーション克服』の意味を『デフレ期以前の物価水準(今回の日本の場合、一九九六年頃の物価水準)への回帰』というように明確に定義し、この水準にキャッチアップするまでは『リフレーション政策』を解除しない」ということを広くアナウンスすることである。これは、「物価水準ターゲット」を新たな政策レジームとして採用することに他ならない。

ところで、「物価水準ターゲット」とは、インフレ率(物価水準の対前年比)ではなく、ある特定時点の(例えば、デフレーションが始まる以前の正常時の平均水準での)物価水準を目標とするものである。日本のデフレーション解消のための経済政策(特に金融政策)の処方箋として、ラルス・スベンソン[2003]やベン・バーナンキ[2004]がこれを提唱している。この政策は、デフレーションに陥る前の物価水準をターゲットとすることによって、より長期のインフレ率にコミットすることができるため、一九三〇年代後半の米国のような、「早すぎる金融引き締めへの転換」による政策失敗を回避できるという利点を持っている。物価水準目標は中長期的な物価水準が目標とされているため、短期的なぶれによって政策スタンスが混乱するというような弊害がなく、政策当局にとっても政策にコミットすることが容易であると思われる(3)。

以上のような「物価水準ターゲット」による「リフレーション・レジーム」への政策レジーム転換は、決して筆者の突拍子もない思いつきではない。本書が考察対象とした戦前期の日本の経済論壇において、同様の政策レジームが提案されている。それは、一九三一年から一九三四年頃にかけての石橋湛山の経済論説である。石橋湛山は、その著作である『インフレーションの理論と実際』を中心としたいくつかの論説において、「物価水準ターゲット」に近い政策レジームを提言している。

石橋湛山は、「我国の財界にある数々の不良分子は、恐慌を起こして一掃し去る方が、結局我財界の利益である」(全集第八巻、二六八頁)という「清算主義」的な考えに基づく通貨・金融政策の誤りが、昭和恐慌によるデフレーションの原因であり、この経済的難局に際しては、「伝統的思想の殻を破る必要」(全集第八巻、一二二頁)があり、従来であれば、「書生論、空論と排斥せらるるものにこそ、新目標を作出す力が存する」(全集第八巻、一二二頁)として、「人為を用いて我物価の位地を平均して一九二九年六月時点の水準まで戻すことが必要であると考える。然らばここに債権債務其他の関係も平均して一九二九年六月頃までの位地に戻り、現在の我財界の困難はほぼ一掃せらるるに至る」(全集第八巻、二九五頁、ただし、年号に関しては、筆者が西暦に直した)として、「物価水準ターゲット」の採用を提唱していたのである。

一九九八年以来、政策当局者や経済学者らの間で、デフレーションを克服するための経済政策のあり方が活発に議論されてきた。しかし、曲がりなりにも、景気は回復基調を強め、デフレーションの圧力も着実に低下しつつある現在、経済政策の議論は、早くも「デフレーション脱出後」をにらんだものになりつつある。現に、日本銀行は二〇〇六年三月九日に量的緩和の解除を決定した。しかし、このような経済状況だからこそ、歴史の教訓を振り返りつつ、石橋湛山が提唱した「物価水準ターゲット」の必要性を改めて検討する必要があるのではないだろうか。その意味では、自民党政調会が提示している「名目4％ターゲット論（実質2％＋目標インフレ率2％の組み合わせ）」が実現するならば、これは、まさに「デフレ・レジーム」からの政策のレジーム転換になるかもしれない。もう二度と「失われた十年」を繰り返してはいけない。このことを肝に銘じて我々は、「政策レジームの転換」を真剣に考えるべきである。

注

（1）カーター政権で大統領補佐官を務めたブレジンスキー氏によれば、米国にとって、日本は「事実上の被保護国」である。政情が不安定な東アジア地域での日本の安全保障が日米安保条約の下、米国のコスト負担によって維持されているのがその理由とされている。詳細は、田久保忠衛［2001］五六頁を参照のこと。

（2）これが、一部の経済学者らによる、「デフレーションは戦争でしか解決できない」という誤った見方をもたらした原因になったと考えられる。

（3）「物価水準ターゲット」と「インフレターゲット」の違いについては、例えば、安達誠司［2005］を参照のこと。

あとがき

ポール・クルーグマン米プリンストン大学教授が、一九九七年にかの有名な論文“It's baaack !”において、今回の日本のデフレーションの原因を金融政策の失敗に求めて以来、日本ではデフレーションの原因が何であるかについての論争が活発化した。この論争には内外を問わず、様々な経済学者や政策当局者が参加した。一九九〇年代後半に、日本を襲ったデフレーションの原因を究明することは、デフレーションを克服するための政策立案、ひいては学者としての名声にそのまま直結することから、「ゲーム」に例えるのは不謹慎かもしれないが、このクルーグマン論争をきっかけに起こったこの論争は、当時の経済学界の叡智を結集した高度な「知的ゲーム」であるはずだった。

筆者が、本書を書くきっかけとなったのは、今回の日本のおけるデフレーションを巡る経済論争が、約七〇年前に起こった昭和恐慌期に闘わされたそれと全く同レベルの議論であったことに気づき、ある種の脱力感に苛まれたことであった（これについては、拙著『平成大停滞と昭和恐慌』一〇九―一一二頁にテーマ毎に分類して掲載してある）。この七〇年の間、科学技術は目覚しい発展を遂げ、我々の生活は飛躍的に豊かになったが、我々の経済に対する考え方は全く進歩がなかったのである。筆者は、デフレーションを克服するためには、大胆なリフレーション政策が実施される必要があると考えてきたが、今回の論争では、日本では、リフレーション政策に対して反対の立場をとる経済学者がほとんどであった（不思議なことに、欧米では、リフレーション政策に反対の立場に立つ経済学者は学派に拘らずほとんど皆無といってよかった）。これは、七〇年前の政策論争と全く同様であった。当時も金融政策を中心とするリフレーション政策の必要性を訴えた石橋湛山、高橋亀吉、小汀利得、山崎靖純ら「新平価四人組」の主張はことごとく退けられ、その結果、昭和恐慌は深刻化し、庶民の生活は困窮、その不満がやがて軍部による大陸進出の思想的な足がかりを作った。昭和恐慌は、高橋是清によるリフレーション政策（高橋財政）の実現によって最終的に克服されたが、荒廃した日本国民の思想までも癒すことはできなかった。「我々は今回もこの教訓を生かすことができないのであろうか」と日本の経済論壇に対して悲観的になったのをきっかけに、筆者個人の関心は、「何故、正しい政策が採用されないのか」という点、いいかえれば、経済失政のプロセスと為政者の経済思想的な背景を理解し、それをどのように改善していくかを考察しなければならないのではないか、という点に移っていった。

そこで、日本における経済思想の流れを、通常の経済思想史の手法とは逆に、現代から明治維新期まで遡ってみると、経済失政をもたらす思想的な背景として、江戸時代の朱子学的な思想、特に、金融を「虚業」として軽視する考え方が、明治時代の為政者の中に脈々と受け継がれていることがわかった。この「金融軽視」の考えが、通貨システムに対する無理解に形を変えて、日本を度々デフレーションに陥れていること、そして、幕末の攘夷思想のトラウマともいえる「アジア主義」がこの通貨システムの無理解と融合することによって、円高信仰が生まれたというのが、日本の経済学における「敗戦」に他ならなかったのではないだろうか。
それでは、戦後の日本はこのような「誤った経済思想」を克服したのであろうか。残念ながら、今回のデフレーションにおける経済論争をみると、そうではなかったと考えざるを得ない。エズラ・ヴォーゲルの『ジャパン・アズ・ナンバーワン』の出版（一九七九年）は、日本が高度経済成長を経て世界有数の経済大国の地位に上りつめたことを象徴する現象であり、一九八〇年代後半以降、日本は、軍事力ではなく、「ジャパンマネー」という経済力によって、覇権を獲得しようとしたはずであった。しかし、通貨システムに対する無理解は、今度は、日本経済を無節操な「バブルエコノミー」に巻き込み、結局、バブルの崩壊から七〇年前のデフレーションという経済学上の「伝説の」（世界大恐慌以来、忘れ去られてきたという意味で）怪物を墓場から呼び戻したのである。その意味では、本書の冒頭で言及した「近代すら超克していない」という表現は必ずしも正しい表現ではなく、むしろ、「近世すら超克していない」ということなのかもしれない。

本書は、藤原書店が主催する第一回「河上肇賞」受賞作品である論文「レジーム間競争の思想史——通貨システムとデフレーションの連関、そしてアジア主義の呪縛」を加筆修正したものである。出版の機会を与えていただいた藤原書店社長藤原良雄氏をはじめ、審査委員の諸先生方にはあらためてこの場を借りて御礼申し上げたい。また、出版に当たっては、細部にわたって加筆修正を行ったが、その煩雑な作業に対する労を惜しまず、時には、本書の内容について適切なアドバイスを下さった藤原書店編集部の刈屋琢氏に最大の謝辞を述べたい。ありうる誤りはすべて筆者の責任である。
河上肇賞の論文審査に当たって、新たな課題が何点か提示された。例えば、昭和恐慌というデフレーションによって、最も疲弊した農村が必ずしもリフレーション政策を支持せず、軍部による大陸進出を熱狂的に支持した背景は何であったのか、等の問題である。この問題については、古くは、マルクス経済学者らによる「資本主義論争」等の膨大な研究の蓄積がある。また、当時、軍部を熱狂的に支持したのは、自作農を中心とした農村「中間層」であったことが指摘されている。これは、ヒットラー率いるナチスの熱狂的支持者が、都市部の非インテリの中間層であったことと類似している。当時のナチスが、後進資本主義ドイツの人口過剰問題解決のためには他国への侵略が必要であると考えていたことも、当時の日本の「アジア主義」と極めて近い考えであった。その意味では、通常、筆者が専門としているマクロ経済分析では考察の対象とされることの少ない分配問題も、分析の対象とする必要があるのかもしれない。今回は、日本固有の前近代性に焦点を当てたが、中間層の経済思想、さらには、経済政策の連関性や類似性という意味では、よりグローバルな比較分析が今後の課題になるのではないかと考えている。

安達 誠司

二〇〇六年四月

Gordon, Robert J., ed. [1986] *The American Business Cycle : Continuity and Change*, University of Chicago Press.

Hamilton, James D. [1992] "Was the Deflation During the Great Depression Anticipated ? : Evidence from the Commodity Future Market", *American Economic Review*, 82 (1).

Kirshner, Jonathan [1997] *Currency and Coercion—The Political economy of International Monetary Power*, Princeton University Press.

Krugman, Paul [1998] "It's Baaack ! Japan's Slump and the Return of the Liquidity Trap", *Brooking Papers on Economic Activity*, 1998 : 2, 137-187.

McCallum, Bennett T. [2002] "Theoretical Analysis Regarding a Zero Lower Bound on Nominal Interest Rates", *Journal of Money, Credit and Banking*, 32, 870-904.

Meltzer, Allan H. [2003] *A History of Federal Reserve, vol. 1, 1913-1951*, University of Chicago Press.

Orphanides, Athanasios [2003] "Monetary Policy in Deflation : The Liquidity Trap in History and Practice", *Journal of Monetary Economics*, 50 (3), 983-1022 July.

Paolera, Gerardo della & Allan. M. Taylor [2000] "Economic Recovery from the Argentina Great Depression:Institutions, Expectations, and the Change of Macroeconomic Regime", NBER w6767.

Peattie Mark R [1992] *Ishihara Kanji and Japan's Confrontation with the West*, Princeton University Press.(『「日米対決」と石原莞爾』大塚健洋ほか訳、たまいらぼ)

Sargent, Thomas J [1988] *Rational expectations and Inflation*, Harpercollins College Div.(『合理的期待とインフレーション』国府田桂一ほか訳、東洋経済新報社)

Steindl, Frank G. [2004] *Understanding Economic Recovery in the 1930s*, The University of Michigan Press.

Svensson, Lars E. O. [2003] "Escaping from a Liquidity Trap and Deflation : The Foolproof Way and Others", NBER Working Paper, w10195, December.

Vilar, Pierre [1984] *A History of Gold and Money, 1450-1920*, Verso.

Woodford, Micheal [2003] *Interest and Prices*, Princeton University Press.

Maddison, Angus [2000] *Monitoring the World Economy 1820-1992*, Harpercollins College Div.(『世界経済の成長史 1820 ～ 1992 年』金森久雄監訳、東洋経済新報社)

モーリス=鈴木、テッサ［1991］『日本の経済思想――江戸期から現代まで』岩波書店
森七郎［1986］『日本通貨制度論』文人書房
森嶋通夫［2001］『日本にできることは何か――東アジア共同体を提案する』岩波書店
吉野俊彦［1955］『日本銀行制度改革史』東京大学出版会
歴史学研究会・日本史研究会［2005］『日本史講座9　近代の転機』東京大学出版会
若田部昌澄［2003］『経済学者たちの闘い――エコノミクスの考古学』東洋経済新報社
若槻禮次郎［1983］『明治大正昭和政界秘史――古風庵回顧録』講談社学術文庫
早稲田大学［1950］『大隈文書』雄松堂出版
渡邊行男［1993］『宇垣一成――政軍関係の確執』中公新書

藤野正三郎・五十嵐副夫［1973］『景気指数 1888-1940』一橋大学経済研究所日本経済統計情報センター
『金融事項参考書』各年版　大蔵省理財局
『長期経済統計1　国民所得』［1974］　東洋経済新報社
『日本の景気変動』［1931］　東洋経済新報社
『日本経済年報』各年版　東洋経済新報社
『明治大正国勢総覧』［1927］　東洋経済新報社

Ahearne, Alan, Gagnon, Joseph, Haltmaier, Jane and Kamin, Steve［2002］ *Preventing Deflation : Lessons from Japan's Experience*, Internaitonal Financial Discussion Papers 2002-729", The Federal Reserve Board.
Bernanke, Ben. S［2000］ *Essays on the Great Depression*, Princeton University Press.
Burdekin Richard C. K. & Pierre L. Siklos［2005］ *Deflation Current and Historical Perspectives*, Cambridge University Press.
Cecchetti, Stephen G.［1992］ "Prices During the Great Depression : Was the Deflation of 1930-1932 Really Unanticipated ?", *American Economic Review*, 82（1）.
Friedman, Milton, and Anna Jacobson Schwartz［1963］ *A Monetary History of the United States, 1867-1960*, Princeton University Press.
Gollvizer, Heinz［1999］ *Die Gelbe Gefahr*, Vandenhoeck & Ruprecht, Göttingen（『黄禍論とは何か』瀬野文教訳、草思社）

深井英五［1928］『通貨調節論』日本評論社
――［1932］『金本位離脱後の通貨政策』千倉書房
藤野正三郎［1963］『日本の景気循環』勁草書房
――［1990］『国際通貨体制の動態と日本経済』勁草書房
――［1994］『日本のマネーサプライ』勁草書房
古田博司［2003］『東アジアイデオロギーを超えて』新書館
――［2005］『東アジア「反日」トライアングル』文春新書
ベラー，R・N［1996］『徳川時代の宗教』岩波文庫
細谷千博［2005］『シベリア出兵の史的研究』岩波現代文庫
細谷千博他編［1971］『日米関係史　開戦に至る十年』1～4、東京大学出版会
増田弘［1990］『石橋湛山研究――「小日本主義者」の国際認識』東洋経済新報社
――［1995］『石橋湛山』中公新書
升味準之助［1969］『日本政党史論』1～4、東京大学出版会
松浦正孝［1995］『日中戦争期における経済と政治――近衛文麿と池田成彬』東京大学出版会
松尾尊兊編［1995］『大日本主義か小日本主義か――三浦銕太郎論説集』東洋経済新報社
松岡孝児［1936］『金為替本位制の研究』日本評論社
マッキノン、ロナルド／大野健一［1998］『ドルと円――日米通商摩擦と為替レートの政治経済学』日本経済新聞社
松本健一［1996］『北一輝論』講談社学術文庫
――［2004］『第三の開国と日米関係』第三文明社
――［2004］『大川周明』岩波現代文庫
三上隆三［1991］『江戸幕府・破産への道』ＮＨＫブックス
三木谷良一／ポーゼン、アダム・Ｓ編、清水啓典監訳［2001］『日本の金融危機――米国の経験と日本への教訓』東洋経済新報社
源了圓［1973］『徳川思想小史』中公新書
三和良一［2003］『戦間期日本の経済政策的研究』東京大学出版会
室山義正［1984］『近代日本の軍事と財政』東京大学出版会
――［2002］『米国の再生――そのグランドストラテジー』有斐閣
――［2004］『松方財政研究』ミネルヴァ書房
――［2005］『松方正義』ミネルヴァ書房
毛利健三［1978］『自由貿易帝国主義』東京大学出版会
毛利敏彦［1987］『江藤新平――急進的改革者の悲劇』中公新書

田中生夫［1980］『日本銀行金融政策史』有斐閣
田中秀臣・安達誠司［2002］『平成大停滞と昭和恐慌』ＮＨＫブックス
玉野井昌夫・長幸男・西村閑也編［1982］『戦間期の通貨と金融』有斐閣
竹中治堅［2002］『戦前日本における民主化の挫折――民主化途上体制崩壊の分析』木鐸社
竹村民郎［2004］『大正文化――帝国のユートピア』三元社
長幸男［1963］『日本経済思想史研究――ブルジョア・デモクラシーの発展と財政金融政策』未来社
――［2001］『昭和恐慌――ファシズム前夜』岩波書店
長幸男・住谷一彦［1969］『近代日本経済思想史』Ⅰ・Ⅱ、有斐閣
東京大学社会科学研究所編［1979］『戦時日本経済』東京大学出版会
時任英人［1991］『犬養毅――リベラリズムとナショナリズムの相克』論創社
――［1997］『明治期の犬養毅』扶桑書房
徳富蘇峰［1894］『大日本膨張論』民友社
中村隆英［1971］『戦前期　日本経済成長の分析』岩波書店
――［1985］『明治大正期の経済』東京大学出版会
――［1994］『昭和恐慌と経済政策』講談社学術文庫
中村隆英・尾高煌之助［1989］『日本経済史 6　二重構造』岩波書店
中村尚美［1968］『大隈財政の研究』校倉書房
中村政則他編［1988］『経済構想』日本近代思想体系、岩波書店
中村宗悦［2005］『経済失政はなぜ繰り返すのか――メディアが伝えた昭和恐慌』東洋経済新報社
日本銀行［1982］『日本銀行史』4・5、日本銀行
野口　旭［2002］『経済学を知らないエコノミストたち』日本経済評論社
橋川文三［1994］『昭和ナショナリズムの諸相』名古屋大学出版会
橋川文三・松本三之助［1968］『近代日本政治思想史』Ⅰ・Ⅱ、有斐閣
バーナンキ、ベン［2004］『リフレと金融政策』高橋洋一訳、日本経済新聞社
土生芳人［1989］『大恐慌とニューディール財政』東京大学出版会
原朗［1995］『日本の戦時経済』東京大学出版会
原洋之助［2005］『東アジア経済戦略』ＮＴＴ出版
原田泰［1999］『日本の失われた十年』日本経済新聞社
濱下武志編［1999］『東アジア世界の地域ネットワーク』山川出版社
坂野潤治［2004］『昭和史の決定的瞬間』ちくま新書 457
一橋大学経済研究所［1973］『景気指数　1888―1940 年』
廣松渉［1989］『「近代の超克」論――昭和思想史への一視角』講談社学術文庫

小林道彦［1996］『日本の大陸政策 1895-1914——桂太郎と後藤新平』南窓社
子安宣邦［2003］『「アジア」はどう語られてきたか——近代日本のオリエンタリズム』藤原書店
五明洋［2004］『アメリカは日本をどう報じてきたか』青心社
斉藤栄三郎［1967］『大東亜共栄圏の通貨工作』高山書院
酒井哲哉［1992］『大正デモクラシー体制の崩壊』東京大学出版会
坂入長太郎［1989］『明治前期財政史』酒井書店
榊原英資［2002］『為替がわかれば世界がわかる』文藝春秋
向坂逸郎［1934］『統制経済論総観』改造社
佐藤雅美［1994］『大君の通貨——幕末「円ドル」戦争』文藝春秋
柴垣和夫［1965］『日本金融資本分析』東京大学出版会
島崎久彌［1989］『円の侵略史——円為替本位制度の形成過程』日本経済評論社
鈴木浩三［2002］『資本主義は江戸で生まれた』日経ビジネス文庫人文庫
姜克実［1992］『石橋湛山の思想史的研究』早稲田大学出版会
——［1995］『石橋湛山——自由主義の背骨』丸善ライブラリー
関口尚志他［1989］『受容と変容——日本近代の経済と思想』みすず書房
高橋亀吉［1930］『株式会社亡国論』
——［1930］『日本農村経済の研究』先進社
——［1931］『農村行詰の原因・現状・対策』先進社
——［1931］『資本主義日本の研究』白揚社
——［1932］『景気はドウなる』改造社
——［1936］『統制金融と自由金融』千倉書房
——［1937］『「準戦時」下の財政と経済』千倉書房
——［1942］『金融・財政の再編成』千倉書房
——［1965］『大正昭和財界変動史』上・中・下、東洋経済新報社
高橋是清［1936］『高橋是清　回想録』春秋社
高橋文利［1998］『経済報道——検証・金解禁からビッグバンまで』中公新書
田久保忠衛［2001］『新しい日米同盟——親米ナショナリズムへの戦略』ＰＨＰ新書
武田徹［2005］『偽満州国論』中央公論新社
多田井喜生［1997］『大陸に渡った円の興亡』上・下、東洋経済新報社
——［2002］『朝鮮銀行——ある円通貨圏の興亡』ＰＨＰ新書
田中明彦［1996］『新しい中世——21 世紀の世界システム』日本経済新聞社
田中彰［1999］『小国主義』岩波新書

岩田規久男・原田泰編［2001］『デフレ不況の実証分析』東洋経済新報社
宇垣一成［1968］『宇垣一成日記』全三巻、みすず書房
梅村又次［1983］「創業期財政政策の発展――井上・大隈・松方」、梅村又次・中村隆英編［1983］『松方財政と殖産興業政策』国際連合大学、第2章
梅村又次・中村隆英編［1983］『松方財政と殖産興業政策』東京大学出版会
栄沢幸二［1995］『大東亜共栄圏の思想』講談社現代新書
ＮＨＫ“ドキュメント昭和”取材班［1986］『ドキュメント昭和6　潰え去ったシナリオ』角川書店
大石嘉一郎［1989］『自由民権と大隈・松方財政』東京大学出版会
大石慎三郎［1995］『将軍と側用人の政治』講談社現代新書
大川一司・南亮進編『近代日本の経済発展』東洋経済新報社
岡田俊平［1955］『幕末維新の貨幣政策』森山書店
――［1975］『明治期通貨論争史研究』千倉書房
岡田俊平・吉田政治・高垣虎次郎［1969］『銀――本位通貨史における役割』清明会新書
尾崎秀実著・米谷匡史編［2004］『尾崎秀実時評集――日中戦争期のアジア』東洋文庫
戒田郁夫［2003］『明治前期における日本の国債発行と国債思想』関西大学出版部
外務省［2001］『日本外交年表並主要文書 1840―1945』復刻版、原書房
加藤陽子［1993］『模索する一九三〇年代――日米関係と陸軍中堅層』山川出版社
――［2005］『戦争の論理――日露戦争から太平洋戦争まで』
川田侃［1973］『現代国際経済論』岩波書店
川人貞史［1992］『日本の政党政治 1890-1937 年』東京大学出版会
北一輝［1923］　『日本改造法案大綱』改造社
香西泰［2002］「巨匠に学ぶ　シュンペーター（4）　金融安定化策」、『日本経済新聞』10 月 21 日付
――［2005］「歴史の教訓――デフレ幕引き産業発展で」、『日本経済新聞』7 月 4 日付
小島　仁［1981］『日本の金本位制時代　1897-1917』日本経済評論社
小島直記［2004］『気概の人　石橋湛山』東洋経済新報社
後藤新平［1916］『日本膨張論』大日本雄弁会
小林英夫［1993］『日本軍政下のアジア――「大東亜共栄圏」と軍票』岩波文庫

参考文献

青木昌彦［1995］『経済システムの進化と多元性――比較制度分析序説』東洋経済新報社

青木昌彦、奥野正寛［1996］『経済システムの比較制度分析』東京大学出版会

安達誠司［2003］「近代国家日本の税制思想と財政システム」、『別冊環⑦　税とは何か』藤原書店

――［2005］『デフレは終わるのか』東洋経済新報社

有馬学［2002］『帝国の昭和　日本の歴史 23』講談社

安藤良雄［1973］『日本経済政策史論』上・下、東京大学出版会

――［1986］『両大戦間の日本資本主義』東京大学出版会

飯田泰之・岡田靖［2004］「昭和恐慌と予想インフレ率の推計」、岩田規久男編［2004］『昭和恐慌の研究』東洋経済新報社、第 6 章

石井寛治［1997］『日本の産業革命――日清・日露戦争から考える』朝日選書

石井寛治編［2001］『日本銀行金融政策史』東京大学出版会

石井菜穂子［2003］『長期経済発展の実証分析』日本経済新聞社

石橋湛山［1930］『日本金融史』東洋経済新報社

――［1971］『石橋湛山全集』第四～八巻、東洋経済新報社

石原莞爾［2001］『最終戦争論』中公文庫ＢＩＢＬＯ 20 世紀

――［2002］『戦争史大観』中公文庫ＢＩＢＬＯ 20 世紀

伊藤隆［1969］『昭和初期政治史研究』東京大学出版会

伊藤憲一・田中明彦編［2005］『東アジア共同体と日本の針路』ＮＨＫ出版

伊藤正直［1989］『日本の対外金融と金融政策』名古屋大学出版会

伊藤之雄［1987］『大正デモクラシーと政党政治』山川出版社

――［2002］『政党政治と天皇　日本の歴史 22』講談社

伊藤正徳［1998］『軍閥興亡史』1 ～ 3、光人社文庫

井上勝生［2002］『開国と幕末変革　日本の歴史 18』講談社

井上準之助［1925］『我国の経済及金融』岩波書店

――［1926］『現今の国際為替に就いて』岐阜経済会

――［1929］『金解禁――全日本に叫ぶ』先進社

――［1929］『国民経済立て直しと金解禁』千倉書房

――［1930］『金解禁前後の経済事情』

岩田規久男編［2004］『昭和恐慌の研究』東洋経済新報社

著者紹介

安達誠司（あだち・せいじ）

1965年生まれ。ドイツ証券会社経済調査部シニアエコノミスト。東京大学経済学部卒業。大和総研経済調査部、クレディスイスファーストボストン証券経済調査部などを経て現職にいたる。専門はマクロ経済、金融、デフレ史、日本経済論。
著書に『デフレは終わるのか』（東洋経済出版社、2005年）、共著に『デフレ不況の実証分析』（東洋経済新報社、2002年）『まず、デフレをとめよ』（日本経済新聞社、2003年）『平成大停滞と昭和恐慌』（ＮＨＫ出版、2003年）『昭和恐慌の研究』（東洋経済新報社、2004年）、論文に「デフレ克服には金融政策のレジーム転換が必要」（共著、『エコノミックス』第７号、2002年春）などがある。

脱《だつ》デフレの歴史分析《れきしぶんせき》　「政策《せいさく》レジーム」転換《てんかん》でたどる近代日本《きんだいにほん》

2006年5月30日　初版第１刷発行©

著　者　安 達 誠 司
発行者　藤 原 良 雄
発行所　株式会社 藤 原 書 店

〒162-0041　東京都新宿区早稲田鶴巻町523
電　話　03（5272）0301
ＦＡＸ　03（5272）0450
振　替　00160-4-17013

印刷・製本　中央精版印刷

ISBN4-89434-516-1

「西洋中心主義」徹底批判

リオリエント

〈アジア時代のグローバル・エコノミー〉

A・G・フランク　山下範久訳

ウォーラーステイン「近代世界システム」の西洋中心主義を徹底批判し、アジア中心の単一の世界システムの存在を提唱。世界史が同時代的に共有した「近世」像と、そこに展開された世界経済のダイナミズムを明らかにし、全世界で大反響を呼んだ画期作の完訳。

A5上製　六四八頁　**五八〇〇円**
（二〇〇〇年五月刊）
◇4-89434-179-4

ReORIENT　Andre Gunder FRANK

今、アジア認識を問う

「アジア」はどう語られてきたか

〈近代日本のオリエンタリズム〉

子安宣邦

脱亜を志向した近代日本は、欧米への対抗の中で「アジア」を語りだす。しかし、そこで語られた「アジア」は、脱亜論の裏返し、都合のよい他者像にすぎなかった。再び「アジア」が語られる今、過去の歴史を徹底検証する。

四六上製　二八八頁　**三〇〇〇円**
（二〇〇三年四月刊）
◇4-89434-335-5

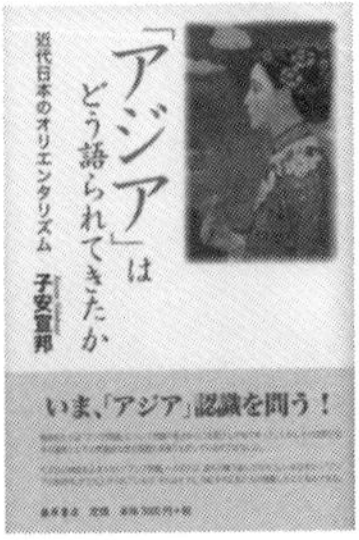

「アジアに開かれた日本」を提唱

新版

アジア交易圏と日本工業化

〈1500-1900〉

浜下武志・川勝平太編

西洋起源の一方的な「近代化」モデルに異議を呈し、近世アジアの諸地域間の旺盛な経済活動の存在を実証、日本の近代における経済的勃興の要因を、そのアジア交易圏のダイナミズムの中で解明した名著。

四六上製　二九六頁　**二八〇〇円**
（二〇〇一年九月刊）
◇4-89434-251-0

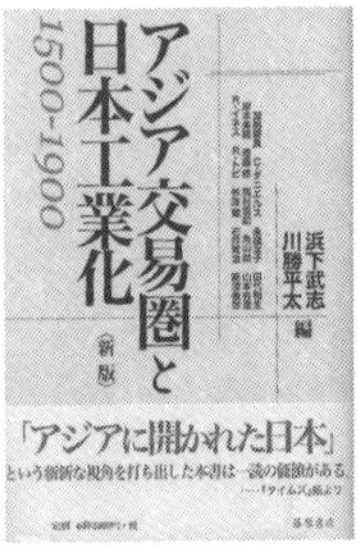

「日露戦争は世界戦争だった」

日露戦争の世界史

崔文衡（チェ・ムンヒョン）
朴菖熙訳

韓国歴史学界の第一人者が、百年前の国際関係から、西欧列強による地球規模の〈東アジア利権争奪〉の経緯を鮮やかに活写し、アメリカ世界戦略の出発点を明らかにした野心作。

四六上製　四四〇頁　**三六〇〇円**
（二〇〇四年五月刊）
◇4-89434-391-6